子どものスポーツ格差

体力二極化の原因を問う

清水紀宏［編著］

大修館書店

はじめに

私は、今から60年前、わが国で初めてスポーツの法律「スポーツ振興法」が成立した1961（昭和36）年に産まれました。この法律では、スポーツを普及・振興することは、国民みんなの心と体の健全な発達と明るく豊かな生活の形成に寄与するのだから、国や地方公共団体は、スポーツをすることができるような条件整備に努めなければならない、としました。つまり、この法律が成立したことで、誰もがスポーツをすることができる環境づくりが公の仕事・責務となりました。

そしてその3年後、オリンピック・パラリンピック大会が東京で開かれます。しかし、当時の子どもたちにとってのスポーツ（運動遊び）は、オリンピックで国を代表する選手たちが繰り広げる競技種目とは似て非なるもの、実にゆるやかでいい加減、ただただ楽しく面白い遊び以外の何物でもありませんでした。小学校から帰宅するといつもの空き地や公園に、様々な年齢の子どもたちが三々五々集まり、わずかな時間で遊びのルールやチーム分けなどの打ち合わせをした後、早速、準備運動もなしに遊びに興じる。遊んでいる間に、何か問題が生じたらその都度、話し合いやリーダーの一声で解決する。そして、あたりが暗くなってきたら各自の家に戻っていく。そんな、すべての子どもたちに開かれた「子どもによる子どものための遊び世界」が昭和の時代には全国各地に存在していました。

しかし、オリンピック開催と同年に国民の体力増進策の一つとして全国体力テストが始まった頃から、子どもの遊びの世界が少しずつ変わっていきます。それまでの、笑顔と笑い声があふれたスポーツシーンは影を潜め、子どもも大人も目を吊り上げ真剣な顔をして、でもどこか「失敗したら怒鳴られるのではないか？　もしかしたら殴られるのではないか？」と指導者の顔色をうかがい、ビクビクしながら苦行に近い活動に代わっていきます。子どもにとってスポーツは、いつの間にか、目上の人から「教えられ」「習う」ものに変質してやらされる活動となり、「自由」と「楽しさ」を失っていきます。私自身も、高校の部活動でスポーツをするようになってから、スポーツが途端に面白くなくなったのをよく覚えています。しかし、それも「上手くなるため」「強くなるため」そして「勝つため」には仕方ないことだと諦め、そうしたスポーツの仕方が次第に当たり前になっていきました。でも、不思議なことに、何のために勝たねばならないのか、なぜそこまで技術を上達させなければならないのかを問うことは全くありませんでした。ただただ、大人たちがそう言うから黙って従っていただけなのでしょう。

１９７９（昭和54）年、高校を卒業して入学した大学の講義で、とても高名な教授から凡そ次のようなことを学びました。「最近、学習指導要領が大きく変わった。だから、これからの学校の体育はこれまでとは大きく変わる、いや、君たちが変えていかなければならない。体育は、運動の技能を向上させたり体力を鍛えることだけを主眼とするのではなく、すべての子どもたちが自ら運動の楽しさ・喜びを各自の力に応じて学ぶ場なのだ。君たちはこれから、運動やスポーツの楽しさを味わえる人を育てなさい。なぜなら、これからはみんなのスポーツ・生涯スポーツの時代が到来するから。スポーツはみんなのものだし、人が生まれてから死ぬまで楽しめるものでもある。だから、一生涯スポーツに親しめる人を育てるには、少なくとも子どもの頃にスポーツを嫌いにさせてはいけません」と。

まさに「わが意を得たり！」と強烈な共感を覚えた瞬間でした。このように、スポーツを自らの専門として学び始めた学生時代から今日まで約40年間、スポーツは「みんな」に「一生涯」開かれていなければならない、特定の誰かをいかなる理由でも締め出してはいけない、これがスポーツに携わる者たちの目指すべき大切な理想だと教えられてきました。しかし、スポーツ振興法が成立してからのわが国におけるスポーツの歩みは、そのような理想の方向に向かっていないのではないか、との疑念を抱かざるを得ません。例えば、「スポーツは金がかかるから嫌いだ」という人たちが近年になって急増しているという事実一つが、この疑念があながち間違いではないことを裏付けています。

＊

こうした問題意識に基づいて企画された本書は、「格差・貧困」そして「不平等」という現代日本社会が抱える負の側面に正面から対峙し、この視角から子どもの体力とスポーツ問題（例えば、体力二極化問題）を一つの格差問題すなわち「社会問題」として考察しようとする試論です。

確かに多くの人たちにとって、スポーツはただの楽しみ事の一つに過ぎません。今でも、多くのふつうの人たちにとってスポーツはしたり見たりして楽しむ余暇の遊びの一つであって、格差だ！不平等だ！と目くじらを立てて騒ぎ立てるほどのものではない、と直感的に反応する方も少なくないでしょう。このような素朴な感覚の裏には、スポーツが何らかの理由でできようができまいが、子どもたちの将来にとってそれほど大きな問題ではない、そんなことは数多ある社会的課題の中で優先順位の低いとるに足らないことだ、という暗黙の前提があるように思います。しかし、今一度その当たり前の前提を疑ってみてほしいのです。

むしろ、誰にとっても気軽にアクセスできるはずのささやかな楽しみ事だからこそ、決して一握りの強い者たち、勝てる者たち、富める者たちに独占されてはなりません。特に、子どもたちにとってスポーツは、楽しみに熱中した結果得られる副産物がとても大きいからです。スポーツはみんなのものだという思想は、私の勝手な価値観に基づく個人的な願望なのではありません。国会が10年前に全会一致で承認した法律スポーツ基本法に明確に謳われていることです。しかし、今この国の中で起きていることはそれとは全く反対の方向に進んでいるようにも思えます。

前回の1964五輪から今回の2020五輪までの約60年間で、わが国における子どものスポーツのあり様は多方面にわたり大きく変化を遂げました。スポーツは人類が創り出し、継承してきた文化なのですから、時代や社会が変われば変わるのは必然です。しかし、私にはスポーツに国や企業、つまり大人たちが関与すればするほど悪い方向に変わっていってしまっているように見えます。

中世から近代へのスポーツの変容とは、社会的地位や身分、思想・宗教・信条等にかかわらず、すべての人にその面白さ・喜びの享受を保障する「自由」「平等」という近代社会の価値観を体現したスポーツへの転換でした。それはまさに文化としてのスポーツの人間らしい発展と呼べる変革であったと思います。しかし、現代のスポーツは、様々なデータが示すようにスポーツへのアクセスに人々の社会経済的地位が強力に影響するようになってきています。つまり、近代以前のスポーツへと逆コースを辿りつつあるのです。

＊

子どもが生まれ育つ家庭背景とスポーツ活動との悪しき関係に気づき、そこに強い問題意識をもつようになったのは、かつて私の生活の周辺で起こったある実体験がきっかけでした。それは今から20年ほど前、子育て奮闘中の時期です。当時、小学生だった娘は仲の良い友だちと学区のミニバスケットボールクラブで定期的にスポーツを楽しんでいました。地域のスポーツクラブでつながった彼女たちの仲間関係は当然、クラブ外にも広がり、お互いの家を行き来する仲になりました。スポーツで結ばれたネットワークは、彼女たちの日々の暮らしに生き生きとした豊かな時空間を与えてくれただけでなく、親同士の出会いと緩やかなつながりをも育ててくれました。そんな平和なコミュニティに、ある日突然小さな亀裂が生じます。そのお友だちがクラブを退会することになったのです。その理由は、ご両親の離婚でした。今の子どものスポーツクラブは、会費など経済的な負担を伴うばかりでなく、送り迎え、練習場の確保、指導者のお世話、バスの手配等々多くの割り当てがあり、親も多くの犠牲を払わなければいけません。それらの業務ができなければ肩身が狭くて、子どもをスポーツクラブに参加させ続けることはできないようになっています。だからひとり親となった母親とその娘さんは、やむなくクラブを離れざるを得なかったのだと思います。この時、体育・スポーツの研究者として何もしてあげることのできない自分が何とも情けなく、無力感に包まれたのを今でもよく覚えています。

　1964年東京五輪のあと、大人たちが運営・指導する子どものスポーツクラブやスクールが習い事として広がっていくことで、こうした小さな事件は全国各地で見られる現象となりました。しかし、多くの人たちはそうした小さな事件を気にとめることはほとんどなかったのではないでしょうか。しかし、結婚したら二人で生涯添い遂げる、というかつての夫婦観は希薄になり離婚へのハードルが低くなる一方で、ひとり親世帯が貧困に陥る確率が高まっている今、このような不幸が、事件とも呼べない珍しくもない出来事になってしまっているのかもしれません。子どものスポーツが親や家庭の負担に寄りかかって成り立っている、前回のオリンピック以降、形成されてきたこうした子どもスポーツの基本構造自体を再考する必要があるように思います。

　スポーツは人々に夢や希望と感動を与え、ひいては幸福をもたらす文化だと、数々の行政文書で明記されています。確かに、そういう側面はあるのでしょう。また、近年になってスポーツ科学の分野でもスポーツや身体活動とウェル・ビーイングとの関係を解明しようとする動きが国際的な広がりを見せてきています。しかし、それはコインの表に過ぎません。「格差」と「幸福」がコインの裏表であるように、スポーツが子どもたちに夢や希望を与える一方で、特定の子どもたちには落胆や絶望そして不幸をもたらすことがないよう本書とともに、子どもスポーツの未来について考えを深めていただければと願います。

編著者　**清水紀宏**

子どものスポーツ格差—体力二極化の原因を問う— 目次

第3章▽解決策はあるのか―スポーツ格差の是正・縮小に向けて―

第1章

子どもの「スポーツ格差」という問題

本書は、「格差」「不平等」をキーワードに現代日本における子どもスポーツの実相を客観的なデータを用いて検証し、これからの「子どもとスポーツ」の行く末やあり様を「権利としてのスポーツ」の観点[1]から展望してみようとするものです。そこで本章では、本書で提起しようとする①「スポーツ格差」とは何か、また②そうした格差の現出にはどのような社会的な背景があるのか、そして、③なぜそれを今、問題視するべきなのか、について考えてみたいと思います。

1. スポーツ格差とは何か？

(1) 格差・貧困大国へ

わが国では、１９８０年代半ばからジニ係数[2]が上昇し、残念ながら格差拡大の一途を着実に歩むことになります。極東アジアの小国日本は、第二次大戦後、企業戦士たちの活躍と国民総参加による復興への努力により、世界で類を見ない猛スピードで経済成長を成し遂げただけでなく、経済先進国の中で最も格差の少ない平等な国として国際的に高く評価されてきました。つまり、市場競争における経済的効率性と、国民の所得格差が小さいという経済的平等性を同時達成した世界の中でも極めて特殊で稀な国でした。そして、そうした優れた国づくりの原動力となった家族主義、終身雇用、年功序列の三位一体を特徴とする日本的経営は、１９７０〜80年代にかけて世界のビジネスマンや経営者そして研究者たちの関心の的となっていました。しかしそうした栄華もつかの間に終焉し、1990年代初頭のバブル経済崩壊以降、格差問題が徐々に深刻化していきます。

特に、近年の格差社会化の中で際立つ大問題は、貧困の増加です。長引く経済不況と非正規雇用の増大など[3]労働力の流動化によって、2000年以降、平均世帯所得が低下するとともに、年収300万円未満の貧しく不安定な生活を余儀なくされる人々が増加していきます。[4]また2009年、民主党政権下において国内では初めて公開された2003年の相対的貧困率[5]は14・9％とOECD加盟諸国中、アメリカに次いで第2位と国際的にも高水準の貧困大国となり、その後も2012年までこの値は増加していきました（図1-1）。また、貧困を測る量的指標の一つとされる生活保護世帯数・保護率は、バブル経済崩壊以降急速に増加し、今や保護世帯は160万世帯、保護率30％を超えています。[6]

さらに、子どもの貧困に焦点を当てると、子どもの貧困率は2003年の13・7％から2012年

1　自発的にスポーツに親しみ、楽しむことをあらゆる属性・特性にかかわらず万人の有する基本的人権としてとらえること。
2　社会における所得の不平等さを測る経済格差指標。
3　非正規雇用者数は、平成4年の約960万人から平成29年には2036万人と倍増。雇用労働者総数の37・3％を占める。総務省「労働力調査」より。
4　厚生労働省「国民生活基礎調査」によれば、2000年から2018年にかけて、平均世帯所得616・9万円から552・3万円に減少し、年間所得300万円未満の世帯は27・4％から32・6％に増加している。
5　貧困線世帯所得（手取り）を世帯人数の平方根で割って調整した額の中央値の半分を下回る者の割合。
6　国立社会保障・人口問題研究所　http://www.ipss.go.jp/s-info/j/seiho/seiho.asp を参照。

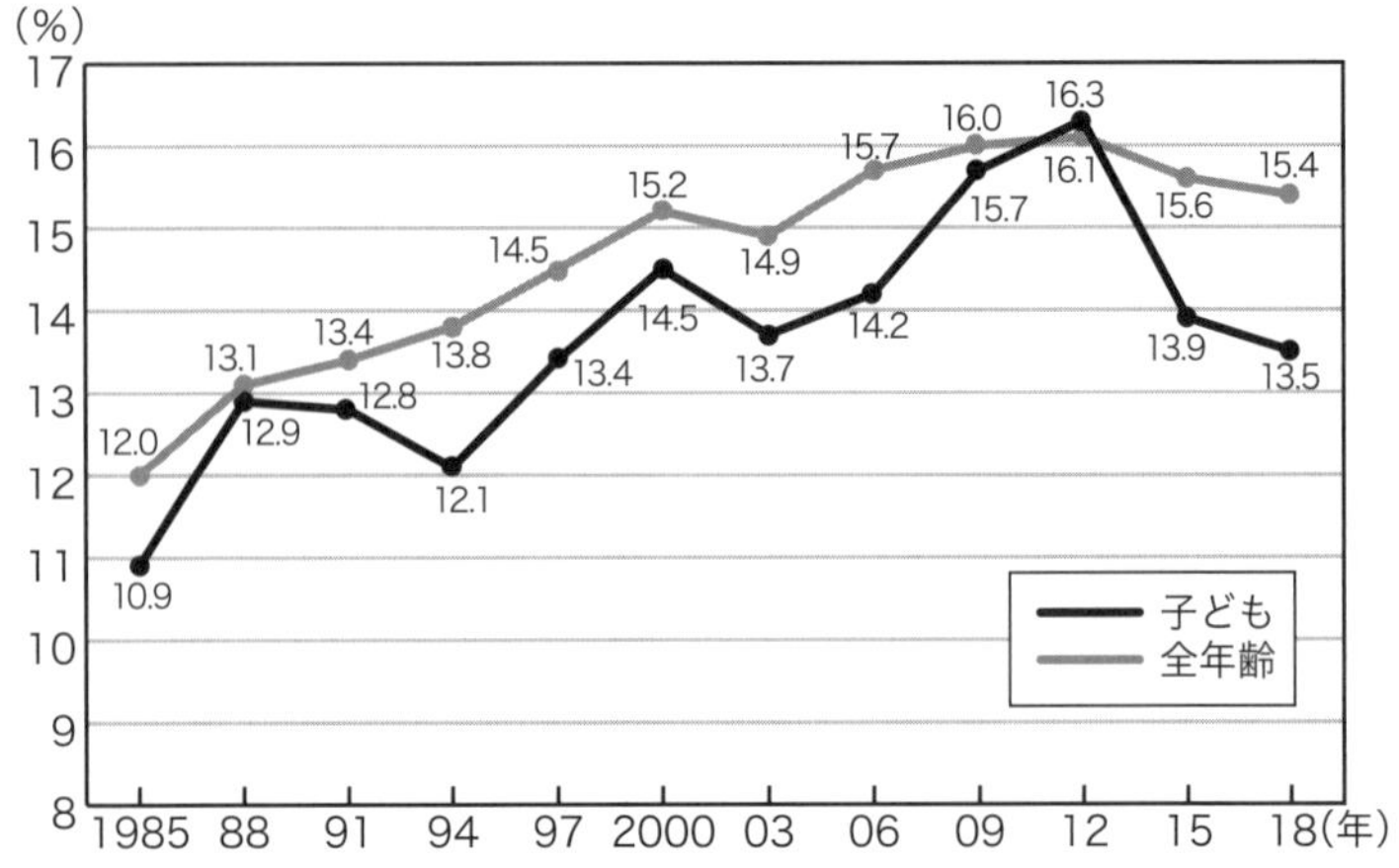

(厚生労働省「国民生活基礎調査」等をもとに筆者作成)

図1-1　貧困率の推移(1985〜2018年)

には16・3%へと上昇し(図1-1)、実に6人に1人(1学級に6人程度)の子どもが、貧困という生活困窮状態にある時代となっています(2018年には13・5%で7人に1人に改善されていますがそれでも決して少ないとはいえません)。とりわけ国民を驚かせたのは、「ひとり親世帯」の貧困率が58・7%でOECD加盟諸国中トップであったことです。25〜39歳の離婚率が増加しているわが国では[7]、幸せで円満な核家族が離婚を契機に一気に貧困の危機に直面してしまいかねない、そんな薄氷の上の生活を余儀なくされています。また、要保護・準要保護児童生徒数[8]は約150万人(援助率15%)で、ここ数年微減傾向にはあるもののこれも楽観できる数値とはいえません。[9]

以上の様々なデータが示すように、GDP世界第3位を誇る経済大国の中にあって、もはや

「一億総中流社会」は過去の幻想となり、今では決して少なくない子どもたちが貧困家庭の中に身を置かざるを得ないという社会状況にあります。「格差」と「貧困」は、まさに時代のキーワードであり、その改善は現代日本の最重要課題の一つといわなければなりません。しかも、第二次大戦後間もない頃に多数の国民が経験した「絶対的貧困」（日々の生存すらもままならないほどの貧困）とは異なり、基礎的平等化が達成された「豊かな多数派」（松葉、２００８）が多くを占めるわが国の中で、一般的な生活水準を大幅に下回るという「相対的な」貧困であること、そして、豊かさの中の「見えない貧困」「隠れた貧困」であることに新しい貧困（現代的貧困）の特徴と恐ろしさがあるのです。

さらに、現出している格差は、経済的な側面だけにとどまりません。経済格差は、教育・学力格差、健康格差、希望・意欲格差、文化資本格差、つながり格差などを連なって引き起こし、そうした諸格差が様々な不平等や社会的剥奪・社会的排除の温床となるなど事態は極めて複雑かつ深刻な社会問題となってきています。そして、格差・貧困問題の影響を最も強く、かつ長期間にわたって受けざるを得ないのが社会的弱者、とりわけ子どもたちです。２０２０年初頭から世界中で猛威をふるう新型コロナウイルス感染症の蔓延は、そうした弱者たちにさらに大きな打撃を与え、格差を一層拡げ、日々の生活に暗い影を落としています。

7 厚生労働省「平成21年度離婚に関する統計」における年齢別離婚率の推移より。
8 生活保護を必要とする世帯またはこれに準ずる程度に困窮し、就学が困難だと認定された者。
9 文部科学省「平成26年度就学援助実施状況等調査」より。

(2)それって問題？――差異の問題性――

ところで、人と人、集団と集団の間には、数えきれないほどの差異や違いがあります。いくら人類皆平等が理想だといっても、それらの差異のすべてを、「格差だ！」と騒ぎ立てて是正・縮小する必要はありません。むしろ近年では、「ダイバーシティ／多様性」が大事だということで、様々な属性（性・年齢・障害の有無など）や特性（学歴・職業・価値観・ライフスタイルなど）の違いをその人のかけがえのない個性ととらえ、多様な個性を受容し包摂する共生社会を実現していくことがわが国だけでなく、国際社会に共通の課題とされているほどです[10]。そこでは、人と人、集団と集団の間に差異や違いがあることは、人類の発展にとってむしろ「望ましいこと」だと考えられますから、差や違いをなくして均質化する必要など全くありません。

一つの例を挙げてみましょう。日本人の平均寿命は女性が87・45歳、男性が81・41歳で、6・04歳もの開きがあります（厚生労働省、２０１９）。これは、男性と女性が生きることのできる平均的な年月の差異です。私も男性ですのでわずかな寂しさは感じますが、この平均寿命の男女差が性別による生物学的な差異からのみ生じているのであれば、その差を意図的に縮めようとすることが、重要な政策課題となることは今のところありません。まさに、性別のもつ特性に由来するからです。しかし、地域間や職業間、貧富の差で平均寿命が著しく異なるとなれば、解決すべき社会問題となるに違いありません。また、平均寿命の性差であっても、その差がさらに拡大していくとなれば、男女間の生物学的な要因以外の人為的・社会的要因が作用していることが疑われてきますので、寿命の男女差も見逃すことはできなくなるでしょう。そして、なぜ男性は女性よりも早く死亡するのか、に関する科学的知見に基づいた政策的対応が必要となるかもしれません。

この例が示すように、格差社会に生きるわれわれは「どんな集団間」の「何についての差」が「どのくらい（差の大きさ）」であれば、その差を『不平等』あるいは解消すべき『格差』と見做すのかを価値判断しなければならないということなのです。また、その価値判断にあたっては、「差の原因」（なぜそのような差ができたのか）も、重要な判断材料になるでしょう。そうして格差・不平等な状態だと判断された社会というものは、正義論の立場からも最も歪んだ社会の状態ですから、何らかの公共的な働きかけによって是正・縮小の方向に歩みださなければならないでしょう。

同様に、スポーツや身体運動に関連する事象の中にも、様々な差異や違いが事実として確認できます。例えば、次のような現実をわれわれはどのように価値判断（放置しておいてよいのか、積極的に差を解消すべきか）したらよいのでしょうか。一緒に考えてみてください。

イギリスの大手新聞ガーディアンは、2012年に自国で開催されたロンドン五輪閉会式の翌日、イギリスのメダリストの3分の1以上が学校人口の7％にしかならない私立学校出身者であったことを報じました。イギリスにおいて私立学校は、高額な授業料等を負担できる国会議員の子弟など裕福

10　第70回国連総会採択「持続可能な開発のための2030アジェンダ」より。

な家庭の子どもが通うのが通例であり、恵まれた私立学校の教育・スポーツ資源（良質なスポーツ施設、優秀なコーチ、奨学金など）を通じて、スポーツにも秀でやすいという不平等を指摘したのです。そして続くリオ五輪（2016年）後にも、依然としてイギリスのトップオリンピアンは、私立学校出身者の比率が高いことを問題視する記事を載せています[11]。

どうやらこの傾向は、日本にも共通して見られるようです。筆者が調べたところ、リオ五輪の日本人メダリスト58名中49名、実に85％が私立高校出身者でした。因みに、わが国の公立高校と私立高校の生徒数の比率は7対3で公立の方がかなり多くなっています。つまり、イギリスも日本も高い学費が必要で、かつスポーツ資源に恵まれた私立高校で教育を受けた者の方が公立高校出身者よりもメダリストになる確率が圧倒的に高いのです。また、高等学校の運動部がほとんどのプロ選手を輩出している野球では、夏の甲子園大会に限れば全出場校中、公立高校は2割にも満たないですし、過去20年間（2000〜2019年）にわたる春のセンバツ高校野球大会で公立高校の優勝は一度もありません。つまり、高校スポーツで最も人気の高い野球では、誰もがご存知の通り、私立高校の独壇場となっています。

ところで少し話は逸れますが、昭和期の高度経済成長の起爆剤となった前回の1964年東京五輪によって火が付いたスポーツブームは、テレビアニメのスポーツ漫画（巨人の星、タイガーマスク、あしたのジョー、ドカベンなどのスポ根もの）に引き継がれました。日本中の子どもたちを虜にしたこれらの作品では、どの主人公も共通して貧しい家庭に生まれ育ち、裸一貫で根性と猛烈な努力を発揮してひたむきに、ひたすらにスポーツに打ち込み、最後はスター選手に登り詰めるヒーロー像が描かれました。また、アニメという架空の世界だけでなく、今でも語り継がれる当時のスポーツ界の名選手たち（ベーブ・ルース、ペレ、大鵬、野村克也など）も、貧しい少年期の苦境をバネにトップに君臨しました。スポーツヒーローというものは、そのようなドリームを成し遂げた成功者たちであり、時代のロールモデルの体現者でもありました。だからこそ子どもたちの夢であり憧れとして光り輝いていたのです。スポーツでの成功は、貧富の差に関係なく誰にでも開かれていました。

しかし現在はどうでしょうか。もはや誰でも裸一貫努力と根性でがんばり続けたら、いずれスポーツで夢を実現できるなどという甘い時代ではないようです。とうの昔に、家庭の経済力の差がスポーツ選手として成功するか否かを決める段階に入っています。

このように、「貧しい家庭の子どもは、豊かな家庭の子どもよりもスポーツで成功する確率が低い」ことや「高い学費が必要な私立学校で教育を受けた者の方が、公立学校出身者よりも、メダリストになる確率が圧倒的に高い」という現実は、「不平等な差異」「許されない格差」と判定すべきなのでしょうか。

11 https://www.theguardian.com/education/2016/aug/22/third-britain-medallists-rio-olympics-private-schools-sutton-trust を参照。

①貧しい家庭の子どもは、豊かな家庭の子どもよりもスポーツで成功する確率が低い。
②高い学費が必要な私立学校で教育を受けた者の方が、公立学校出身者よりも、メダリストになる確率が圧倒的に高い。
③(生まれ育つ）都道府県（地域）によって、低体力児の割合に3倍以上の開きがある。
④同一の学校内であっても、入部した運動部によって得られる成果が有意に異なる。また、同じ種目の運動部であっても、学校によって得られる成果が有意に異なる。さらに、学校によって運動部間の差異の大きさが異なる。
⑤(生徒には選択の余地がない）学級によって、昼休みに運動する者の割合に30%以上の差がある。
⑥学級間で、体育の授業の成果（運動固有の楽しさ、運動への愛好的態度の形成）を獲得できる児童の割合に30%以上差がある。
⑦男女ともに、学校運動部加入率は、都道府県によって最大30%程度の開きがある。
⑧運動部加入率は男女間で20%の開きがある。
⑨同じ都道府県内であっても、選んだ学校によって、運動部加入率に40%程度の差がある。

図1-2　この現象は、不平等か？——〔差異〕or〔格差〕

(3) 子どものスポーツをめぐる「差異」

ここからは、子どものスポーツに目を向けてみましょう。するとここでも、様々な「差異」を確認することができます。図１・２には、子どものスポーツをめぐる様々な差異のサンプルをリストアップしておきました。

図中の①②はすでに述べたので、ここでは③以降について触れることにしましょう。まず、子どもたちが選んだわけではない生まれ育つ地域（ここでは都道府県）によって体力水準や低体力者（スポーツ庁が実施する新体力テストの総合評価がD、E段階）の割合に大きな差があります（③）。図１・３を見ると、男女ともH県とT県で

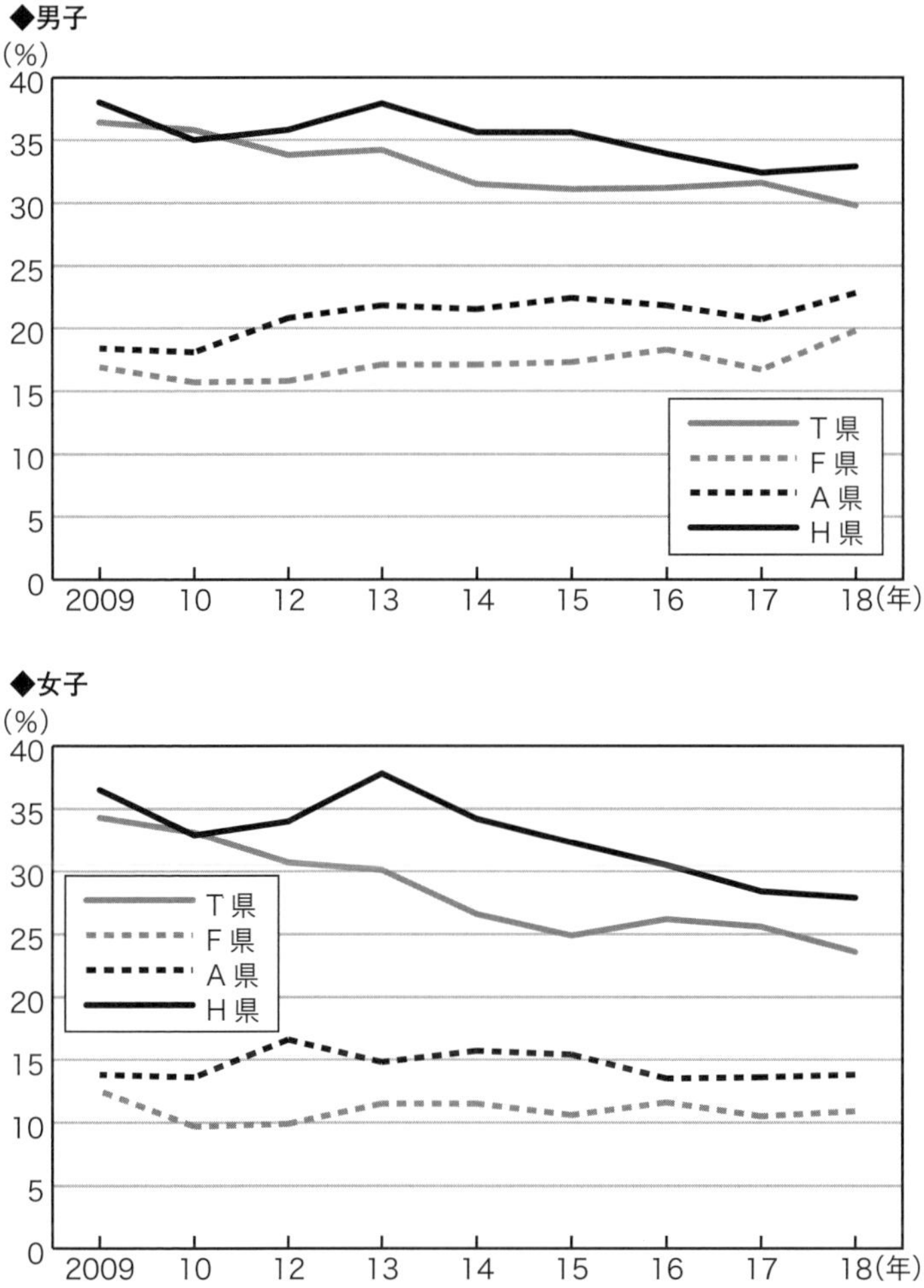

(「全国体力・運動能力、運動習慣等調査結果」をもとに筆者作成)

図1-3　体力の都道府県格差——総合評価D、E段階の割合（小学5年生）

軟式テニス		卓球		バスケットボール		バレーボール女子	陸上	全体平均	有意確率
男子 n=58	女子 n=27	男子 n=28	女子 n=40	男子 n=43	女子 n=27	n=26	n=47		
3.67	3.63	3.14	3.20	3.77	3.78	3.77	3.22	3.55	p<.001
3.42	3.30	3.03	3.38	3.51	3.33	3.46	3.15	3.35	
3.38	3.22	3.17	3.33	3.35	3.37	3.50	3.43	3.38	
3.74	3.67	3.62	3.55	3.65	3.67	3.81	3.17	3.62	p<.001
3.71	3.74	3.55	3.48	3.72	3.85	3.85	3.04	3.61	p<.001
3.40	3.74	3.41	3.55	3.28	3.93	3.96	3.19	3.48	p<.001
3.02	3.15	3.07	3.08	3.14	3.52	3.52	3.27	2.74	p<.01
3.12	2.96	2.86	2.90	3.19	3.41	3.35	2.36	3.03	p<.001
3.43	3.07	3.17	3.15	3.60	3.52	3.50	2.85	3.32	p<.001
3.14	3.44	2.83	3.13	3.05	3.63	3.62	2.89	3.17	p<.001
3.47	3.59	3.31	3.43	3.42	3.81	3.81	3.11	3.45	p<.001
3.14	3.26	2.97	2.98	3.16	3.15	3.46	2.77	3.10	p<.05
3.49	3.46	3.34	3.38	3.42	3.56	3.50	3.02	3.39	p<.05
2.79	3.08	3.00	3.03	2.65	2.89	2.77	2.66	2.87	
3.21	2.70	2.89	3.00	3.28	3.37	3.35	2.72	3.11	p<.001
3.26	3.26	3.00	3.08	3.02	3.65	3.38	3.02	3.19	p<.05

は、低体力児の割合が、約10年間にわたって約3～4割であるのに対し、A県とF県では、1割から2割台前半と、大きな開きが確認できます。生まれつき体力の高い子どもと低い子どもの生まれる確率が都道府県によって異なるということはおよそ考えられませんから、おそらくこの大きな体力の地域差は、体力が育つために必要な様々な環境要因の違いをトータルに反映しているのだと予想されます。

その中の重要なファクターとして、中学・高等学校の運動部加入率（運動部加入率＝中学校体育連盟登録人数／生徒総数）をめぐる自治体間の差があります（⑦）。運動部加入者と非加入者では、体力得点に大きな開きがあ

表1-1　運動部間の成果格差（平成24年度、M中学校）

		サッカー n=46	野　球 n=37
1	体力が高まった	3.65	3.59
2	専門的な知識がついた	3.38	3.46
3	技能・記録が向上した	3.51	3.49
4	その種目の楽しさや喜びが味わえた	3.67	3.81
5	その種目が好きになった	3.67	3.73
6	あいさつができるようになった	3.22	3.68
7	他人の意見の尊重や敬いができるようになった	3.02	3.14
8	学校に行くのが楽しくなった	3.20	3.16
9	つらい練習に前向きに取り組めるようになった	3.38	3.54
10	自分で考えて行動するようになった	3.22	3.11
11	協力してできるようになった	3.36	3.49
12	集団での自分の役割を果たせるようになった	3.18	3.16
13	メンバーの仲間意識が強くなった	3.33	3.57
14	指導者と仲良くなった	2.96	3.00
15	自分たちに足りないものを考え、練習するようになった	3.20	3.38
16	時間を守るようになった	3.18	3.30

※測定はすべて「そう思う」「少しそう思う」「あまりそう思わない」「そう思わない」の４段階尺度

ることがわかっているからです。わが国の運動部活動は、ほとんどの学校で休日を含む週5日以上、学校の体育施設をほぼ占有するスポーツ活動の機会であるため、これに参加する生徒と参加していない生徒では運動習慣に顕著な差が生じてしまいます。[12] つまり、運動部加入率が高い都道府県であるということは、日常的な運動習慣があり、結果として体力の高い子どもが育つ確率が高いということになります。

2015（平成27）年時点で、最も加入率が高いのはF県の83％、最も低いのはT県とO県でともに52％と、両者の間には実に30％もの差が見られます。また自治体間の地域差だけでなく、運動部加入率については、性差も

◆**陸上運動が授業前より好きになった？**
（「とてもあてはまる」＋「まああてはまる」の割合）

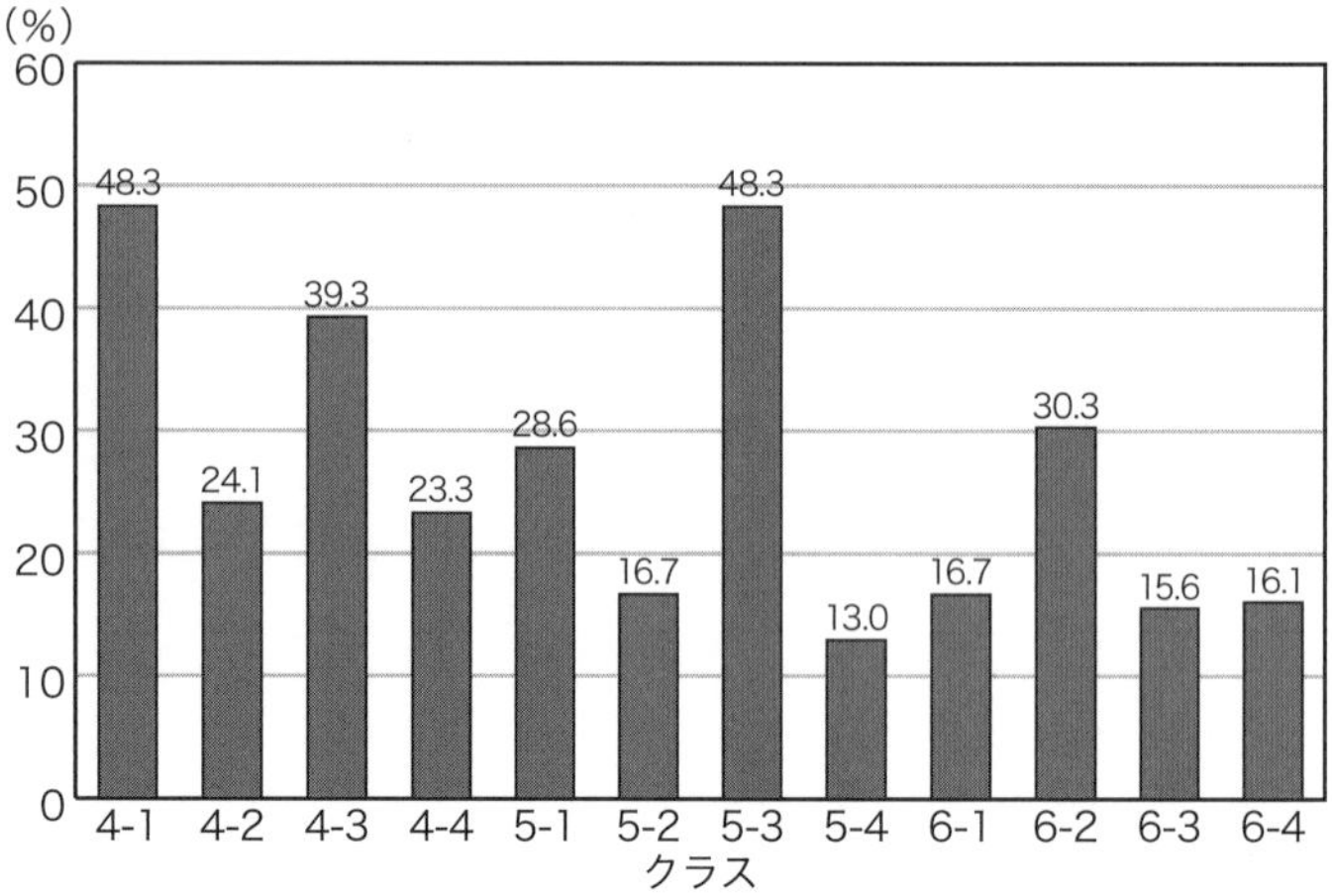

◆**陸上運動の授業では、どんな楽しさが味わえましたか？**
（「よくあてはまる」の割合）

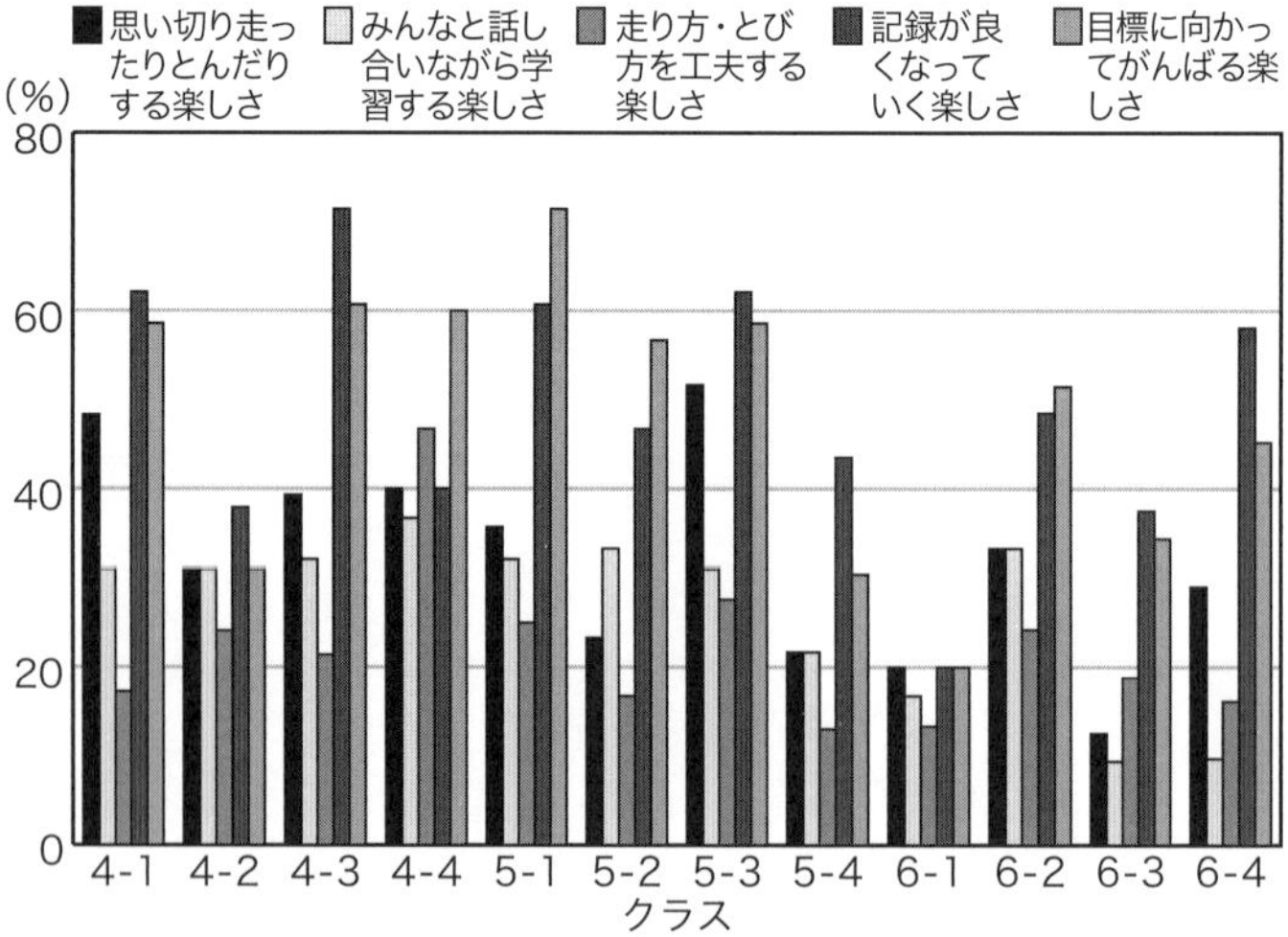

図1-4　体育授業の成果格差（小学校、調査時期：2007年）

大きいことはよく知られています（男子の方が女子よりも約20％高い。図１‐２の⑧）。さらに、同じ都道府県内であっても、進学した学校（特に高等学校）によって、運動部加入率に40％程度の差があることが私どもの研究室の調査で明らかになっています（⑨）。

加えて、同じ学校であっても入部した運動部によって得られる諸成果も有意に異なります（④）。**表１‐１**は、２０１２（平成24）年度に実施したM中学校の運動部員を対象としたアンケート調査の結果です。「体力が高まった」という身体的な効果にはじまり、スポーツの楽しさの享受やスポーツへの愛好的態度の形成、協調性や思考力等多面的な人間的資質の獲得、学校生活の楽しさなど多方面にわたる成果について、運動部間で顕著な有意差が確認できます。

子どものスポーツをめぐる「差異」は、運動部活動にとどまりません。わが国では全国の学校において、ほぼ週３回のペースで実施されている体育授業についても、客観的なデータを示すことはできませんが、学校間の大きな質的差異があるものと予想されます。また同時に、同じ学校内での学習成果の差も見逃せません。**図１‐４**の上段には、ある小学校で陸上運動の単元学習が終了した後に、「陸上運動が授業前より好きになった」かどうかを質問した結果を、その下は、「陸上運動の授業では、どんな楽しさが味わえましたか」を質問した結果を、クラス別に比較したものです。この二つの調査

12　全国体力・運動能力、運動習慣等調査（スポーツ庁）の都道府県別データ（平成27年度）を用いて、運動部加入率と「週当たり運動時間60分未満者比率（運動習慣がほとんどない者の割合）」及び「体力総合評価D、E段階者比率（体力が低い者の割合）」の相関係数を算出すると、中学生では男女ともにかなり高い相関がある。

結果から、児童にとっては「選択の余地がない」クラスの違いによって、体育の授業の成果（特に、運動固有の楽しさの享受とこれに基づく愛好的態度の形成）を獲得できる児童の割合に、著しい差異があることがわかります（⑥）。また、某中学校2校で行った調査結果では、昼休みの運動・スポーツ活動にも有意な学級間の差異（昼休みによく外遊びをするクラスと半分以上の生徒が教室内で過ごすクラス）が確認されています（⑤）。

以上のように、一見、平等・公平を原則に運営されていると信じられているはずの学校の体育でさえも、子どもたちにとっては選択の余地がなく所属した地域・学校・学級等々によって様々な小さくない差異を見出すことができます。そして、このような差異があること自体は、おそらく多くの人たちが既に気づいていたことではないでしょうか。しかし、このことを直視して、「これは問題だ！」と大きな声で告発することはほとんどありませんでした。

子どもの貧困の代表的研究者である阿部彩氏は、「『豊かさ』と『貧しさ』：相対的貧困と子ども」と題する論文の中で、「貧困」という問題について次のように述べています。

> 貧困は、決して不可避な社会問題ではなく、社会の一人ひとりがこれを阻止しようと意図すれば、撲滅とまではいかなくとも、かなりの度合いで削減することが可能な現象である。言い換えれば、私たち国民が、貧困という問題を直視しないこと、それがこの人的災害の要因なのである。

ここで確認した差異は、放置されてもよい差異なのでしょうか。それとも、少しでも是正・縮小させるための社会的な努力が必要な「許されない格差」、つまり不平等と判断すべきなのでしょうか。多くの体育・スポーツ関係者たちが、漠然と感じていた差異の現実を「直視」し、ここに問題性を見出すか否かが今、問われているように思うのです。

(4) スポーツ格差とは

ここまで、子どもたちのスポーツをめぐる様々な「差異」を具体的に示してきました。こうした現実は、いずれも単なる差異として放置してよいものではなく、決して望ましい個性・特性などというものでもありません。それどころか、できる限り是正・縮小の方向へ改善すべき「格差」だと考えます。そのように判断する理由については、次節で詳しく述べることにしますが、これまでも幾度となく使ってきたフレーズ「子どもたちには選択の余地がない」条件や環境によって生じている差異だというところがポイントです。そして、子どもたちが自分で選んだわけではないのに、彼・彼女らの育ちに決定的な影響を及ぼすのが、家庭と地域という二大環境要因です。

ここで本書が提起しようとするスポーツ格差という概念を次のように定義しておくことにします。

子どもが生まれ育つ家庭・地域・学校など生活環境の条件が原因となって生じる①スポーツ機会へのアクセス、②運動・スポーツ習慣（スポーツライフ）、③運動・スポーツ活動への意欲、④体力・運動能力水準等、スポーツ活動によって獲得されるアウトカム、にかかわる許容できない不当で不平等な差異。

スポーツ格差は、子ども自身が選択・操作できない、そして自らの努力や能力によらない不条理な差といえますから、まさに社会正義に反する現象であり、人為的につくられた資本主義社会の仕組みがもたらす必然的結果として生じた人的災害です。また、この概念には、①の「機会の不平等」だけでなく、子どもたちが運動やスポーツ活動に参加することによって習得する④体力や運動能力等の格差を示す「結果の不平等」の両側面が含まれていることも強調しておきます。

これまでも、家庭の社会経済的条件によって、スポーツ機会への参加状況に違いが見られることはいくつかのデータや数名の識者が指摘してきました。例えば、家庭の経済的条件が子どものスポーツ参加に及ぼす影響については、「学校外教育活動に関する調査 2009」（ベネッセ教育研究開発センター）等によりその一端が明らかになっています。幼児から高校生までの子どもをもつ母親のほぼ全員が、「子どもが身体を動かす機会を増やしたい」「子どもにとって運動・スポーツは必要だ」と回答していますが、全体の6割程度が「応援や手伝いなどの負担」や「活動にかかる費用の負担」が重いと感じています（親の負担感は、2017年調査ではさらに大きくなっています。特に、金銭面での負担感は、幼児・小学生をもつ親に強く、運動部活動が設置されている中学生・高校生の親では低い）。また、世帯収入400万円未満の親については、4人中3人が負担を感じています。さらに、子どものスポーツ活動に費やす支出額も、世帯収入により大きな格差が確認され、小学生世代では平均費用3500円（月当）の差が開いていました。

次に、小学生段階における「体力・運動習慣の二極化」の重大な原因が家庭の社会経済条件にあることをうかがわせる分析結果を紹介しましょう。次頁の図1-5〜7は、笹川スポーツ財団の「スポーツライフデータ2012」（世帯収入の質問項目あり）を筆者が、かつて二次分析したものです。この結果から次のようなことが読み取れます。

⑴経済階層が下層（世帯収入400万円未満）の家庭の小学生は、上層（800万円以上）の者及び中層（400〜800万円）の者よりも、民間及び地域スポーツクラブへの所属率が有意に低く、いずれの学校外クラブにも所属していない子どもが多い。つまり、経済的条件がスポーツクラブへのアクセスを制約するのは低所得層の子どもだけである。

⑵ひとり親世帯の小学生は、他の世帯の者よりも民間スポーツクラブへの所属率が低い。

⑶両親の学歴がともに高卒以下の小学生は、両親ともに大卒以上の者よりも学校外クラブに所属していない子どもが多い。

さらに、阿部（2008）によれば、親の年収によって「子どもと十分に遊んでいる」親の比率に大きな差があることがわかっており、地域スポーツやスポーツ産業の領域のみならず、ファミリースポーツにおいても経済的要因の影響が表れていると考えられます。これらの分析結果等から特に留意すべきことは、貧しい家庭に育つ子どもの不利益がスポーツの場合には際立っているということです。

このように、子どもたちのスポーツライフは、家庭（社会階層）や地域、そして学校といった身近

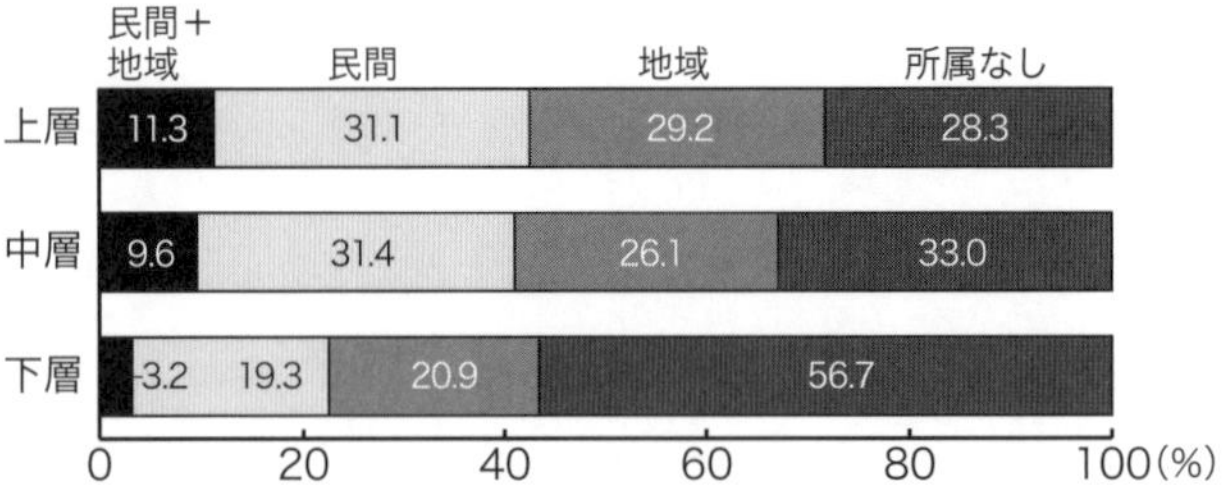

(注) 上層：800 万円以上、中層：400 ～ 800 万円未満、下層：400 万円未満

χ^2=38.829 (p<.001)

図1-5　経済階層と子のスポーツクラブ所属パターン

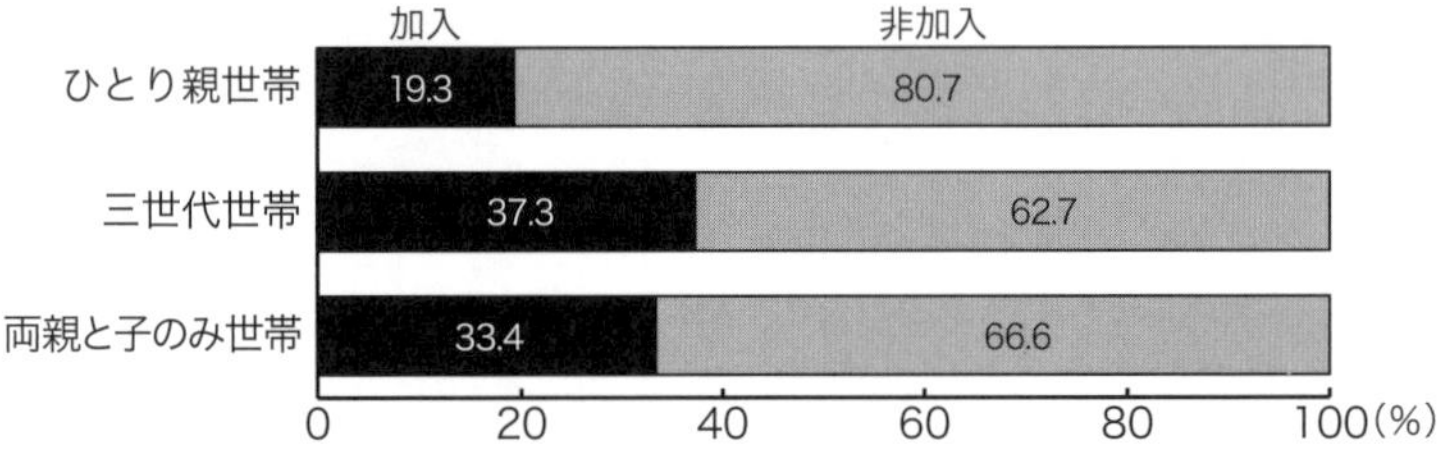

χ^2=9.698 (p<.01)

図1-6　世帯種別と子の民間スポーツクラブ所属

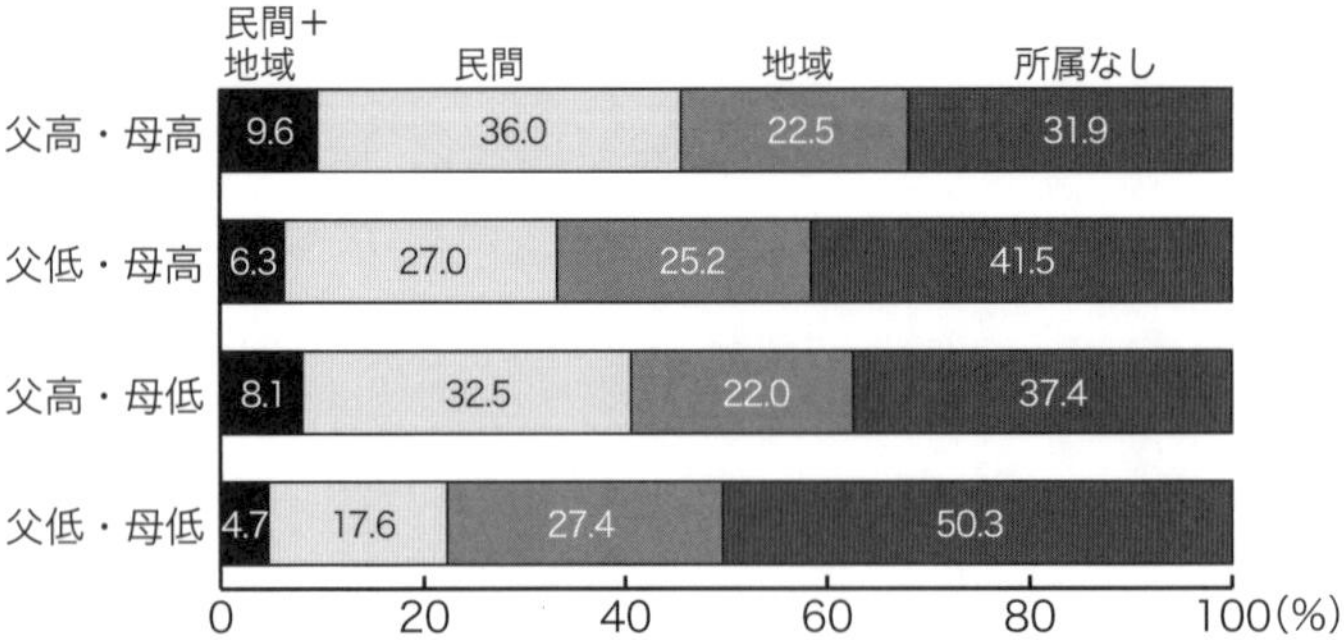

(注) 高：大卒以上、低：高卒以下　　χ^2=47.700 (p<.001)

図1-7　両親の学歴と子のクラブ所属パターン

な生活環境の影響をダイレクトに受けるようになっていることは間違いなさそうです。今日の子どもスポーツは、金の投資が不必要で大人の関与のない自由な未組織的運動遊びは消失し（子どもだけの遊び社会の衰退）、「それなりに豊かな家庭に生まれなければスポーツさえもできない」状況、つまり機会の不平等が一般化する社会へ向かいつつあります。しかしながら、体力や運動能力をはじめとするスポーツ活動の「結果」にどのような、そしてどの程度の格差が生じているかについては、ほとんどその実態すら明らかになっていません。

本書の意義は、スポーツ格差のトータルな現実を客観的なデータによって明らかにし、その事実に基づいて格差生成のメカニズムについて考察するとともに、格差是正に向けた方策のリストを最終的に提起しようとするところにあります。

また、スポーツ格差はそれ自体としても大きな問題ではありますが、それが体育・スポーツ・健康にかかわる格差にとどまらず、それを起点に子どもの友人関係や学校不適応、いじめ、学力不振等々の広範な社会的排除・孤立問題と密接に関係しているとすればさらに事は深刻です。なぜなら、貧困の再生産と呼ばれる現象、つまり世代を超えて格差・貧困が再生産されてしまうような悪循環にスポーツ格差が強く関与してしまうことにもなりかねないからです。

ところで、人がスポーツをしたり、見たり、支えたりという文化現象をめぐる格差・不平等は、何も子どもの生活する家庭や地域社会に起因するものばかりではありません。例えば、スポーツをめぐる様々な性差別・ジェンダー不平等[13]についても近年、社会的関心が急速に高まってきています。また、障害のある人たち（成人）の週1日以上のスポーツ実施率は25・3％で、健常者の53・6％の半分以下であること（令和元年度調査、スポーツ庁）、そしてその背景には障害者のためのスポーツ環境が健常者に比べて著しく未整備であることは多くの人が知っている現実です。また、オリンピックで採用されている競技種目に限定しても、ＪＯＣ（日本オリンピック委員会）等からの補助金の金額に数十倍の格差がある（清水、２０１７）など、種目間格差も拡がるばかりです。この他にも、スポーツにおける格差の事例を挙げればきりはありません。[14]

このようなスポーツをめぐる様々な「あってはならない差異」の総称とするのが適切だと思います。しかし、各々の格差によって、その背景や原因など格差生成のメカニズムも異なるため、格差是正・縮小の方策も一様ではありませんし、格差是正の優先順位も違うでしょう。スポーツ格差という用語を広く定義するならば、

そこで、本書では議論の焦点を子どもの家庭背景に由来する格差・不平等に限定してこの用語を使うことにしたいと思います。

(5) スポーツ格差の背景

これまで少なくともわが国では、スポーツについて論じたり研究したりする際に、「階層（所得・職業・学歴など社会・経済・文化的資源を基準としてみた社会的地位やカテゴリー）」（苅谷、２００１）という観点が意識され、取り入れられることはほとんどありませんでした。とりわけ１９７０年代初頭までは、家庭の経済階層や貧困と子どものスポーツ行動は、ほとんど関連性はなく、学術研究

の俎上に上げる必要もなかったからです。当時の子どもたちにとって運動遊びやスポーツは、子ども世界の中の自助・互助によって営まれ、だからこそ貧富の差にかかわらず誰もが平等に享受できる無料の遊び文化（草野球や鬼ごっこなど）、それがスポーツの常識でした。

しかしながら、子どもの遊び・運動・スポーツをめぐる環境は、この50年余りの間に大きく様変わりしました。今ではスポーツと経済価値（金銭価値）は切っても切れない関係になってしまっています。その背景には、経済成長のプロセスとともに進展した子どものスポーツをめぐる二つの潮流があるようです。

一つは、子どもを対象とした地域スポーツクラブの組織化です。その先駆けは、1964年東京五輪を契機に飛躍的に増加していくスポーツ少年団です。それまでの、子どもによる子どもだけのスポーツコミュニティに大人たちが積極的に関与し、子どもたちの活動を技術的・戦術的に専門化する方向に管理ないしは指導することで、自由な遊びとしての未組織的な運動遊びが公式のスポーツ競技大会に従属・依存した「子どもスポーツ制度」へと変質していきます。もちろん当時のスポーツ少年団をはじめとする地域のスポーツクラブやチームの多くは、地域の大人たちがボランティア指導者として参加していましたから、高額な会費を徴収するようなことはなく、極めて廉価なスポーツの機会であ

13 例えば、スポーツ団体役員の男女比率、運動部活動加入率の男女差、体育・スポーツ系大学生の男女比率の偏り等々がある。

14 大学における運動部と同好会・サークルの施設利用をめぐる大きな格差、国のスポーツ財政における競技スポーツと生涯スポーツの大きな予算格差、未だに解消されないスポーツにおける人種差別等々。

ることには変わりありませんでした。しかし、21世紀になると地域スポーツはさらに新たな局面を迎えることになります。総合型地域スポーツクラブの全国展開です。この政策に込めた国の基本的なスタンスが「スポーツ立国戦略」（文部科学省、２０１０）に次のように明記されています。

（地域スポーツ環境の整備については）これまでの行政による無償の公共サービスから脱却し、地域住民が出し合う会費や寄附により自主的に運営するＮＰＯ型のコミュニティスポーツクラブが主体となった「新しい公共」を形成することを進める。（括弧書き及び傍線筆者）

このように、子どもたちの生活の場で展開される地域スポーツの領域に「受益者負担」という原則が持ち込まれ、スポーツは「無償の遊び」から対価を支払う「有料のサービス」に変わっていくのです。

そして、子どもスポーツにかかわるもう一つの潮流が１９９０年代以降、経済の成熟化・サービス化とともに進行するスポーツサービス(例えば、スイミングスクールなどの習い事)の市場化です。「スポーツビジョン21」（通商産業省）がリードした国策としてのスポーツの産業化は、子どもを「遊びの主役」から「消費の対象」に変えるとともに、スポーツを月謝を払って専門的指導者から「習う商品」へと変質させました。学研教育総合研究所の『小学生白書（２０２０年調査）』によれば、小学生の習い事の第1位は水泳（スイミング）で、第2位の学習塾の18・1％を大きく上回る26・7％と

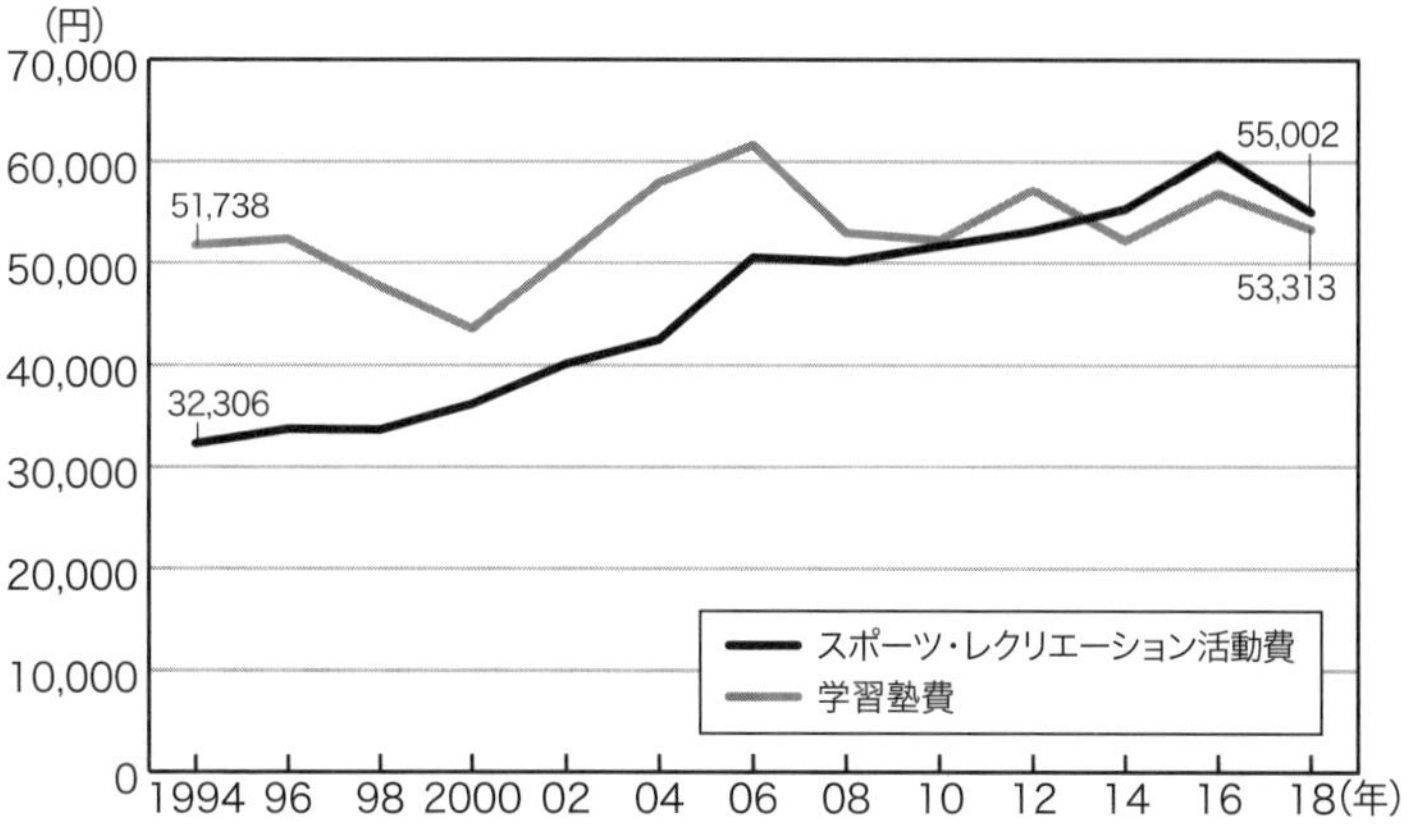

（注）値は公立小学校児童の平均

（文部科学省「子どもの学習費調査」より筆者作成）

図 1-8　学習塾費と学校外スポーツ支出の推移

なっています。また、この他にもサッカー・フットサル、体操教室、ダンス、武道、野球なども ランキング上位に入っています。このように今やスポーツ活動は子どもたちの習い事の定番です。

スポーツ格差の背景として最も注目しておかなければならないことは、スポーツの習い事化というスポーツ生活の外部化（有料化）を前提とした家計負担の増大です。わが国は、教育費に占める私費（家計）負担の割合が国際的に見てとても高いことはよく知られています。つまり、公費で賄われる学校教育費にプラスして各々の家庭は学校外の教育費を私費で多く支出しなければなりません。そして近年になって、この学校外教育費の内訳に大きな変化が生じています。

文部科学省が隔年で実施している「子どもの

学習費調査」（図１‐８）によれば、①家計における年間スポーツ活動支出（学校外活動費に含まれる）は、調査開始（１９９４年）以降約20年間で１・９倍と増え続け、②20年前には、学習塾費よりも約2万円安価であったスポーツ支出が、現在では学習塾費を超えてしまったことが明らかとなっています。つまり近年、子どものスポーツは私費負担額が高騰し、家計依存の傾向が他の習い事と比べても一層強まっているのです。スポーツ活動に親の経済的・時間的・労力的負担が伴うようになればなるほど、子どものスポーツ格差は顕在化し、さらに拡大するのは必然といえます。貧しい家庭では、スポーツどころではないのですから。図１‐８のスポーツ・レクリエーション活動費の数値は、公立小学校に通う児童の全学年での平均値（２０１８年は5万５００２円）ですが、私立小学校児童の場合には、８万２９０２円と約3万円もの差があることもスポーツ格差の象徴的な表れといえるでしょう。

このような子どもの運動・スポーツをめぐる生活環境の諸変化は、平成以降に本格化した遊びのIT化と相俟って、子どものライフスタイルに重大な影響を及ぼすことになります。結果として、子どもの心と身体、そして社会関係にも憂慮すべき問題を生じさせていくものと考えられます。

ところで、スポーツとカネの結びつきが最近特に強まってきていることは、子ども世代だけに現れていることではありません。国は、定期的に国民のスポーツ活動実態を世論調査によって明らかにしてきましたが、この中で「運動・スポーツをしなかった理由」が継続的に調べられています。その集計結果（図１‐９）によれば、平成25（２０１３）年頃まで、「金がかかるから」という経済的な条件を、スポーツをしない理由に挙げる人は数％程度とごく少数でした。しかし、調査主体がスポーツ

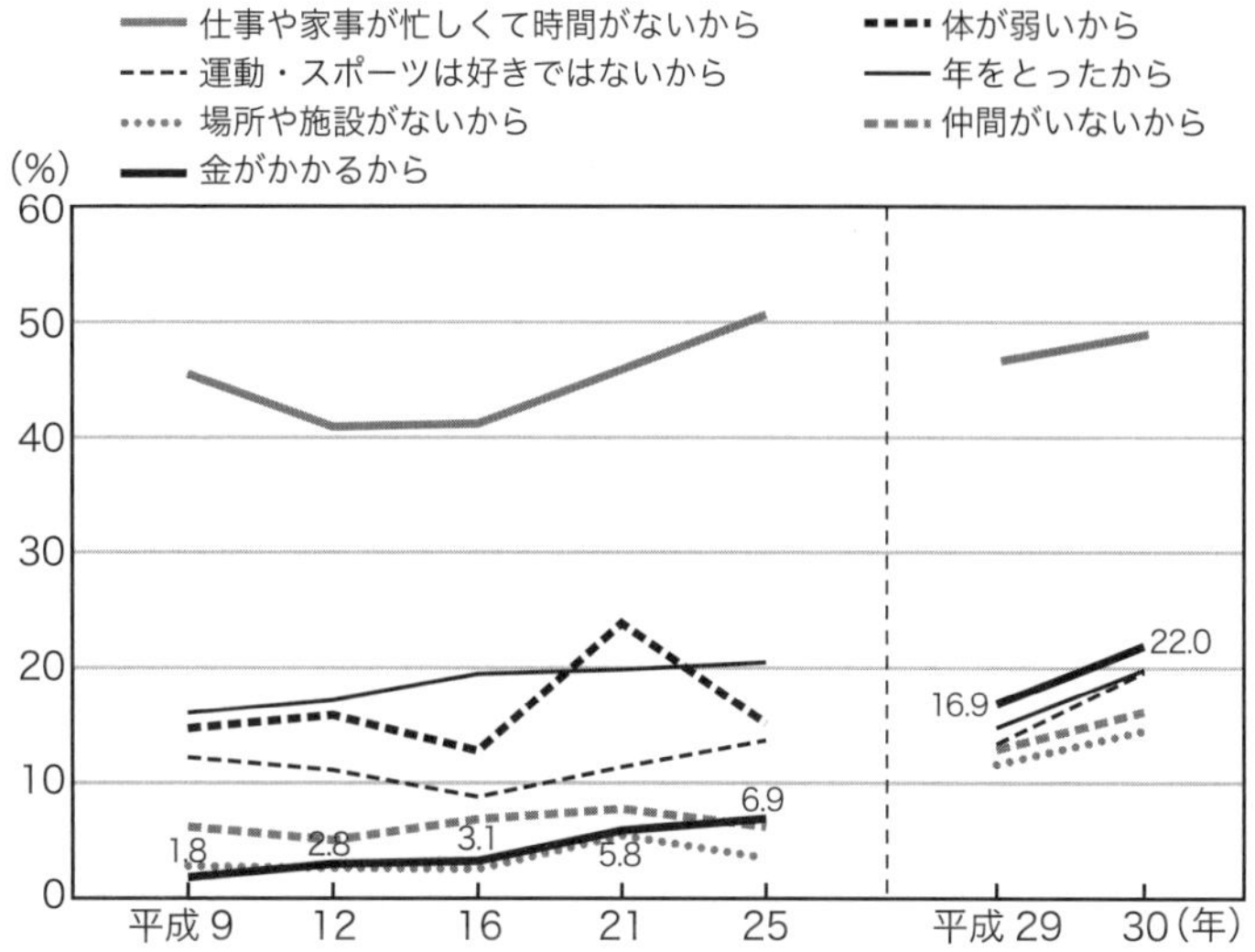

（注）平成9～25年は内閣府「体力・スポーツに関する世論調査」における過去1年間にスポーツをしなかった理由を、平成29・30年はスポーツ庁「スポーツの実施状況等に関する世論調査」の週1回以上実施できない理由である。

図1-9　スポーツ活動の阻害要因

庁に移管して「スポーツの実施状況等に関する世論調査」に調査名称が変わった平成29（２０１７）年以降、その割合は急増し平成30（２０１８）年度の調査結果では、実に22％もの人が「金に余裕がない」ことを理由に挙げ、スポーツをしない理由のトップ3にまで上昇しています。また、同調査によれば、「苦手だから（73・2％）」「疲れるから（67・6％）」「時間が取られるから（38・8％）」に続いて「お金がかかるから（22・1％）」は、スポーツが嫌いな理由の第4位となっているのです。

　平成30年1月に実施された同調査（18～79歳の男女2万人）のデータを二次分析したところ、スポーツを

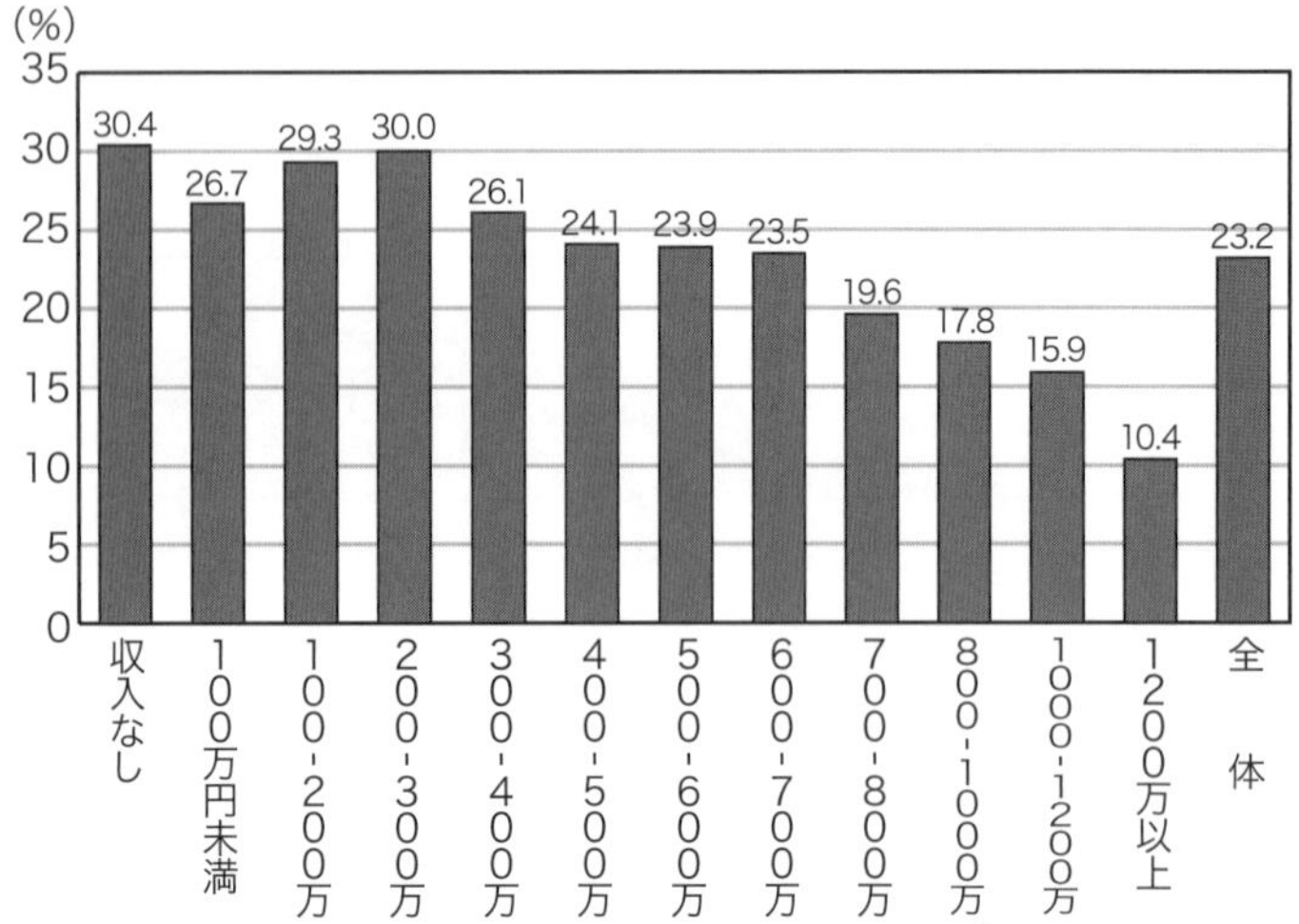

χ^2=100.402（p<.001）

図 1-10　「お金に余裕がないから」と回答した者の割合——世帯収入別

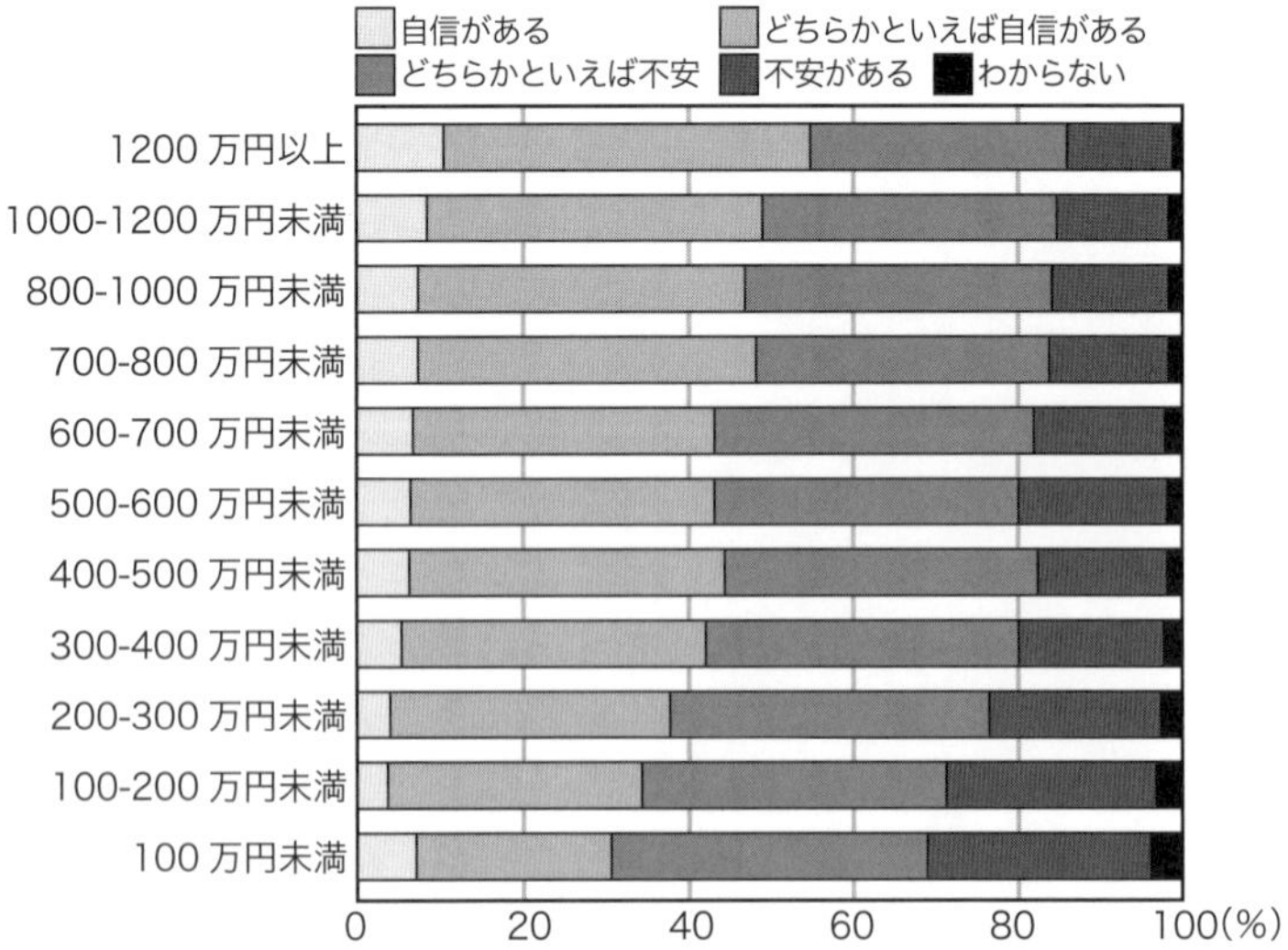

χ^2=337.655（p<.001）

図1-11　世帯収入と「体力への自信」

実施できなかった理由として「お金に余裕がないから」と回答した人の割合は、世帯収入の低い層の方が高い層に比べて割合が高く、年収300万円以下の層では、30％となっています（図1‐10）。また、図1‐11に示すように世帯収入が高い層の方が低い層よりも体力に自信のある者の割合が高いという関係は明確に読み取れますし、この他に①健康意識（自分の健康状態への自己評価）、②スポーツ実施の有無、③スポーツ実施日数、④スポーツ実施頻度への満足、⑤実施日数を増やせない理由についても、世帯収入との間に有意な関係が認められています。これらの結果から、日本人のスポーツ観やスポーツ行動とカネ（経済）とのかかわりが急速に変化してきていることは間違いないようです。

スポーツ格差は、このようなスポーツ生活の外部化ないしは社会化[15]（清水、2001）そして受益者負担化（有料化）とスポーツ事業の営利化の帰結としての家計負担の増加及び、近年の格差社会化及び貧困の増大が相俟って深刻化していると見られます。

要するに、子どものスポーツ活動が教育全般と同じく、家庭という私事的領域に依存する傾向が強まることで、家庭の経済格差等が子どものスポーツへのアクセスに不平等を生じさせる社会現象であると考えるのが妥当であろうと思います。

15 生活の外部化ないし社会化とは、人々の生活要求が家庭や地域共同体における互助・共助をベースとした内部経済では充足できなくなり、私的な形態から家庭・地域社会の外部に移されて外部経済による社会的・協同的な形態へ変えられる過程を指している。よって、スポーツ生活の外部化・社会化は、スポーツ生活過程の全部または一部分が社会の外部機関や組織によって担われるようになる傾向である。

2. スポーツ格差を問う意味

⑴ 理念・理想と現実の乖離

一般的にはあまり知られていないことですが、2020年東京五輪招致運動の一環としてスポーツ振興法（1961年成立）が全面改正され、新たにスポーツ基本法（法律第78号）という法律が2011年に制定されました。この法律の第27条によって、オリンピック・パラリンピック競技大会のような国際競技大会の招致または開催に対して、国が特別の措置（財政支援を含む）を講ずることの法的な根拠を得ることになりました。しかし、国民のスポーツプロモーション（普及・促進・発展）にとってより重要なことは、次の序文に謳われたこの法の理念にあります。

スポーツは、心身の健全な発達、健康及び体力の保持増進、精神的な充足感の獲得、自律心その他の精神の涵《かん》養等のために個人又は集団で行われる運動競技その他の身体活動であり、今日、国民が生涯にわたり心身ともに健康で文化的な生活を営む上で不可欠のものとなっている。スポーツを通じて幸福で豊かな生活を営むことは、全ての人々の権利であり、（中略）日常的にスポーツに親しみ、スポーツを楽しみ、又はスポーツを支える活動に参画することのできる機会が確保

されなければならない。（傍線筆者）

今やわが国においてスポーツは、現在と未来社会に生きる遍《あまね》く人々にとって、人間的可能性と幸福追求のために欠くことのできない文化の一つと認識されるようになったのであり、よって、スポーツプロモーションは、人権としてのスポーツを保障するために国や地方公共団体が積極的に関与すべき公共的使命に他なりません。

ところで、国際的に見ると、ユネスコが「体育及びスポーツに関する国際憲章」において、「体育・スポーツの実践はすべての人にとって基本的権利である」（第一条）と宣言したのは1978年のことです。つまりわが国は、スポーツを万人の権利とするグローバルスタンダードから30年以上遅れてやっと法制化が実現したのです。このユネスコの国際憲章は、2015年に「体育・身体活動・スポーツに関する国際憲章」へと全面改定されました。その前文には、「体育・身体活動・スポーツのための資源、権限、責任が、ジェンダー、年齢、障がい、その他一切の理由に基づく差別なく与えられなければならない」とスポーツにおけるユニバーサル・アクセスの原則[16]が宣言され、さらに第1条では、「とりわけ就学前の子ども、女性及び少女、老人、障がいのある人、先住民族に、体育・身体活動・スポーツへの参加のための誰もが受け入れられる適切で安全な機会が提供」されるべきことが特に強

16 個人のあらゆる条件にかかわらず誰もがそのニーズに応じて適切なサービスを受けられること。

調されています。

また、1989年の第44回国連総会において採択され、1990年に発効した「児童の権利に関する条約（子どもの権利条約）」（日本は1994年に批准）では、児童がその年齢に適した遊び及びレクリエーション活動に自由に参加する権利を認め、締約国はその権利保障のために、適当かつ平等な機会の提供を奨励する、とされています（第31条）。

従って、すべての子どもたちにスポーツへの公正・平等なアクセスとそのアウトカムとしての一定水準の体力保障は、今や国際社会に共通する公共的課題となっていると考えられます。しかしながら、わが国の子どもをめぐるスポーツ活動の現実には、すでに見た通り、平等性や公平性という観点から、深刻な問題が生じていることが予想されます。だからこそ、本書ではスポーツ格差という観点から、21世紀におけるスポーツプロモーションの基本理念・理想と現実の乖離を実証的に明らかにしようとしているのです。

ところで、本書の大きな特徴は先にも述べた通り、スポーツ格差という概念の中に「機会の不平等」だけでなく「結果の不平等」を含めてとらえようとしている点にあります。子どもたちが身体運動やスポーツ活動をした「結果」として獲得できる利益・便益には実に多様なものがありますが、最も直接的にかつかなり高い確率で習得できるものの一つが体力・運動能力であろうと思います。次章では、幼児から中学生までを対象に実施したアンケート調査と子どもたちの体力・運動能力テストの個票データを用いて家庭環境と体力の関連性を分析し、いわば「体力格差」の実態に迫ります。そこで次

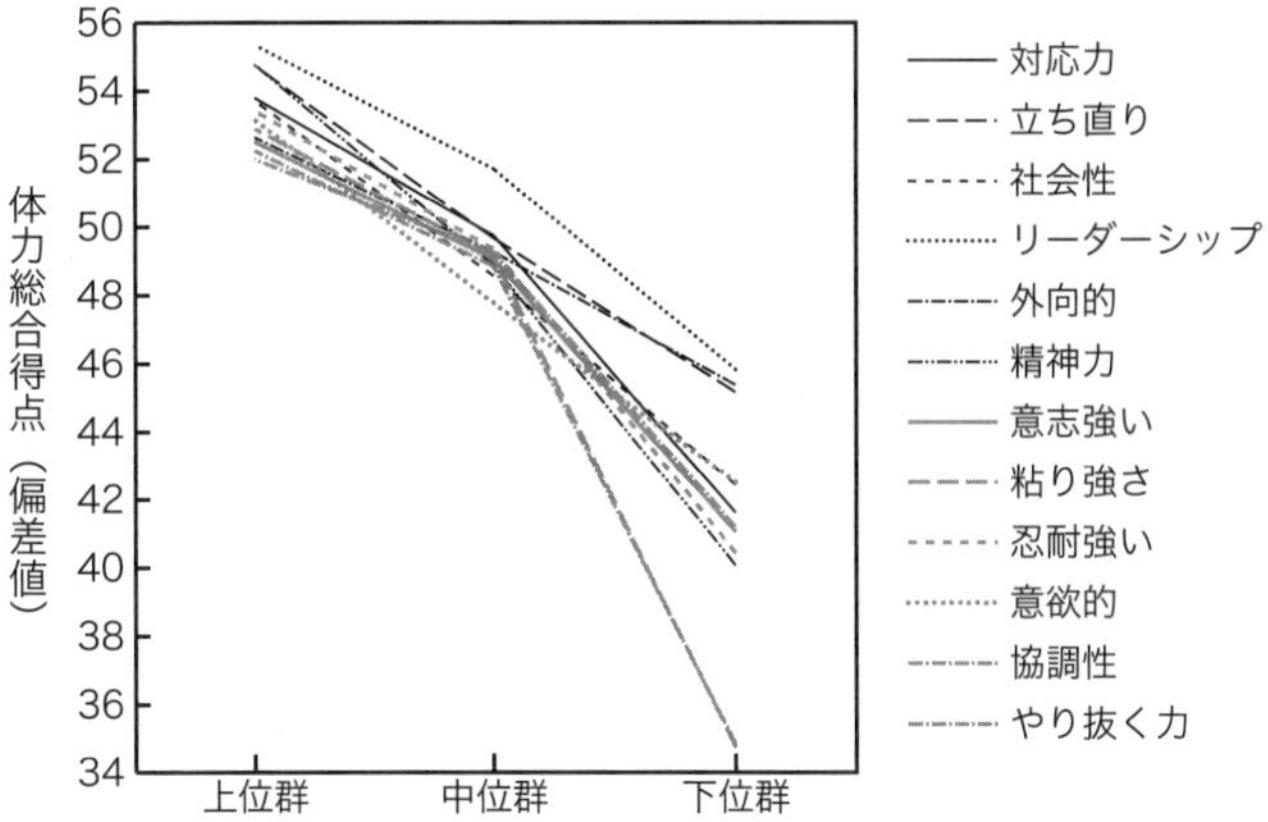

(Kosho Kasuga et al. (2018) The influence of non-cognitive functional characteristics at age 6 on physical fitness characteristics at age 10, 65th American College of Sports Medicine Annual Meeting.)

図 1-12　小学 5 年生の非認知機能評価別に見た体力特性（n=223）

に、子どもの体力格差を問うことの意味について考えてみたいと思います。

(2) 体力と人間の諸能力

なぜ子どもの「運動やスポーツ」を重要視するのか。読者の皆さんにぜひ注目してほしいのは、幼少期の運動・スポーツ活動は、単に体力や運動能力の向上といった身体的な側面だけに貢献するだけでなく、精神的な側面や社会的な側面の発達など多方面にわたって好影響を及ぼすことが近年の研究でわかってきていることです。

文部科学省が策定した幼児期運動指針（2012）には、幼児が仲間とともに活発な身体活動を習慣化させることは、心理的な成長や社会性の発達、さらには認知的能力の発達にも大きく寄与すると指摘されています。

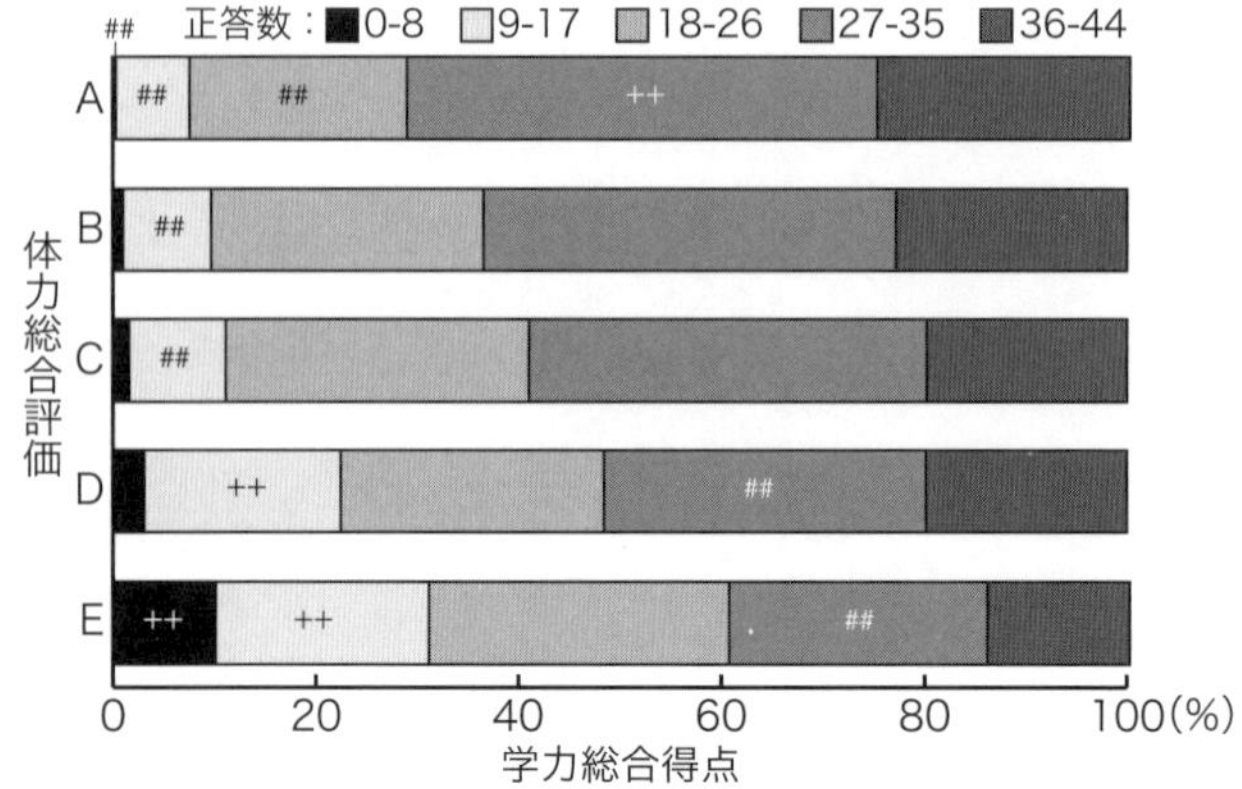

χ^2=76.87** （自由度 20）

**：p<0.01、##：有意な負の調整化残差、++：有意な正の調整化残差

図 1-13　体力水準別の学力総合得点正答数の割合とカイ二乗検定及び残差分析結果

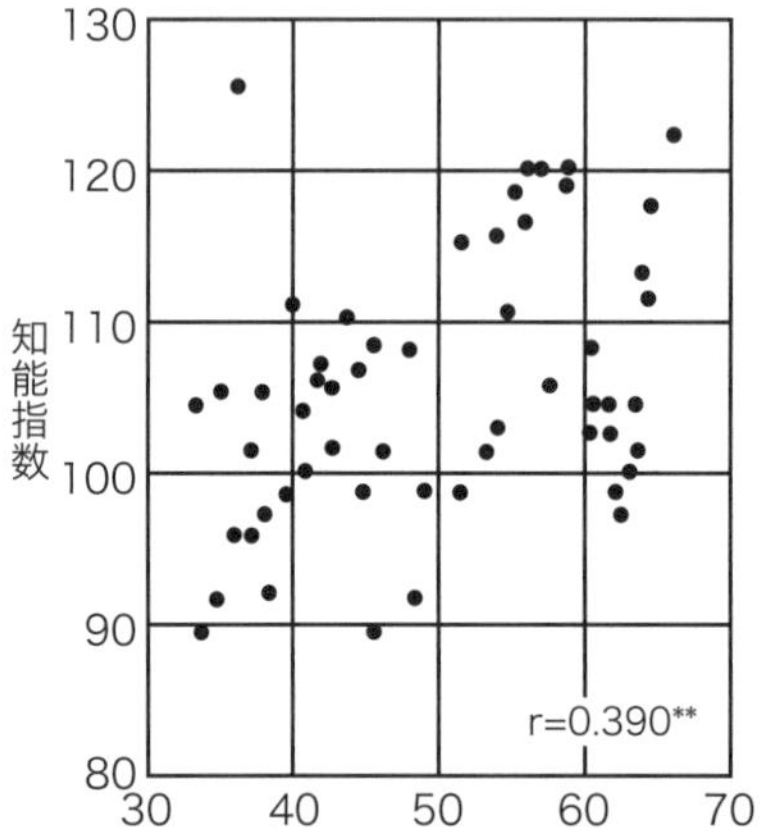

**：p<0.01

図 1-14　幼児（年長児）の知能指数と総合体力の関係

図1－12は、小学5年生の非認知能力[17]に関する評価別の体力総合得点を示しています。すべての非認知能力要素において評価下位群の者は低い体力特性であることがわかります。つまり、低体力のまま放置しておくと、子どもたちの非認知機能といわれる意欲、意志、忍耐力といった精神的な側面やリーダー性、外向性、協調性といった社会性の側面も発達不全に陥る可能性が高いことを意味しています。体力が低いということは、生涯にわたって力強く生きていくことが困難な状況に陥りやすい危険性を秘めているのです。

加えて、注目したいのが教育関係者から多く耳にする「体力の高い子は、学力も高い傾向にある」という経験知です。この経験知に関する調査・分析をスポーツ庁とともに試みてみました（春日、2020）。

図1－13は、小学5年生時の全国体力テスト（スポーツ庁）と小学6年生時の全国学力テスト（文部科学省）の関連を示しています。体力評価が高い子どもほど、学力テストの正答数も高いことが見て取れます。特に、体力評価が低い群は、正当数が低い子の割合が顕著に多く、体力レベルと学力との間に明確な関係性があることがわかります。また、図1－14は、年長児の体力と知能指数の関係を示しています。月齢も考慮して分析した結果、強い関係性とはいえないものの、幼児期においても体力の高い子ほど高い知能を有している傾向がうかがえます。これらの調査結果から、幼少年期に積極

17 非認知能力（機能）とは、IQのようなテストで測定したり数値化できる知的な能力以外の能力で、目標に向かってがんばる力、他の人とうまくかかわる力、感情をコントロールする力などである。

的に身体活動を行っている子ほど、学力や知能といった認知機能の発達にもつながっていることが推察できます。

ただし、「運動すれば学力が高くなる」とか、「勉強すれば体力が高くなる」ということでは決してありません。これまでの諸研究で明らかにされているように、多くの仲間と群れながら活発に自発的に遊ぶという行為の繰り返しが、子どもの体だけでなく脳や心を発達させ、「何事にもがんばることができる力（非認知能力）」を育むために、このような結果になったのだと考えられます。

また、日本財団（２０１８）の大規模調査では、貧困世帯の子どもは、小学校初期から非認知能力が低く、学力の格差が顕在化するよりずっと早い段階で、既に非認知能力の格差が生じていたと報告されていることから、運動遊びやスポーツ活動の機会は、幼少年期から平等に与えられる必要があるのではないかと考えます。

昔から「文武両道」を目標とした子育て論がわが国では根強く存在しており、その根幹には、社会を生き抜くためには、学力だけではいけないという考え方があるのでしょう。体育・スポーツ界が求められる文武両道への援助とは、学力も体力も低評価になりがちな子どもに対して身体活動を通して、意欲や社会性を育み、両側面を引き上げることです。

子どもの運動遊びやスポーツ活動は、身体、心、社会性を同時に育むことで、総合的な人間力の向上につながります。学習指導要領では、「生きる力」を育むことが目標に掲げられていますが、ここでの生きる力とは変化の激しい現代社会を生き抜いていくために必要となる、知（確かな学力）・徳（豊かな人間性）・体（健康・体力）のバランスのとれた力であり、それはまさに運動遊びやスポーツ活動によって効果的に培われる能力です。言い換えれば、子ども自身の生育環境（家庭や地域社会）によって運動遊びやスポーツに携わる機会が影響を受けることとなれば、体力や運動能力だけでなく、人間力の総合的な育みに格差が生まれることになってしまう危険性が高いといえるでしょう。

(3) 子どもの体力・運動能力と生涯スポーツ

子どもの体力を高めることの意味

運動習慣が健康に対してポジティブな影響を及ぼし、運動しない習慣がネガティブな影響を及ぼしていることは、あらゆる年齢を対象とした研究において明らかであり、年齢や対象に応じた具体的なガイドラインも示されています（ＷＨＯ、２０２０）。

また、習慣的な運動実施の結果として得られる高い体力は、子どもの心身の健康と密接に関連しています。例えば、全身持久力が高い子どもほど肥満度（皮脂厚と腹囲による評価）が低いという報告や、全身持久力が高くかつ筋力の優れている子どもは心血管系疾患リスクが軽減されるという報告があります（Ortega, 2008）。また、主観的な健康状態と体力の関係について分析した研究（鈴木ほか、２００９）では、「やる気が起きない」「疲れやすい」「お腹や頭が痛い」などの不定愁訴といえる自覚症状を訴える小学生は、文部科学省（当時）新体力テストによる体力総合評価のＤ、Ｅ段階（低体力児）の割合が多いことが報告されています。

すなわち、心身の健康の観点からは「体力は高い必要があり、体力は高いに越したことはない」ということは間違いなさそうです。ただし、どの程度の水準まで高める必要があるのか、あるいは、心身の健康は体力を向上させればさせるほど改善するのかという疑問には未だ充分には答えることができていません。今後は、「最低限必要な体力はどのくらいか」という議論を行う必要がある、と考えます（この点については第3章でも触れることにします）。

子どもの頃の体力と運動習慣の恩恵

次に、「子どもの頃の体力」と「成人後の心身の健康」との関係について取り上げてみます。

一般に、ヒトの体力は20歳前後をピークに年齢を重ねるごとに低下していくため、成人するまでにピーク値を向上させることが生涯を通じた体力の維持につながります。しかし、果たして子どもの頃に高い体力を獲得することは生涯を通じた健康の維持にもつながるのでしょうか。

この疑問に端的に答えている研究報告があります。Satoら（２００９）は、１９４３年に平均16・8歳の女子集団に行った体力測定の結果と64年後におけるその集団の死亡率を分析し、いずれの年齢においても体力水準の高い者が低い者よりも死亡率が低いことを明らかにしました。若い頃に体力が高いということが若い頃の健康だけでなく、生涯を通じた健康に影響を及ぼすといえます。若い頃の体力と死亡率の関連性の背景に何があるのかは明らかではありませんが、成人において体力（全身持久力）の低いことが死亡率に影響を及ぼすという報告（Blair, 2009）やOrtegaら（２００８）が指摘するように体力の高さは習慣的な高強度運動の結果（アウトカム）であることを踏まえると、「生涯を通じた運動習慣の獲得↓生涯を通じた体力の維持↓生涯を通じた健康」という因果を推論することはできるでしょう。

続けて、子どもの頃の運動習慣がそれ以降のライフステージにどの程度持ち越されるのか、にかかわるデータを紹介したいと思います。

２０１７（平成29）年度全国体力・運動能力、運動習慣等調査（スポーツ庁）によれば、１週間の総運動時間が60分未満の割合は小学5年生で男子６・３％、女子13・４％であったのが、その児童が3年後に中学2年生になると、男子６・５％、女子19・４％となり、女子において増加します。そして、報告書に掲載されている1週間の総運動時間のヒストグラムを見ると３００分あたりの集団が小学5年生と比べ中学2年生では極端に減少し、その代わりに60分未満の集団と９００分あたりの集団が増加します。したがって、小学生の頃に３００分程度運動する集団は中学生になってほとんどしなくなるか、９００分程度運動する集団に分かれていくということなのです。子どもの身体活動ガイドライン（ＷＨＯ）では、中高強度の負荷（息がはずむ程度以上の強度）で1日60分以上体を動かすことを子どもに推奨しています。そのため、小学校から中学校への移行期は、小学校の頃にほどほどに（３００分程度）体を動かしていた女子が、中学生になってから４２０分（60分×７日）の基準を超える子どもになれるかの大切な時期であるといえます。

最後に、子ども期の運動習慣は成人期まで持ち越されるかという疑問についても数多くの研究が行われていますが、総括すると、運動を行う習慣よりも運動を行わない習慣の方が強く持ち越される傾向にあるようです（鈴木、２０１１）。したがって、１週間に60分間すら運動を行わない女児が約２割いるという現状は現在の問題だけでなく、生涯を通じた健康維持の観点からも改善すべき課題だといえるでしょう。

小児運動科学の権威Thomas W. Rowland（1994）は「運動を通じた子どもの長期的健康の改善に最も良い戦略は、子どもの頃の体力を増進させるよりも、むしろ成人期まで持ち越される定期的な身体活動の生活習慣パターンを構築することであるかもしれない」と述べ、子どもの頃に定期的に身体を動かすことの重要性を説いています。子どもの時期（幼児期・青少年期）に、「運動・スポーツのある生活習慣」を無理なく形成することは、彼・彼女らの健やかな人生を末永く保障する上で重要な社会的課題であるといえるでしょう。

(4) 体育・スポーツ政策における体力論議―体力政策批判―

なぜ、子どもの体力を「格差」という観点から、今問う必要があるのか。次に、これまでの体力にかかわる国の政策を批判的に検討することからこの問いに迫ってみましょう。

わが国では、一貫して子どもの体力問題は、体育・スポーツ政策を動かす主要な要因とされてきました。例えば、平成20（２００８）年改訂の学習指導要領では、中学校保健体育科の年間授業時間数が、平成10（１９９８）年指導要領の90単位時間から１０５単位時間へと増加しました（小学校・高等学校についても同様に増加）。平成10年の指導要領では、いわゆる「ゆとり教育」への転換、完全週5日制への移行、生きる力の育成、総合的な学習の時間の新設など大きな教育改革が断行され、大幅に授業時数が削減されました。体育科・保健体育科についても、平成元（1989）年指導要領の105時間から15時間削減されていました。指導要領解説によれば、平成20年に授業時数が増加した理由は単純明快、子どもたちの体力が低下していたからだというのです。

また、2000年にわが国で初めて策定された国のスポーツにかかわる基本計画「スポーツ振興基本計画」は、当初10年間の計画とされていましたが、5年後に見直しが図られ2006年に改訂されました。この改訂版基本計画の第一番目に新しく登場した筆頭政策が、スポーツの振興を通じた「子どもの体力の向上方策」です。その理由は、「次代を担う子どもの体力が低下傾向にあることは、将来の明るく豊かで活力ある社会の形成にとって、極めて憂慮すべきこと」だからだ、とされました。

このように、体力はわが国の体育・スポーツにかかわる政策当局にとって非常に優先順位の高い政策課題であり続けてきたことは間違いないでしょう。それがなぜなのかは推測の域を出ませんが、おそらく、「学力」と同じく国が大規模データを継続的に収集してきた数少ない客観的な政策のアウトカム（成果）指標であるから、というのが有力な一つの理由なのではないかと思います。つまり、特定の政策の正当性や政策実施の成果を体力テストの数値を用いてエビデンスとして示すことが可能であるということです。

しかしながら、政策課題としての体力問題は、常に体力の水準問題、つまり全体的に子どもたちの体力（平均値）が低下しているという問題に焦点が当てられてきました。例えば、先に取り上げた2006年改訂のスポーツ振興基本計画では、『人間力』の重要な要素である子どもの体力について、スポーツの振興を通じ、その低下傾向に歯止めをかけ、上昇傾向に転ずることを目指す」と体力水準の上昇が政策目標とされていますし、直近の第二期スポーツ基本計画（2017）でも、体力に関連した施策目標は、「子供の体力水準を昭和60年頃の水準まで引き上げることを目指す」との記述しか見当たりません。このように国の体育政策では、子どもたちの体力・運動能力の全体的な引き上げに専ら注力してきたといってよいでしょう。

他方で、体力・運動能力の低下に加えて運動習慣（活発に運動する者とそうでない者）の「二極化」についての国レベルの指摘は、1997年保健体育審議会答申によって初めてなされました。また、スポーツ振興基本計画（2006）では、「文部科学省が行っている『体力・運動能力調査』によると、我が国の子どもの体力は、昭和60年頃から長期的に低下傾向にあるとともに、体力が高い子どもと低い子どもの格差が広がっている」と体力の格差に言及しています。しかし、ここで用いられる格差とは、ただ単に体力が高い者と低い者に二極分化しているということを指摘しているに過ぎず、本書で用いているスポーツ格差とは意味合いが全く異なります。

その後も幾度となく、子どもの運動習慣・体力・運動能力の「二極化」が解決すべき政策課題として浮上しますが、これがいわゆる「格差」問題とつながっているという認識には未だに至っていません。なぜなら、最新の第二期スポーツ基本計画（2017）においても、先述の通り政策目標は、「昭和60年頃の水準を上回ること」（平均値的水準問題）に限定され、格差の縮小に向けて低体力・低運動頻度の児童生徒を底上げしようとする政策的な意図を看取することはできないからです。

次に、政策的判断の前提となる子どもの体力低下の国による原因分析について検討してみたいと思います。「子どもの体力向上のための総合的な方策」と題する中央教育審議会答申（２００２）では、体力低下の原因として、大きくは次の問題を挙げています。すなわち、①子どもの外遊びやスポーツを学力よりも軽視する国民の意識、②子どもを取り巻く環境の問題、③子どもの生活習慣の問題、の三つです。しかし、①については、「誰」が運動・スポーツを軽視しているのか、②については、環境変化の影響を受けているのは「誰」か、③についても、どのような家庭の子どもの生活習慣が乱れているのか、についての深堀りはほとんどなされていません。運動やスポーツを学力と同じくらい重視している人々は決して少なくありませんし、すべての家庭の子どもの生活習慣が乱れているわけでもないでしょう。また、②子どもを取り巻く環境については、さらに具体的に、❶機械化・情報化・都市化等による子どもの生活全体の変化とこれに伴う身体運動の減少、❷スポーツや外遊びに不可欠な要素（時間・空間・仲間）の減少、❸地域スポーツ指導者の不足、❹学校における体育指導の問題が挙げられています。特に、❷の生活環境や遊び環境の問題は、体力低下の原因として古くから頻繁に指摘されてきた要因ではありますが、時間・空間・仲間に恵まれず、「室内で過ごさざるを得ない子」「運動の機会に参加できない子」「仲間が見つからない子」はいったい「誰」なのかを明確にしない限り、体力が低い子どもたちに手が届く対策を打つことは不可能でしょう。

さて、この中教審答申の中には、子どもの体力の現状について、次のような記述が見られます。

体力・運動能力が高い子どもと低い子どもの格差が広がるとともに、体力・運動能力が低い子どもが増加しており、このことは運動をよくする子どもとほとんどしない子どもの二極化傾向が指摘されていることと無縁ではないと思われる。

また、日本学術会議の健康・スポーツ科学分科会は、「提言　子どもを元気にするための運動・スポーツ推進体制の整備」（２００８）の中で次のように指摘しています。

近年、子ども達の体格が大きくなっているのに反して体力・運動能力は低下している。それは、体力・運動能力の個人差が広がって、より低いレベルにある子どもが増加したことによる。（中略）しかし、運動やスポーツを実施する頻度の高い子ども達の体力・運動能力は低下せず、顕著な低下を示しているのは実施頻度の少ない子ども達においてである。したがって、運動・スポーツを実施することが、子どもの体力・運動能力の発達や維持に重要であることは明かである。（傍線筆者）

最近では、多くの測定項目において標準偏差が大きくなっている。このことは、体力の高い児童・

生徒と体力の低い児童・生徒の幅が大きくなってきていることを示している。このように、体力・運動能力の分布は大幅に広がっており、体力・運動能力が低い児童・生徒が以前よりさらに増えているという新たな問題が憂慮されている。（傍線筆者）

この二つの引用から明らかなように、子どもの体力水準（平均値）低下は、決してすべての子どもたちが全般的に体力を低下させているからなのではなく、運動頻度と体力・運動能力の低い子どもたちが増えているのです。

では、体力の低い子どもとは誰なのか、運動をほとんどしない子どもとはどんな子なのか。こうした疑問に答えることなく、体力の低い子どもがなぜ増えているのか、を明らかにすることはできないはずですし、そうしたエビデンスが不在のままで合理的で効果的な体力向上対策を議論することはできません。

(5)「学力格差」論議に学ぶ

貧困対策、スポーツは蚊帳の外？

繰り返しになりますが、格差・貧困とこれに起因するあらゆる差別・不平等の是正は、もはや地球上に生きる人類社会の持続可能な発展にとって重要なグローバル課題とされるに至っています（国連「持続可能な開発のための2030アジェンダ（SDGs）」）。また国内にあっても、例えば、体育・スポー

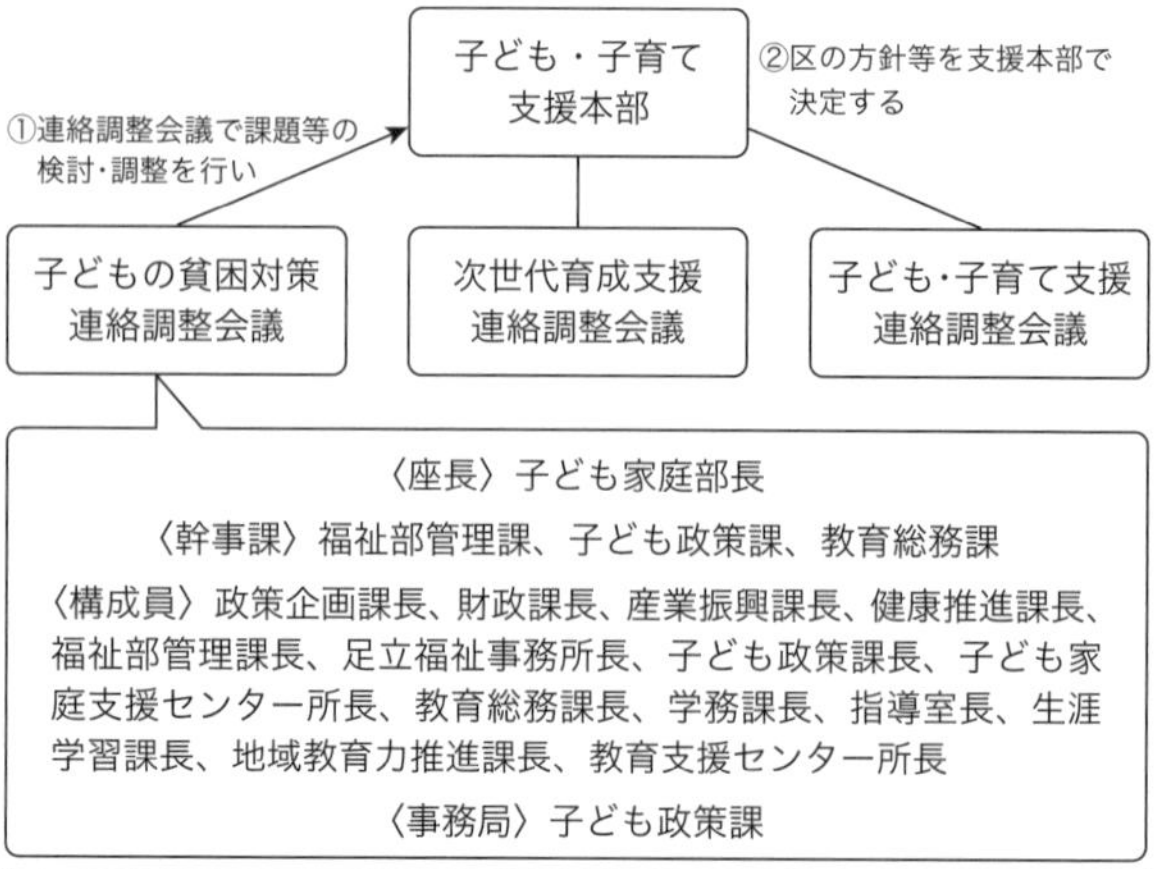

●部を超えて連携が必要な事項等について、調整会議で検討・調整のうえ、子ども・子育て支援本部で決定し、迅速に施策を推進するため、各部長はその決定に従い、事業展開を図る。
●施策展開・調整においては幹事課が中心となり、課題整理や会議の進行を担う。

7つの取組み姿勢

(1)全庁的な取組み
横断的・総合的に施策を推進し、貧困が世代を超えて連鎖することを防ぐ環境整備を進めます。

(2)予防・連鎖を断つ
特に「予防する・連鎖を断つ」に主眼を置いて、真に必要な施策に集中的・重点的に取り組みます。

(3)早期かつきめ細やかな施策の実施
実態把握に努め、施策を必要とする家庭や子どもが確実に利用できるように進めます。

(4)学校をプラットフォームに
子どもの成長・発達段階に合わせた、切れ目のない施策を推進していきます。

(5)リスクの高い家庭への支援
子どもの健全な成育環境を担保するため、リスクの高い家庭への重点支援を行います。

(6)NPO 等との連携
対策に取り組む民間・NPO・地域等に対し様々な支援を行うとともに、横断的連携が図れるよう進めます。

(7)国、都等への働きかけ
あらゆる機会を捉えて政策や予算の要望、連携の強化を求めていきます。

図 1-15　子どもの貧困対策推進体制（東京都足立区）

ツの近接分野である健康政策[18]では、健康寿命の延伸とともに「健康格差の縮小」が筆頭政策に位置づけられたことは周知の通りです。

また、わが国の教育政策の基本となる「教育振興基本計画」(2013〜2017)は、「教育行政の4つの基本的方向性」を柱に組み立てられていますが、その三番目の柱に「学びのセーフティネットの構築〜誰もがアクセスできる多様な学習機会を〜」が位置づいています。具体的には、「経済状況によらない進学機会の確保」、「家庭の経済状況等が学力に与える影響の改善」などが重点施策とされ、意欲あるすべての者に学びの機会へのユニバーサル・アクセスを保障することが約束されています。

また、「子どもの貧困対策の推進に関する法律」(2013成立)及び「子供の貧困対策に関する大綱」(2014)の制定以降、自治体をベースとした計画的な貧困対策が活発化します。2017年には、すべての都道府県に子どもの貧困対策計画が策定されました。また、666市町村(特別区を含む)が独自の貧困対策計画を策定しています(内閣府、令和2年6月現在)。

そうした貧困への計画的な政策対応の先進的な取組み事例の一つに、東京都足立区の「未来へつなぐあだちプロジェクト」[19]があります(図1-15)。特に、この事例では「教育・学び」と「健康・生活」へのサポートに重点が置かれ、両者について非常に多様できめ細かな施策パッケージが区民に提供さ

18 厚生労働省「健康日本21」2012年より。
19 https://www.city.adachi.tokyo.jp/sesaku/miraihetunaguadachipurojekuto.html を参照。

れています。また、子どもの貧困対策において特に強調しておきたいことは、その推進体制の総合性です。足立区の「7つの取組み姿勢」の中にもあるように、行政組織内の特定の部局だけが貧困対策を専管するのではなく、縦割り行政の弊害を打破し、部局横断的に総合的な施策が展開できるよう「全庁的」な取組みとすることが強調されています。具体的には、子どもの貧困対策連絡調整会議の中に、実に多様な部局の関係者が構成員として参加していることがわかります。しかし、スポーツの部局は、この中に含まれていません。もちろん足立区行政の中にスポーツを管轄する部署は存在するのですが……。

つまり、こうした先進事例であっても、子どもの運動やスポーツは貧困との関係で未だ認識されておらず、総合的な貧困対策から蚊帳の外に置かれているのです[20]。おそらく、スポーツと格差・貧困に関するエビデンスがほとんどないことがそうした認識の遅れを招いているのではないかと思います。逆にいえば、教育政策の分野で中央と地方の政府・行政が重い腰(?)を上げ、学力・教育格差問題への対応に本格的に取り組み始めた背景には、学力格差に関する科学的なエビデンスの蓄積があるに違いありません。

そこで次に、スポーツ格差研究に先行して着手された学力格差・教育格差研究から特に学ぶべきことを整理しておきたいと思います。

メリトクラシーからペアレントクラシーへ

教育学分野では、経済的格差の拡大＝格差社会化という現象を重く受け止め、１９９０年代から貧困という社会的カテゴリーと学力や進学・就職にかかわる差別問題が議論されはじめ、今や、子どもが生まれ育つ家庭の社会・経済・文化的環境によって学業達成に差異が見られるという教育の不平等問題の存在は常識・定説となっています（苅谷、２０１２）。しかし、教育学分野の中でも学力格差の理論的・実証的な解明に中心的に取り組んでいる教育社会学では、２０００年前後まで「学力を研究の直接の対象とすることはほとんどなかった」（耳塚、２０１４）ようです。学力テストで測定され得る能力などは、教育が培うべき本質的な能力のほんの一部分に過ぎず、その得点の高低に一喜一憂することを教育学者の多くはタブー視する傾向にありました。そしてこのことは、「学力」を「体力」に、「教育（学者）」を「体育（学者）」に置き換えても同じことがいえます。体育学分野では、その傾向は今でもさほど変わっていません。

ところが、１９９０年代後半のマスコミと世論に先導された「ゆとり教育批判」と「学力低下論争」が、学力の社会科学的研究を始動させます。ここでの主要なリサーチ・クエスチョンは、「誰の学力が低下したのか」「それは、どのような境遇に置かれた子どもなのか」という極めてシンプルなものでした（苅谷・志水編、２００４）。優れた教育社会学者たちによる膨大な数の学力研究により、子

20 令和2年3月に改定された第二期子どもの貧困対策担当実施計画では、学力に加えて体力づくりが施策に追加され、「自然や地域文化、スポーツなどの体験事業の充実」が取り入れられている。

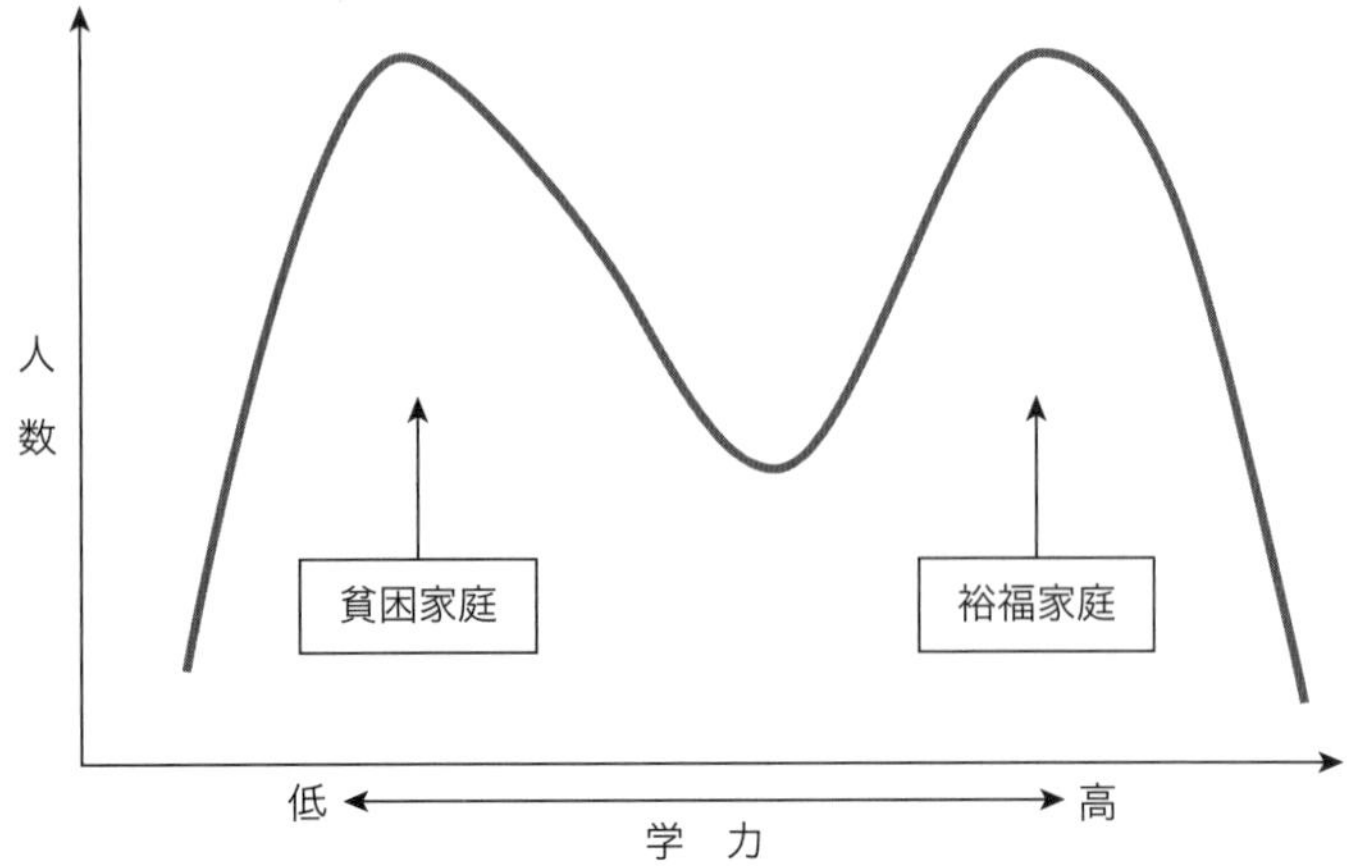

図 1-16　学力のふたこぶラクダ現象

どもの出身家庭の諸条件による顕著な学力差が確認され、「学力のふたこぶラクダ現象」（図1-16）と名付けられます。そして、学力の低下という現象は、学力の低い子どもたち（学力遅滞層）の学力がさらに低下したことによるものであり、またそれは主に家庭や地域の条件が貧しい子どもたちであることが解明されました。

こうして、学力にかかわる教育問題は、学力「低下」という平均値的「水準問題」ではなく、社会階層が密接に絡む学力「格差」という「社会問題（社会的につくられた問題）」であると認識されるようになっていきます。

教育格差の代表的研究者の一人である耳塚（2014）によれば、学力格差及びその拡大の主要な規定要因は、教育における規制緩和（教育の自由化）とその結末としての学校外教育費の増大であり、教育の家計（私費）依存傾向の強化です。これにより、公平な競争の結果「メリット（業績）＝能力＋努力」に応じて富と地位が配分される従来のメリトクラシー社会（力とがんばりで結果が決まる社会）から、「親の選択＝富（世帯所得や学校外教育支出）＋願望（親の学歴期待）」が子どもの学力や進路を規定するペアレントクラシー社会へ変質してしまいました。

ペアレントクラシーとは、教育社会学者ブラウン（２００５）が提起した教育選抜のあり方です。ブラウンは、市場化された社会における教育選抜は、「能力＋努力＝業績」というメリトクラシー方程式ではなく、「富＋願望＝選択」というペアレントクラシー方程式に沿って行われるようになると考えました。ペアレントクラシー社会では、表向きは能力・業績主義社会（メリトクラシー社会）を前提としながらも、学力形成に対して家庭の経済的・文化的環境が決定的な影響力をもつようになります（千葉、２０１４）。つまりそれは、平等な競争という前提が保障されないがために機会と結果に階層的不平等が生じる社会です。さらに耳塚（２００７）によれば、わが国では「富＋願望＝選択」というよりも「富＋願望＝学力」であることにより、業績主義の衣をまとった不平等の正当化（見せかけの業績主義）の契機が内包されているといいます。そして、最も怖いことは、幼い頃から子どもに投資しなければ子どもの将来は開けないという社会風潮と社会構造がつくられ、それが既成事実化してしまうことです[21]。

21 これと関連してトップ競技者におけるペアレントクラシー問題について、清水（２０１７）において批判的に論じているので参照いただきたい。

学力問題と体力問題の類似性

既に多くの読者がお察しのことと思いますが、本書で新たに提案する「スポーツ格差」や「体力格差」という用語は、教育分野における「学力格差」や「教育格差」からヒントを得たものです。なぜなら、学力問題と体力問題には次に述べるように極めて類似した共通の背景があると考えるからです。戦後の高度経済成長がもたらしたこの国の成功体験は、同時に一億総中流社会という平等神話によって国民を心酔させました。しかし、これがその後の格差・貧困社会転落への気づきを遅らせ、事態の深刻さに対する認識の甘さを招来させたと考えられます。さらに戦後の教育及び体育は、専ら学校教育・学校体育の肥大化の過程（例えば、運動部への強制的入部制度）でもあり、このような学校中心社会では教育／体育が誰にも平等に供給されているとする根拠のない共通理解と安心感がありました。

また、全国的な学力テストは1956年から、体力テストは1964年から開始されますが、どちらも非公開で国家管理の性格が強く、研究者がこのデータを活用して独自の二次分析を試行することは不可能でした。このため、家庭や地域社会の諸条件が子どもたちの学習意欲・学習習慣・学力、そして運動習慣・体力・運動能力等々とどのように関連しているのか、についての研究者による精緻な分析ができず、学力格差や体力格差の進行を感知するタイミングを遅らせました（ただし、全国学力テストについては2013年度から、学力データの収集と同時期にきめ細かい調査（保護者調査等）が実施され、学力に影響を与える要因分析を大学に研究委託しています）。

さらに、1980年代から強力に推進された規制緩和・地方分権の流れに抗えず、教育分野も体育・スポーツ分野もともに産業化が進みました。スポーツ界に先駆けて新自由主義的改革を断行した教育界では、完全学校週5日制をはじめとする学校機能のスリム化政策とセットにした教育の産業化と私事化（家計への過度な依存）の動きが加速し、学習塾や予備校をはじめとする学校外教育の比重が拡大していきます。こうした教育・学習をめぐる社会の変化は、わが国の人々を「個人主義的な自己責任論者」に変えていきました。つまり、「勉強ができない（学力が低い）のは、その子の努力が足りないから」というわけです。自己責任論が蔓延する社会の下では、家庭の社会経済的条件に基づく学力・教育格差は、「見て見ぬふり」をされるか、「仕方ないこと」と取り合ってもらえません。この結果、教育格差が拡大し、今では公教育解体の危機（市川、2006）が叫ばれるほどにまで至っているのです。

さて、学力・教育格差研究の蓄積により、学力のみならず、学習時間・学習能力（学ぶ力）・学習意欲（やる気）や自信（自己有能感）、そして努力にいたるまで多方面にわたって、家庭の経済的条件との結びつきを強めていることが実証されてきています。また、『PISA2006年調査』（OECD）によれば、家庭の経済状況だけでなく、親の学歴や社会経済階層（職業上の地位）、さらに家庭の学習リソースや文化的環境までもが、子どもの学力に大きな影響を及ぼしていることがわかっています（小林、2009）。

このように、「階層と教育」問題を考える場合、階層差を家庭の「経済力の差」としてだけ見ていれば十分という時代では既になくなりつつあるようです（苅谷、1995）。

このような学力・教育格差研究の分野を長年リードしてきた苅谷（2001）は、教育における階層化研究の意義を次のように述べています。

いま教育の現場に現れている日本社会の階層化を解明することは、階層問題の現在を分析するにとどまらず、過去と未来の両方を同時に見通すことを可能とする。

この指摘に倣えば、子どもたちの身体運動やスポーツ活動に現れている格差問題は、今すぐに何らかの手を打つことを怠るならば、20年後30年後にさらに拡大再生産してしまう危険性を秘めています。スポーツをめぐる格差問題の解明とその対応策の開発は、現代の子どもたちを救うだけでなく、未来社会におけるスポーツの持続的発展にも貢献するはずです。

コラム1　子どもを取り巻く環境が子どもの心身に及ぼす影響

運動する子としない子の体力差

中央教育審議会の答申に子どもの体力低下問題が取り上げられた2000年頃と比べて、最近の子どもの体力は向上傾向にあります。しかし、よく向上している子としていない子がいます。例えば、運動・スポーツを週3日以上実践している者と週3日未満の者に分類して、50m走の経年変化（1985年、2000年、2015年）を比較した結果があります（スポーツ庁、2016）。体力の高かった1985年と比べて、体力の低かった2000年は週3日以上と週3日未満の集団の平均値の差がわずかに大きくなっています。体力低下に伴って特に低下したのは週3日未満の集団でした。そして、その15年後の2015年には、平均値の差がさらに拡大しました。原因は、週3日未満の集団がほぼ横ばいのまま、週3日以上の集団だけが向上したからです。全体としては向上傾向にありますが、運動・スポーツを習慣的に実践していない子どもはほとんど変化せず、定期的に運動・スポーツを実践している子どもだけが向上傾向にあるので、運動する子としない子の体力差が15年間で拡大したのです。

組織的スポーツ活動

Organized sports participationとは、組織化したスポーツへの参加と直訳できます。これは日本におけるスポーツ少年団、運動部活動、サークル活動、運動・スポーツ系の習い事のような、大人、指導者あるいはリーダー役がいる何らかの組織・チームに加入して運動・スポーツを実施することを指します。アメリカ小児科学会は基礎的な運動能力を発達させるために子どもの日々の自由遊びが必要であり、そのことが組織化したスポーツへの参加を促すこと、そして子どもの組織化したスポーツへの参加は身体的、感情的、社会的、心理的健康に重要な役割を果たしていることを明言しています。

私が2014年に東京都の中学生（約1600名）を対象に実施した調査では、組織化したスポーツへの参加状況と運動・スポーツ実践の間に強い関連性がありました。WHO（世界保健機関）は子どもに対して毎日60分以上の身体活動を行うことを推奨しています。組織化したスポーツへ参加している中学生の69・6％はそのガイドラインを満たしていましたが、参加していない中学生は24・6％しか満たしていませんでした。この調査は東日本大震災の被災地でも行いましたが、東京都の中学生よりも組織化したスポーツへの参加と運動・スポーツ実践の関連性がより強く認められ、参加していない中学生は2・1％しかガイドラインを満たしていませんでした（鈴木ら、2015）。実は、他の調査はアジアの主要都市でも行われましたが、他都市と比べても日本は組織化したスポーツへの参加の影響が強い傾向にありました。日本の中学生の多くは地域のスポーツクラブではなく学校の運動部活動に加入しています。そのため、学校が提供する組織的スポーツ活動の場は、不自由な環境で生活する中学生ほど運動・スポーツ実践にとって重要な役割を果たしていることがわかります。また、笹川スポーツ財団の調査結果は4～11歳の子どもにおいても同様に、運動・スポーツ系の習い事またはスポーツ少年団に加入している子どもと加入していない子どもに運動・スポーツ実践の差があることを示しています（鈴木、2019）。特に近年になってその差が拡大していることもわかっています。

生活環境と子どもの心身

子どもを取り巻く環境が心身そして行動にどのような影響をもたらすのかを知ることができる不幸な出来事がありました。東日本大震災です。私は死者・行方不明者の割合が全国で最も高く（8・3％）、住家被害率89・2％の地域に住む小中学生の運動・スポーツや健康の調査を2011年から2016年まで実施しました（鈴木、2019）。この地域は学校が高台にあったため、学校の被害は限定的でした。しかし震災半年後の歩数調査では、同年代の子どもに推奨されている歩数と比べて低く、女子でその低さが目立ちました。そして学外の運動・スポーツ環境が劇的に変化した地域では、学校のない休日に歩数が大幅に減少していることがわかりました。震災から3年後はさらに歩数が減少しました。住宅再建が優先され3年が経過してもなお学外の運動・スポーツ環境に変化がないことが、小中学生の不活動を習慣化させていた可能性があります。住居環境については、仮設住宅に住む小学生男子は仮設住宅以外に住む男子よりも1日2000〜3000歩少なく、震災3年後まで継続しました。一般的に中学生よりも小学生において在宅時間が長いことや外遊びを長く行っている小学生男子においてのみ仮設住宅居住の影響が見られたのは妥当な結果だといえます。

主観的健康度を表すメンタルヘルスについても調査を行いました。メンタルヘルスは調査期間を通じて同年代の平均よりも一定して低かったのですが、大規模災害公営住宅への入居が始まった後の調査では仮設住宅から災害公営住宅へ引っ越すことができた子どもとそうでない子どものメンタルヘルスの差が生じました。住居環境の差が子どものメンタルヘルスに影響を及ぼしていました。ただし、運動部活動へ参加している子どもは部活動に参加していない子どもよりもメンタルヘルスが良好であることもわかりました。学外環境が不自由な地域で生活する子どもにとって、学校が提供する組織的スポーツ活動は、身体を動かす場としてだけではなく、仲間と一緒に過ごす場としての機能を有していて、心理面にポジティブな効果をもたらしていたのかもしれません。

組織的スポーツ活動のマイナス面

アメリカ小児科学会は組織的スポーツ活動の利点を

示すと同時に、早期専門化についても警笛を鳴らし、少なくとも思春期頃までは多種目のスポーツに参加することはユースアスリートの怪我、ストレス、バーンアウトを減らすこと、そして、幼少期におけるスポーツ参加の多様性と思春期以降の専門化は、生涯を通じたスポーツ実践、体力維持のために役立ったり、場合によってはエリート選手になる可能性を高めたりすることを明言しています。

子どもの頃の強制的な運動・スポーツ経験が成人後の身体活動を阻害することを示唆する研究もあります。どんな組織的スポーツ活動が子どもの心身の健全な発育発達にとって望ましいのか、そして子どもを取り巻く環境をどうすべきかを考える際には、心理面・身体面に対する影響、健康増進面・競技力向上面に対する影響、そしてそれらを短期的にではなく長期的に検証した知見に基づくべきと思います。

（鈴木宏哉）

第2章
スポーツ格差の現実
―調査結果からわかったこと―

本章では、私たちの研究グループが2018年に日本のある都市で実施した実際の調査結果から、わが国で今生じている子どものスポーツ格差の実相に迫ることにします。ただ、その前にこれまでの体育学／スポーツ科学における先行研究の成果を簡潔に素描しておきたいと思います。

1．スポーツ格差に関連した学術研究の歩み

国内外ともに、幼児を含む子どもの体力・運動能力に関する自然科学的研究（体力学、発育発達学、測定評価学など）の成果は膨大な数に上るのですが、家庭の社会経済的条件（所得・職業・学歴）や家庭の保有資源（文化資本・教育資本等）、学校や行政の施策・政策といった社会科学的変数との関連を検討したものは少なく、この点が本書の最大の特色です。

ただし、これまでにも社会科学的関心から体力格差やスポーツ格差の一端を明らかにした研究が全くなかったわけではありません（表2-1-1）。特に、スポーツ行動を規定する要因を探る研究、その中でもとりわけ社会的要因の影響に関心を寄せる研究分野において、「スポーツと社会階層」の問題は、欧米スポーツ社会学では主要な研究領域となっていました。

一方、わが国で初めて社会階層とスポーツ行動の関連に着目したのは、東京教育大学の竹之下休蔵教授たちの研究グループでした。1961年に「わが国におけるスポーツ人口の構造とその変動についての研究」（文部省科学研究費総合研究）と題する研究が開始され、3都市の住民計4千名を対象

表2-1-1 「階層とスポーツ」に関する研究のリスト

著者名	論文タイトル	掲　載　誌	発行年
竹之下休蔵	わが国におけるスポーツ人口の構造とその変動についての研究（計画と方法）	体育の科学 11（11）	1961
竹之下・菅原	スポーツ人口にみられる地域格差	東京教育大学体育学部紀要 3	1963
Kyuzo TAKENOSHITA	Social Factors Affecting Sports Participation	体育学研究 7（4）	1963
水野忠文	わが国青少年の体格・運動能力における最近の動向について—人口集中・非集中地区間、親の職業種別間及び進学志望者非進学志望者間の平均値の比較—	体育学研究 8（1）	1963
武蔵康雄他	学歴・職業とスポーツ参与について	体育学研究 8（1）	1963
影山・水野	わが国におけるスポーツに関する世論調査の分析	体育学研究 9（1）	1963
三辺光夫他	体育・スポーツに於ける経済学的分析	体育学研究 9（1）	1964
水野忠文他	スポーツ観の社会経済的階層性の研究	体育学研究 14（5）	1970
中村誠他	大学生のスポーツ生活における社会経済的階層性の研究	体育学研究 14（5）	1970
横山泰行他	体格に関与する社会経済的要因の数量的研究	体育学研究 15（5）	1971
大山良徳	幼児の身体発育に関する主要因の選定に関する基礎的研究	体育学研究 19（2）	1974
金崎良三他	スポーツ行動の予測因に関する研究（1）：社会学的要因について	健康科学 3	1981
多々納秀雄	体力の社会的規定要因に関する考察	健康科学 3	1981
多々納秀雄他	学生のスポーツ行動の規定要因に関する研究（2）：社会的要因について	健康科学 4	1982
丸山富雄	幼児のスポーツ参加と両親の影響（第 1 報）—両親のスポーツ関心と教育熱から見たその地域的な比較—	仙台大学紀要 14	1982
丸山富雄	幼児のスポーツ参加と両親の影響（第 2 報）—スポーツ教室参加者と非参加者との比較考察	仙台大学紀要 16	1984
丸山富雄他	スポーツ参与者の階層構造に関する研究	仙台大学紀要 18	1986
丸山・日下	一般成人のスポーツ参与と社会階層	仙台大学紀要 20	1988
吉田伊津美他	家庭環境が幼児の運動能力発達に与える影響	体育の科学 54（3）	2004
佐藤暢子	子どもの「運動格差」を生じさせるものは何か？	ベネッセ教育総合研究所「第 1 回 学校外教育活動に関する調査 2009」	2010
片岡栄美	子どものスポーツ・芸術活動の規定要因—親から子どもへの文化の相続と社会化格差	ベネッセ教育総合研究所「第 1 回 学校外教育活動に関する調査 2009」	2010
西島央	担い手からみるスポーツ・芸術活動の分断と格差	ベネッセ教育総合研究所「第 1 回 学校外教育活動に関する調査 2009」	2010
生駒忍	体力は経済力と相関する	流通経済大学論集 46(2)	2011
青地ゆり他	子どもの体力と社会・経済・文化的要因の関連に関する研究：地域行政基礎データを用いた生態学的研究	社会医学研究 31（2）	2014
舞田敏彦	子どもの体力・健康と家庭の経済力の相関関係	体育科教育 63（5）	2015
石原暢他	日本の子どもの貧困と体力・運動能力の関係	北海道大学大学院教育学研究院紀要 122	2015
鈴木宏哉	運動・スポーツと運動遊びの実施形態と関連要因	笹川スポーツ財団「子どものスポーツライフ・データ 20015」	2015
下窪拓也	2000 年以降のスポーツ参加者の推移と変動：2002 年から 2012 までの社会調査データの二次分析を通じて	体育学研究 65	2020

とした調査データを用いてスポーツ人口構造と地域の産業構造や社会階層的構造（学歴・職業・職場規模）との相関が実証されました。また、ほぼ同時期に東京大学の水野忠文教授は、文部省（現文部科学省）による運動能力調査のデータ約３万人分を用いて親の職業別に運動能力を比較分析し、親の経済的階層の高低により運動能力の差が認められることを報告しています[1]。

続いて、大山（１９７４）は幼児（４、５歳）の発育４変量（身長・体重・胸囲・座高）を規定する要因の影響度合いを分析し、「家庭の経済状態」「父の最終学歴」「家庭の職業」など、社会階層要因が子どもの身体発育に有意な影響を及ぼす主要因であることを明らかにしました。また、多々納（１９８１）は、「体力の社会的規定要因に関する考察」において、大学生の体力は過去・現在の社会的諸要因によっていかに判別されるかを検討し、両親の学歴や職業などの条件が体力に対して明確な間接的影響を及ぼしていることを解明しました。この論文において多々納は、この研究が「青少年の体力低下は社会変化の結果であり、体力問題は優れて『社会学的分析対象』であるとの問題意識に基づいていた」と述べ、本書と共通する認識が既に体育学の立場から主張されていました。

さらに、丸山（１９８４）は、幼児のスポーツ参加に対する両親の影響を検討するため、スポーツ教室参加者と非参加者の相違を、①両親の社会的地位（学歴、職業、年間所得）、②両親のスポーツ関心（運動部所属経験、現在のスポーツ参与）、③両親の教育熱、という三つの側面から分析しました。その結果、幼児のスポーツ参加は家庭の社会経済的条件と関連しつつ、両親のスポーツ関心の高さと教育熱が相乗的に作用していることが明らかにされ、特に、子どもをスポーツという文化に誘う影響者として母親の役割の重大さが強調されました。

以上のように、1960年代から始まった「スポーツと社会階層」研究でしたが、丸山ら（1988）の研究報告を最後に、バブル経済の崩壊する1990年代以降からわが国の経済が低迷し格差や貧困が深刻化していく間、体育学／スポーツ科学においては、こうした研究テーマが後継の研究者たちに引き継がれ、継続的に知見が蓄積されることはありませんでした。

しかし、最近（2010年以降）になって再び、家庭背景と子どもの体力・運動能力及びスポーツ参加との関連に関心が集まり、研究報告も少しずつ散見されるようになってきています。例えば、青地ら（2014）は、2010年度の全国体力・運動能力、運動習慣等調査における都道府県別体力合計点と、総務省統計局公表の「社会生活統計指標2012」「データでみる県勢2012」により抽出された社会・経済・文化的要因に関する指標計38項目との相関分析と重回帰分析を行っています。その結果、「生活保護費割合」（地域レベルの所得格差）が集団レベルでの子どもの体力に影響していることを確認しています。また、石原ら（2015）は、「ひとり親世帯で育つ子ども」「教育扶助を受ける世帯で育つ子ども」の都道府県別割合は、体力テストの都道府県別平均値と有意な負の相関が認められたことから、貧しい家庭で育つ子どもの中でも一定の所得水準を超えてひっ迫した家庭で育つ子どもは体力が低下する可能性が高いと考察しています。

1 具体的には、親の職業が専門的・管理的職業の子女の方が熟練的・反熟練的職業や農林漁業従事者の子女よりも著しく体力平均値が高い。

しかしながら、これら二つの研究はいずれも地域レベルでの分析に終始しており、地域レベルで認められた変数間の関連は必ずしも個人レベルで存在する関連を確実に表すものではないとされています。

最後に、２０２０年に公開された下窪の論文では、２００２～２０１２年に実施されたＪＧＳＳ(Japanese General Social Surveys：大阪商業大学）の調査データ（満20歳から89歳までの男女対象）を用いて、スポーツ参加者数の変動とその規定要因を検証しています。その結果、男女ともに経済状況がよい人、学歴が高い人ほど積極的にスポーツに参加していること、就労者の中では雇用形態、企業規模、職業間でスポーツ参加の差異が見られたことなどが報告されています。

以上、本書の関心に関連する先行研究の歩みを概観してきましたが、社会階層（所得・職業・学歴）と体力やスポーツ行動との関連性を肯定する（高階層が低階層よりスポーツにポジティブ）報告が多いことは間違いないようです。しかしながら、①わが国の幼児から中学生までの幅広い年齢層の子どもたちを対象にした研究、②スポーツ参加の格差（機会不平等）だけでなく、運動・スポーツ活動の結果にも着眼し、かつ、個人ごとの体力・運動能力データ（個票データ）を用いて分析した研究、③大規模データを収集・分析した研究、④格差・貧困が深刻化した21世紀以降の研究、はほとんどありません。つまり、現在のわが国における子どものスポーツ格差を示すエビデンスはほとんどないといえるでしょう。

2. 調査・研究の手続き

(1) 研究のねらいと課題

近年、社会現象を研究対象とする様々な学問分野において、格差社会が生み出す病理的現象が解明され、また、そうした数々のエビデンスに基づく公共政策が推進されるようになってきています。一方、体育・スポーツの分野においては、子どもの体力水準の長期的な低下傾向や体力・運動習慣の二極化が1990年代から長い間注目を集めていますが、最も大きな問題は、体力・運動能力の個人差が拡がっていること、そして何よりも、体力の低い子どもたちが増加したということにあるとされています（日本学術会議、2008）。しかしながら、この問題への対応策といえば、専ら、子どもたちや保護者・保育者に向けて手軽で楽しい運動の仕方やスポーツ活動を紹介したり奨励することにとどまっています。

他方で、「低体力の子どもたちは、どのような境遇に置かれているのか？」という問いについては、国内外ともにほとんど関心が向けられてきませんでした。また、学校外スポーツの私事化・市場化（産業化）等といった外部化の進行に伴いスポーツは「お金のかかる習い事」と化し、そのため家計依存度が高まり、子どもの運動・スポーツ生活にも家庭の経済的要因の影響力が著しく高まっていることは想像に難くありません。にもかかわらず、そうしたスポーツをめぐる格差・不平等の実態解明すら未だエビデンスに乏しい状況にあります。つまり、教育格差や学力格差研究の初期の動機と同じく、「誰の体力が低いのか？」がわかっていないのです。

そこで本章では、①子どもの家庭の社会経済的条件（世帯収入、学歴、職業）をはじめとする諸条件、②子どもの運動・スポーツ習慣や体力・運動能力、③子どもの社会関係（友人関係）を含む学校生活の様子、の三要因間の関連性を大規模な調査データを用いて分析した結果を紹介します。具体的には、以下の三つの研究課題について解析と考察を行い、体力・スポーツ格差の実態を検証し、体力の社会経済的規定要因を解明するとともに、スポーツ格差や体力格差がもたらす社会的不利についても実証します。

⑴子どものスポーツ格差の分析

子どもの運動・スポーツ習慣や体力・運動能力を規定する家庭の社会経済的条件を検討するとともに、どのような体力要素で格差が大きいのか、また、そうした格差は子どもの発達とともに拡がるのか、体力格差に性差は見られるのか等についても分析します。

⑵家庭（親）による子どもへのスポーツ投資の規定要因

子どものスポーツ活動に投資しない（学校外のスポーツ活動に支出しない）「非スポーツ投資家庭」の特徴を明らかにします。その際、家庭の社会経済的条件以外にも、両親のスポーツに対する関心、教育への期待、文化資本等々の多角的な観点から分析します。

(3)子どもの運動・スポーツ習慣や体力と社会関係・学校適応との関係

スポーツ格差により子どもがどのような不利を被るのかを知るために、家庭の社会経済的条件によるスポーツへのアクセス制限が、学校内での子どもの社会関係や学校適応・満足感等にどのような影響を及ぼしているのかを検証します。

こうした実証研究の進展により、長期的に解決を見ない子どものスポーツや体力をめぐる諸問題が実は格差社会に起因するのだ、ということが「定説」となることで、子どもの体力問題は、教育問題やスポーツ問題にとどまらず、わが国の社会構造や社会制度に由来する「社会問題」であることが明らかになると考えています。

(2)調査の方法

調査の種類と調査対象

今回の研究で収集したデータは、次の2種類に大別されます。一つは、家庭の社会経済的条件や親の教育・スポーツ・文化活動に対する態度・意識、子どものスポーツライフやスポーツ意識等を問う2種類のアンケート調査（保護者用アンケート「子どもの家庭環境と運動・スポーツ活動に関する調査」及び子ども用アンケート「学校生活と運動・スポーツにかんする調査」）から得られたデータです。

そしてもう一つは、子どもの体格・体力・運動能力（新体力テスト）の測定データでした。なお、調査の実施方法や研究倫理上の配慮については、章末に記載しておきます。

保護者用調査の対象は、岐阜県多治見市内の公立幼稚園・保育園17園・公立小学校13校・公立中学校8校の計38校園に在籍する子どもの保護者9226名（有効回答数6331、回収率68・6％）、子ども用調査は、小学5年生から中学3年生までの児童生徒計4577名でした（有効回答数3013、回収率87・2％）。体格・体力・運動能力の測定データ（2017年度測定）も、同校園に通う園児・児童・生徒9440名です。因みに、調査対象地域となった多治見市は、人口約11万人、世帯数4万7千世帯の中都市で、子どもの相対的貧困率は平均5・9％[2]と全国の値（13・6％）に比べるとかなり貧困率の低い地域です。

(3) 調査対象者の社会経済的特性と学力格差の確認

今回の調査対象となった多治見市における幼児から中学生までの子どもをもつ家庭の社会経済的な特性を把握しておくために、小学6年生及び中学3年生のデータについて、文部科学省「平成25年度全国学力・学習状況調査（きめ細かい調査）」と比較したものが表2-2-1～3です。世帯収入（年収）では、全国調査よりも低収入層（400万円未満）が少なく、中流層（500～1000万円）の家庭が多くなっています。親学歴では、父母ともに大卒以上がやや多いようです。また、親の教育アスピレーション（学歴期待）についても、短大卒以上を望む者（小6：83・1％、中3：77・2％）

表2-2-1　世帯収入（年収）　　（表中の数値は％）

		200万円未満	200～300万円未満	300～400万円未満	400～500万円未満	500～600万円未満	600～700万円未満
小6	全国調査	6.2	7.6	11.6	13.7	12.9	10.9
	今回調査	3.2	6.2	9.4	12.6	17.8	16.4
中3	全国調査	6.9	7.9	10.8	12.1	12.6	11.1
	今回調査	4.4	5.8	7.6	10.2	21.5	12.4

		700～800万円未満	800～900万円未満	900～1000万円未満	1000～1200万円未満	1200～1500万円未満	1500万円以上
小6	全国調査	9.6	5.8	4.6	4.9	2.4	1.9
	今回調査	12.2	7.8	6.3	5.0	2.6	1.6
中3	全国調査	9.3	6.4	5.0	5.5	2.5	1.3
	今回調査	11.0	8.4	7.2	6.0	3.0	2.8

表2-2-2　親学歴　　（表中の数値は％）

	父学歴	中卒	高卒	専門学校・各種学校	短大・高専	大学	大学院
小6	全国調査	5.5	36.1	12.6	3.4	28.5	3.1
	今回調査	6.7	37.1	13.2	5.0	35.2	2.9
中3	全国調査	5.3	38.6	10.5	3.1	27.4	2.0
	今回調査	6.1	40.4	12.4	5.2	33.6	2.3

	母学歴	中卒	高卒	専門学校・各種学校	短大・高専	大学	大学院
小6	全国調査	3.1	39.2	17.5	22.7	12.7	0.7
	今回調査	3.2	36.7	15.2	28.1	16.7	0.2
中3	全国調査	3.5	43.8	16.6	20.9	10.0	0.3
	今回調査	3.1	39.8	14.1	27.8	14.2	0.9

表2-2-3　親の教育アスピレーション（学歴期待）　　（表中の数値は％）

		中学校まで	高校まで	専門学校・各種学校まで	短大・高専まで	大学まで	大学院まで
小6	全国調査	0.1	16.0	15.3	6.2	54.1	1.9
	今回調査	0.4	16.5		21.9	58.3	2.9
中3	全国調査	0.1	19.8	16.7	6.1	50.0	1.7
	今回調査	0.5	22.3		16.7	56.7	3.8

（注）調査対象者（岐阜県多治見市の子どもをもつ家庭）の特性：「平成25年度全国学力・学習状況調査（きめ細かい調査）」との比較

小学校中学年			小学校高学年			中　学　校		
男	女	計	男	女	計	男	女	計
14.3%	9.9%	12.1%	11.3%	12.2%	11.8%	9.7%	10.3%	10.0%
4.9%	5.4%	5.2%	7.2%	4.5%	5.8%	5.4%	4.3%	4.9%
9.2%	6.5%	7.9%	11.5%	7.2%	9.3%	6.3%	6.8%	6.5%
25.3%	27.1%	26.2%	25.3%	22.4%	23.8%	9.2%	13.2%	11.2%
20.2%	20.9%	20.5%	17.1%	20.3%	18.8%	10.8%	10.2%	10.5%
13.5%	16.4%	14.9%	13.5%	14.7%	14.1%	15.3%	16.0%	15.6%
7.2%	7.2%	7.2%	7.3%	7.2%	7.3%	15.0%	14.5%	14.7%
1.8%	3.2%	2.5%	3.5%	5.2%	4.4%	14.1%	11.2%	12.7%
2.5%	3.0%	2.7%	2.5%	4.5%	3.5%	13.6%	12.3%	12.9%
1.1%	0.5%	0.8%	0.8%	1.7%	1.3%	0.7%	1.4%	1.0%
652	628	1,280	601	639	1,240	889	857	1,746
χ^2=14.547　n.s.			χ^2=20.647　p<0.05			χ^2=13.528　n.s.		
12.6%	13.9%	13.2%	14.1%	18.6%	16.5%	28.4%	24.9%	26.6%

が、全国調査（小6：62・2%、中3：57・8%）よりもかなり多くなっていました。

一方、学校外教育費支出（表2-2-4）については、幼稚園・保育園→小学校→中学校と学校段階が上がるに従い投資額は増えていますが、小学校段階では学年による差は少なく、また性差もほとんど見られません。また、太線で示した全国的な月平均額（平成28年度「子どもの学習費調査」文科省）以上の額を支出している積極的な教育投資家庭の割合はむしろ低く、多治見市は大都市のように学校外教育にさほど高額の投資をする必要のない地域であると考えられます。

以上のように、今回の調査の対象となった多治見市は、全国の平均的な家庭よりも

表2-2-4　学校外教育費（教育投資）

	幼児			小学校低学年		
	男	女	計	男	女	計
ほとんど支出なし	39.3%	35.3%	37.4%	15.8%	13.5%	14.6%
3000円未満	6.1%	6.0%	6.0%	4.1%	5.1%	4.6%
3000〜5000円未満	10.2%	10.0%	10.1%	8.8%	8.7%	8.7%
5000〜10000円未満	28.7%	29.3%	29.0%	28.4%	26.9%	27.7%
10000〜15000円未満	7.6%	11.4%	9.4%	20.9%	21.5%	21.2%
15000〜20000円未満	4.8%	4.6%	4.7%	13.4%	14.7%	14.1%
20000〜25000円来満	2.0%	1.7%	1.9%	5.3%	5.0%	5.1%
25000〜30000円未満	0.5%	0.3%	0.4%	2.2%	1.9%	2.1%
30000〜50000円未満	0.5%	1.1%	0.8%	0.6%	2.4%	1.5%
50000円以上	0.3%	0.3%	0.3%	0.5%	0.3%	0.4%
計（n）	394	351	745	627	624	1,251
χ^2検定	χ^2=4.947　n.s.			χ^2=9.324　n.s.		
積極的教育投資家庭率	15.7%	19.4%	17.5%	8.6%	9.6%	9.1%

平成28年度子どもの学習費調査（文科省）　60,762円/12=5,064円/月
公立幼稚園　92,983円/12=7,749円/月
公立小学校　217,826円/12=18,152円/月
公立中学校　301,184円/12=25,099円/月

2　多治見市「子どもの未来応援調査報告書2018」より。

社会経済的に恵まれた家庭が多く、親の教育期待も高い地域でしたが、学校外教育費支出についてはさほど高額であるわけではありませんでした。しかしながら、次頁の図2-2-1〜4のように、明らかな「学力格差」が確認されました。

　なお、本調査の時点では学力テストの実測値（実際のテスト結果）を取得できていません。そこで、学力については、小学5年生〜中学3年生の児童生徒自身による学力の5段階自己評定（同じ学年内での相対的な位置：上の方、中の上、中、中の下、下の方の5段階）を用い、この学力段階と世帯収入、父職業、父母学歴との関連を小学校高学年（5、6年生）のデータを用い

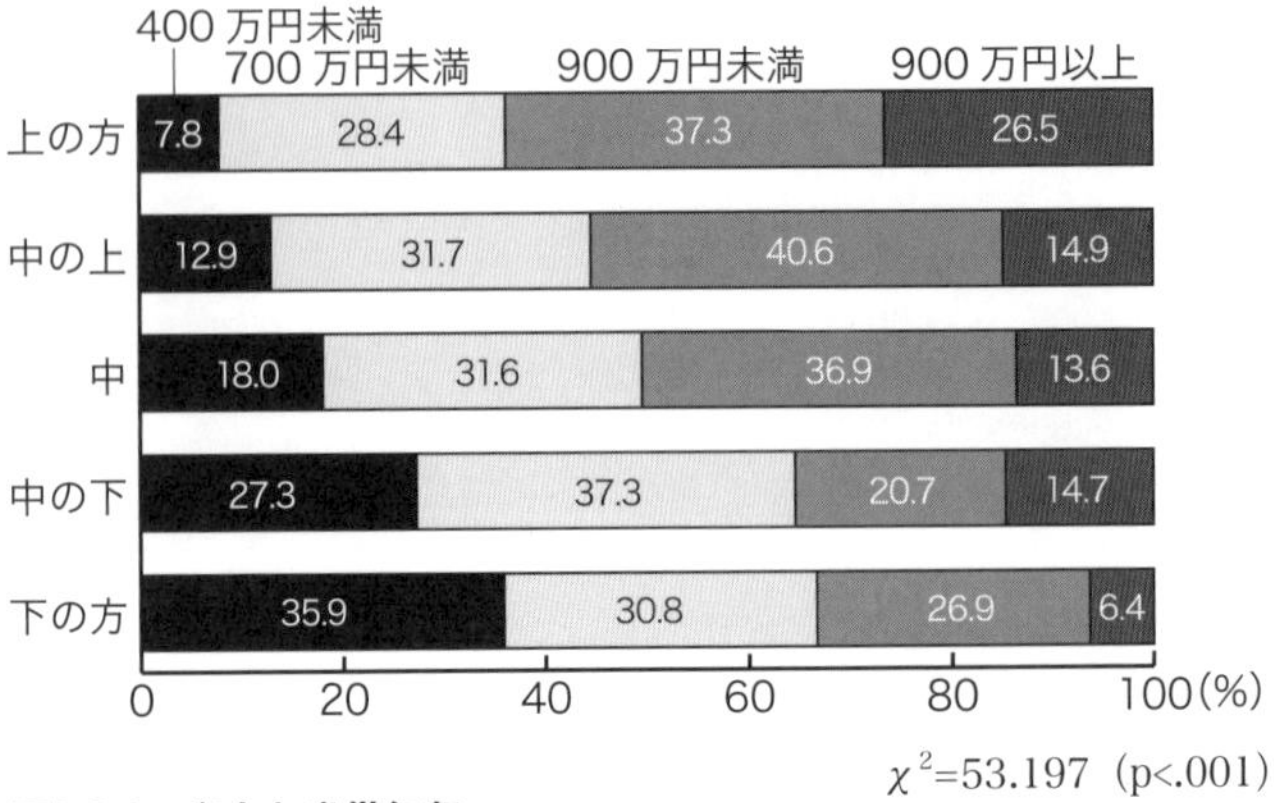

図2-2-1　学力と世帯年収

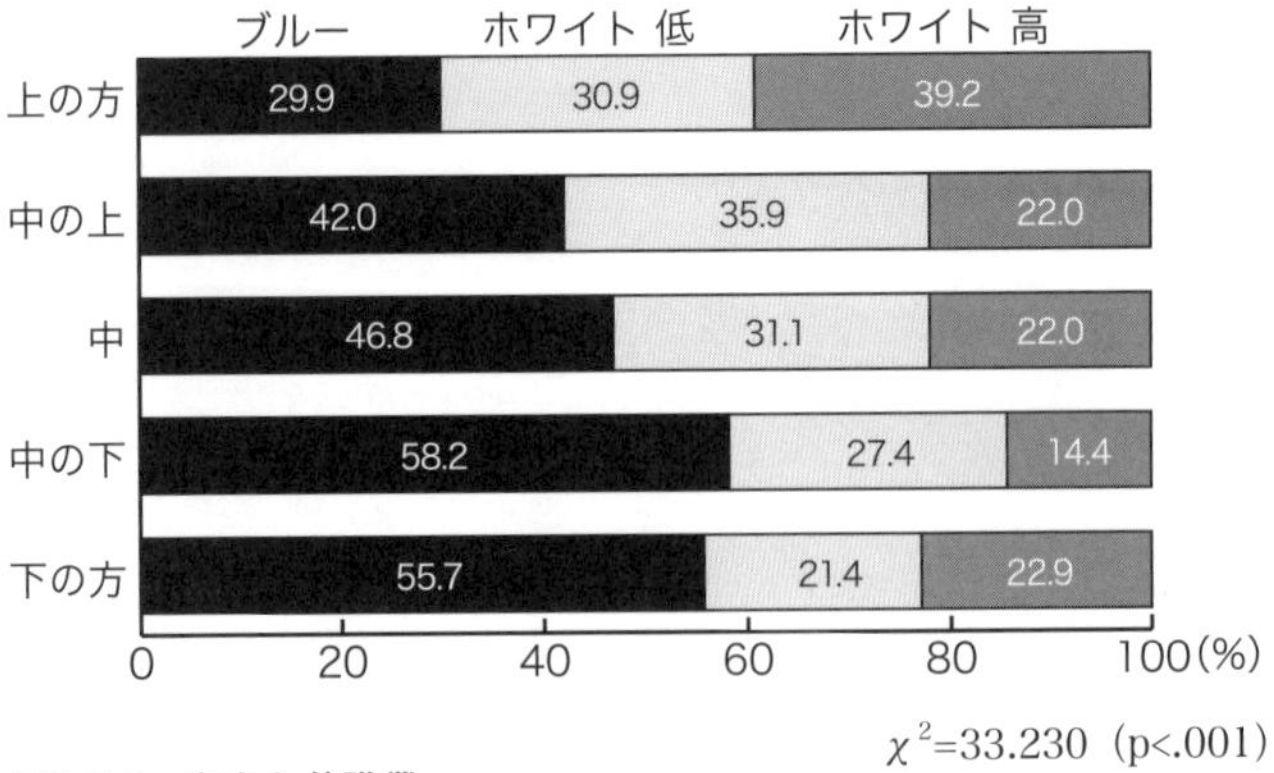

図2-2-2　学力と父職業

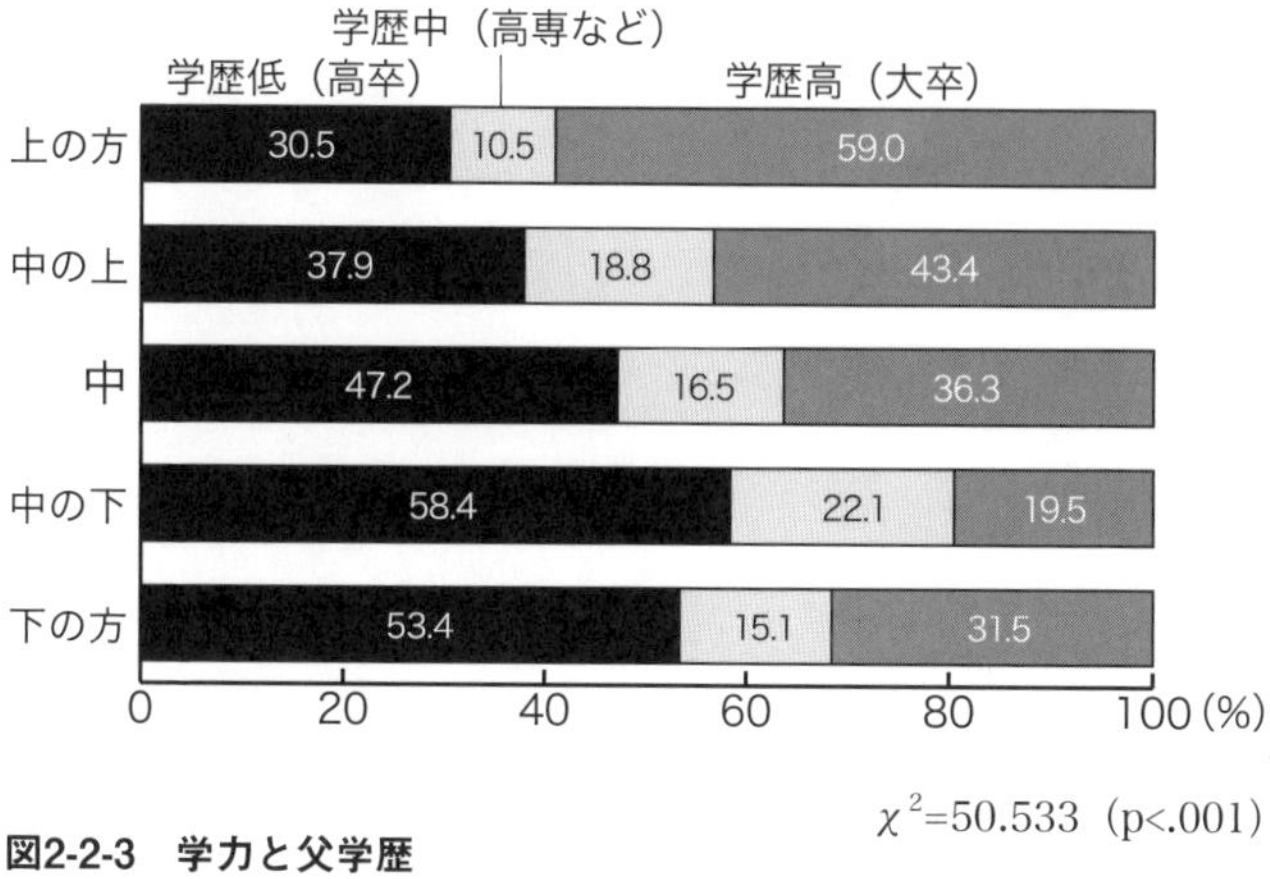

図2-2-3　学力と父学歴

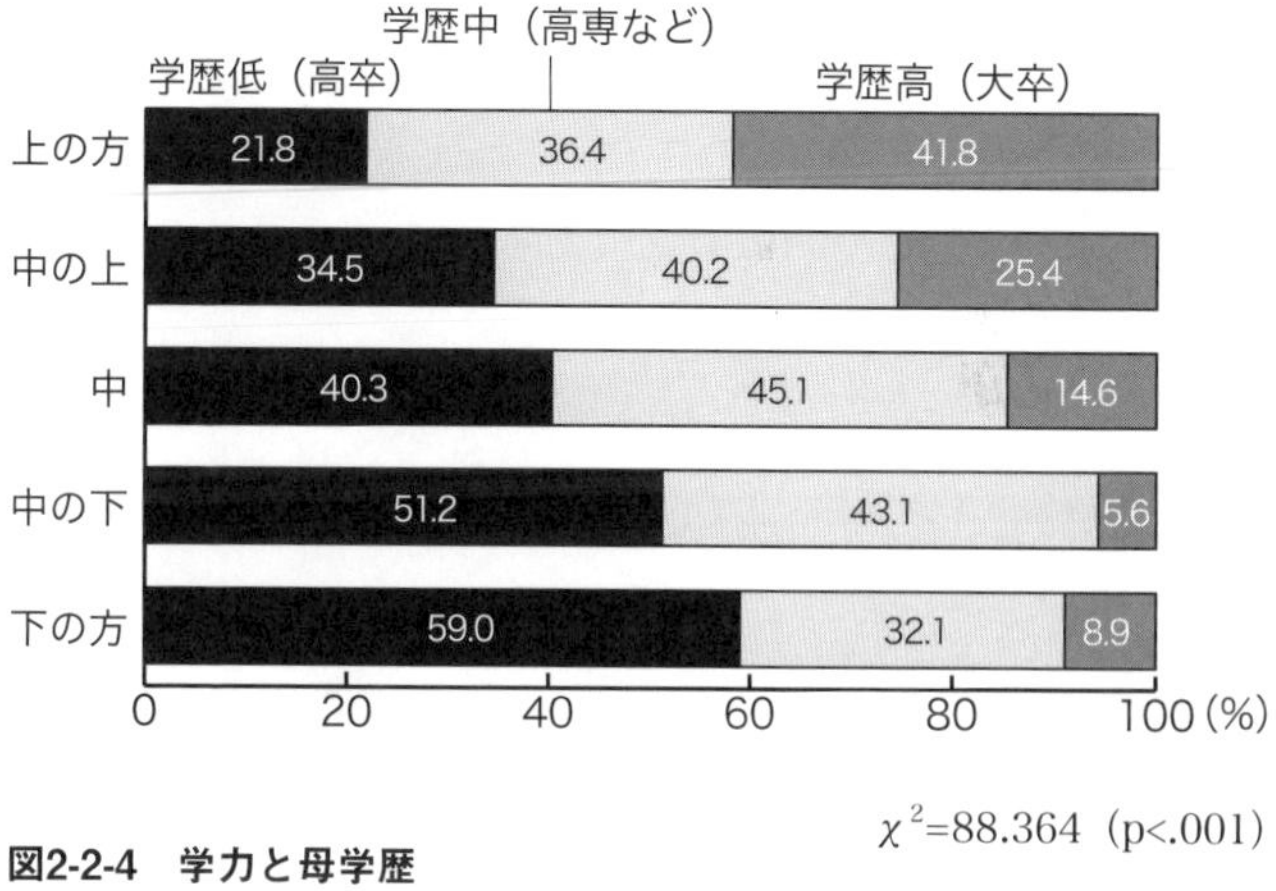

図2-2-4　学力と母学歴

て分析しました。[3]

小学校高学年において、「上の方」と回答した児童の家庭の世帯収入は、「400万円未満」が7・8%、「900万円以上」が26・5%であるのに対し、「下の方」と回答した児童の世帯収入は、「400万円未満」が35・9%、「900万円以上」が6・4%と大きな差が認められました。

次に、両親の学歴及び父職業と学力との関連を分析した結果、父学歴、母学歴、父職業ともに有意な関連が認められました。すなわち、世帯収入が多いほど、父母学歴が高いほど、父職業はブルーカラー（技能・労務・作業系、農林漁業職）よりもホワイトカラー（専門的・管理的職業）の方が学力は高くなっていました。

それでは、子どもの体力・運動能力はどうなのでしょうか。次節では、いよいよスポーツ格差の実態に迫ってみたいと思います。

3. 調査結果からわかること

ここからは、児童生徒及び保護者へのアンケート調査と体力・運動能力の測定データを関連づけて分析した結果を中心に紹介する中で、①スポーツ格差の存在（格差はあるのか）、②スポーツ格差の原因、③スポーツ格差が子どもたちに及ぼす影響などについて明らかにしていきたいと思います。

(1)学力と体力の関係

お茶の水女子大学（2014）が文部科学省による平成25（2013）年度の全国学力・学習状況調査（ナショナルビッグデータ）と補完的に実施した保護者用調査のデータを結合させて、家庭背景による学力格差の状況を明らかにして以降、学力格差の存在はもはや揺るぎのない現実と認識されています。しかし、体力・運動能力のデータについては、未だ非公開のため体力や運動能力が子どもたちの家庭背景とどのように関係しているのかについては、未知のままです。

しかし、特に近年になって体力と学力・認知機能との関係性に着目した研究が国内でも少しずつ進められています（東浦・紙上、2017）。例えば、春日らの研究グループは、スポーツ庁の全国体力・運動能力、運動習慣等調査と文部科学省の全国学力・学習状況調査のデータを用いて体力と学力の関連性を分析し、小・中学生ともにすべての学力項目（国語の基礎・応用問題、算数・数学の基礎・応用問題及び学力合計）と体力合計点との間に有意な関連（0・1%水準）が認められることを2019年開催の日本体育学会第70回大会において発表しました。このように国内外の研究成果とともに、体力と学力が有意に関係していることを明らかにした研究が多くなっています（ただし、完全に見解が一致しているわけではありません）。

3 なお、その後の学力データ収集と相関分析により学力の自己評定と実際の学力テストの実測値の相関はかなり高いことがわかった。

そこで、本調査の対象者にも同様の関連が見られるのかを分析した結果が表2-3-1、図2-3-1になります。今回の調査では既述の通り、学力テストの実測値を取得しませんでしたので、児童生徒自身によるによる学力の自己評定を「上の方」から「下の方」までの5件法で回答してもらった結果を使用しました。学力の段階別に体力得点を比較（一要因分散分析）したところ、小学校高学年では、握力とボール投げを除くすべてのテスト種目で、中学生では握力を除くすべての種目で有意な関連が認められました（特に、反復横跳びとシャトルランは学力と関連が強い）。また、小学校高学年よりも中学生において、学力の高低による体力差は拡大していました（特に学力低位の生徒の体力が低い）。

このことから、学力の低い子どもは体力・運動能力も低い傾向があること、また、この傾向は学年が進むにつれて顕著になる傾向にあることが明らかとなりした。

先行研究では、学力と体力の因果関係（どちらが原因でどちらが結果か）についても検証が進んでいます。日本の子どもを対象にした縦断的研究では、運動部に所属して体力が高まると学業成績が向上し、運動部を途中退部すると学業成績が下がったことから、運動することが体力を高めるだけでなく、体力の変化が学力の変化を引き起こす要因であると考えられています（石原、２０２０）。

今回の分析結果と先行研究の成果を踏まえると、教育関係者が関心を寄せる学力問題（学力低下や学力格差）の改善に向けた一方策として、体力低下傾向に歯止めをかけ、体力・運動能力の二極化傾向を改善することが有効だといえるのではないかと考えます。つまり、体力問題への対応が、同時に

表2-3-1　体力と学力の関係（学力の自己評定と体力の実測値）

	小学校高学年			中学生		
	F 値	有意確率	多重比較	F 値	有意確率	多重比較
握　力	1.10	n.s.		2.12	n.s.	
上体起こし	6.07	***	上の方､中の上＞中、中の下、下の方	8.75	***	上の方、中の上＞中＞中の下、下の方
長座体前屈	3.19	*	上の方､中の上＞中、中の下、下の方	5.10	***	上の方＞中の上、中＞中の下、下の方
反復横跳び	9.40	***	上の方＞中の上､中、中の下＞下の方	24.96	***	上の方＞中の上＞中、中の下＞下の方
立ち幅跳び	5.41	***	上の方、中の上、中＞中の下、下の方	11.29	***	上の方、中の上＞中＞中の下、下の方
50m 走	4.57	**	上の方、中の上、中＞中の下、下の方	7.06	***	上の方、中の上、中、中の下＞下の方
ボール投げ	1.11	n.s.		2.49	*	上の方＞中の上､中、中の下、下の方
シャトルラン	7.60	***	上の方＞中の上、中＞中の下、下の方	15.40	***	中の上、上の方＞中＞中の下、下の方
体力総合点	6.31	***	上の方、中の上、中＞下の方	12.69	***	上の方､中の上＞中、中の下＞下の方

***：p<0.001　**：p<0.01　*：p<0.05

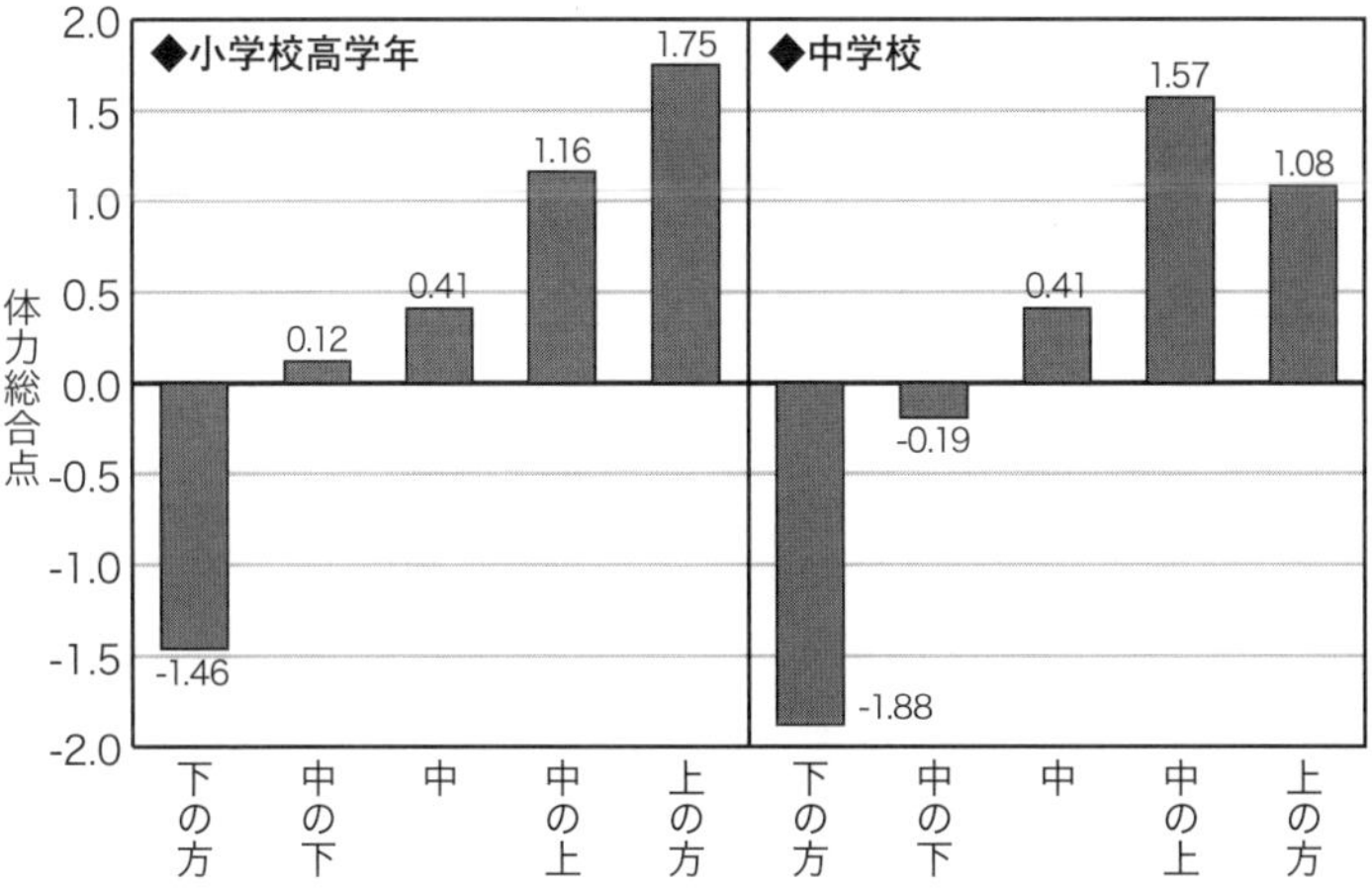

体力得点は、平均値と標準偏差を用いて標準化した Z 得点（平均が 0、標準偏差が 1 になるように変換した得点）を算出しました。

図2-3-1　学力別に見た体力総合点

学力問題の解決につながっていくということです。

(2) 子どもにとってのスポーツの重要性

本書では、スポーツ格差すなわち家庭の社会経済的条件（所得・学歴・職業）による運動・スポーツ機会への参加及び体力・運動能力等の不平等な差異に焦点を当て、これを問題視するスタンスをとっています。

しかしながら、現代の子どもたちにとって「スポーツをすること」や、「スポーツができること」が、彼・彼女らの日々の生活の中でとるに足らない些細なことなのであれば、いかに格差が明らかになったとしてもさほど大きな社会問題とはなり得ないでしょう。そこでここでは、親と子どもの双方の立場から調査した結果をもとに、現代の子どもにとってスポーツがどれほど重要なのか、について検討してみましょう。

まず、親に対しては、次のような調査を行いました[4]。子どもたちが生活の中でよく利用・使用する26項目の「モノ」や「コトガラ」を挙げ、これら各々について、「小学6年生の子どもが普通に生活するために次のことがらはどのくらい必要だと思いますか」と質問し、「絶対に必要」から「全く必要でない」までの5件法で回答を得ました。全データ（幼児の保護者から中学生の保護者まで）を用いた集計の結果は**表2-3-2**に示す通りです（ちなみに親の生活必需品意識について、子どもの学年による差はほとんど見られませんでした）。全26項目の中で、最も必需品意識が高かったのは、「1.

毎日の朝ご飯を食べること（5点満点中4・88）」であり、最も低かったのは、「スマートフォンやタブレット（2・08）」でした。

次に、各項目に対する必要度の高さに着目してみると、子どもの生活財は、以下のように五つの層に分類できるのではないかと考えます（図2-3-2）。

①「最低限の生活必需財」：毎日の朝ごはんや手作りの夕食、学校行事への参加のように50％以上の親が「絶対に必要」と回答した生活財

②「生活必需財」：病院に行くこと、子ども用の本など、50％以上が「絶対に必要」「かなり必要」のいずれかに回答した生活財

③「生活必要財」：誕生日プレゼント、お年玉、大学までの教育など、70％以上が「必要」と回答した生活財

④「中間財」：生活必要財と贅沢財の中間的な位置づけのもの

⑤「贅沢財」：携帯用ゲーム機やおもちゃなど50％以上が「必要ない」と回答したもの

ところで、調査26項目の中にスポーツにかかわる項目が7項目含まれていました。それらの項目が

4 調査の企画にあたっては、阿部（2008）による「子どもの生活必需品に関する合意基準アプローチ」を参考にした。

表2-3-2 親の生活必需品意識

	項目	絶対に必要	かなり必要	まあ必要	あまり必要でない	全く必要でない	全体平均	順位
1	毎日の朝ご飯を食べること	90.0	8.4	1.4	0.1	0.0	4.88	1
2	子ども部屋があること	6.2	9.2	47.8	32.9	3.9	2.81	23
3	病院に行くこと	34.1	19.3	36.5	8.8	1.3	3.76	8
4	携帯用のゲーム機	0.6	1.9	28.9	50.9	17.8	2.17	25
5	誕生日のプレゼント	27.1	22.4	43.7	6.1	0.6	3.69	9
6	子ども用の絵本や本	26.9	31.3	37.3	4.2	0.3	3.80	7
7	自転車	20.9	25.2	40.9	12.1	0.9	3.53	10
8	適当なおこづかい	8.2	14.0	56.4	18.8	2.6	3.06	17
9	適切なお年玉	11.7	17.1	64.0	6.3	0.8	3.33	14
10	子ども用の勉強机	12.4	14.8	41.0	27.4	4.3	3.04	19
11	グローブやボールなどのスポーツ用品	12.8	21.0	51.2	13.6	1.4	3.30	16
12	友だちと運動遊びやスポーツをすること	34.2	36.1	27.3	2.1	0.3	4.02	4
13	スポーツや運動をならうこと	12.6	23.9	46.9	15.2	1.5	3.31	15
14	塾や習い事へ通うこと	6.9	18.6	51.0	21.1	2.4	3.06	17
15	年に1回の家族旅行	20.5	21.9	42.6	12.8	2.3	3.46	12
16	みんながもっているおもちゃ	1.3	4.1	37.5	47.3	9.8	2.40	24
17	お古ではない文房具	7.9	12.8	48.8	25.9	4.6	2.93	20
18	運動遊びができる公園	30.2	37.5	29.9	2.0	0.4	3.95	5
19	お古ではない洋服	5.2	11.0	52.4	26.6	4.8	2.85	22
20	好きな運動やスポーツ活動をすること	29.6	36.4	31.3	2.4	0.3	3.93	6
21	スポーツ観戦	4.6	12.8	52.7	26.6	3.2	2.89	21
22	スマートフォンやタブレット	1.0	2.6	24.1	48.0	24.3	2.08	26
23	親子での運動遊び	12.4	27.0	53.2	6.9	0.5	3.44	13
24	手作りの夕食	53.4	33.3	12.7	0.6	0.1	4.39	3
25	学校の行事(修学旅行など)への参加	64.1	25.1	10.2	0.5	0.1	4.53	2
26	短大・大学までの教育	20.7	24.3	40.4	13.2	1.4	3.50	11

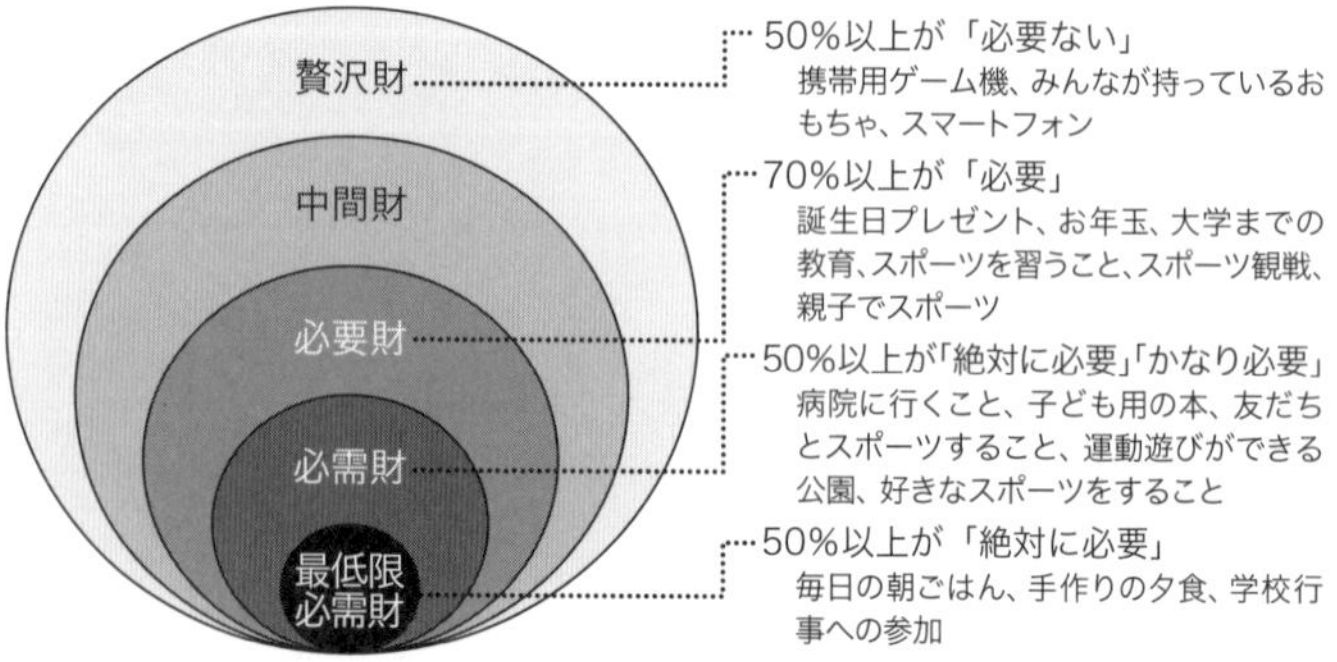

図2-3-2 子どもの生活財の階層とスポーツの位置づけ

表2-3-3 「クラスの人気者」の条件（小学校高学年）

全体			男子			女子		
1位	クラスをまとめられる	3.49	**1位**	**スポーツができる**	**3.42**	1位	クラスをまとめられる	3.54
2位	**スポーツができる**	**3.41**	1位	クラスをまとめられる	3.42	**2位**	**スポーツができる**	**3.40**
3位	友だちが多い	3.37	3位	友だちが多い	3.38	3位	おもしろい	3.39
4位	おもしろい	3.34	4位	おもしろい	3.30	4位	友だちが多い	3.37
5位	勉強ができる	3.31	4位	勉強ができる	3.30	5位	勉強ができる	3.32
6位	顔やスタイルがいい	2.68	6位	顔やスタイルがいい	2.65	6位	顔やスタイルがいい	2.70
7位	音楽が得意	2.59	6位	力が強い	2.65	7位	音楽が得意	2.69
8位	力が強い	2.51	8位	音楽が得意	2.49	8位	力が強い	2.38
9位	ファッションセンスがいい	2.26	9位	ゲームがうまい	2.28	9位	ファッションセンスがいい	2.35
10位	ゲームがうまい	2.07	10位	ファッションセンスがいい	2.15	10位	ゲームがうまい	1.88

五つの層の中のどこに位置づいているかを確認してみると、「12．友だちとスポーツをすること」「18．運動遊びができる公園」「20．好きな運動やスポーツ活動をすること」は、「3．病院へ行くこと」等と並んで②生活必需財に属しており、また、「13．スポーツや運動をならうこと」や「23．親子での運動遊び」は、「5．誕生日プレゼント」などを含む③生活必要財に属していることがわかりました。これらの結果から、現在の親にとって子どもが運動・スポーツ活動をできる状況にすることはかなり必要度の高いことであるととらえられているようです。

次に、子ども側（小学校高学年及び中学生）に対しては、「あなたのクラスで〝人気者（みんなから尊敬されたり好かれる人）〟になるには、次のことがどのくらい重要ですか」と質問し、提示した10項目についてその重要さの程度を「とても重要」から「まったく重要ではない」までの4件法で回答してもらいました（表2-3-3は小学校高学年の結果）。その結果、「運動やスポーツができること、うまいこと」は、小学校高学年男子では「クラスをまとめられること」と並んで1位、女子でも「クラスをまとめられること」に次いで2位、中学校男子では3位、中学校女子でも4位であり、子どもたちにとってスポーツはクラスの中での相対的な位置（スクールカースト）を決める重要なファクターであると思われます。

以上のことから、現代の子どもたちにとってスポーツは、親のサイドからも子どもたち自身にとっても生活上かなり重要なポジションを占めているものと推察されます。よって、スポーツが何らかの理由でできないとすればそれは一種の社会的な剥奪状態にあると見ることができるでしょうし、彼・彼女らの選択の余地のない家庭の社会経済的条件等によるスポーツ格差は当事者たちにとってもやはり重大な問題だといえるのではないでしょうか。

(3) 体力・スポーツと学校生活

次に、子どもたちにとってスポーツが好きであること（スポーツへの態度）、及び体力があることと日々の学校生活との間にはどのような関係があるのか、について検討してみたいと思います。図2-3-3～5は、小学校高学年のデータを用いてスポーツの好嫌と学校満足度（4件法）・孤独感（4件法）・休み時間の過ごし方（4件法）との関係を分析した結果です。

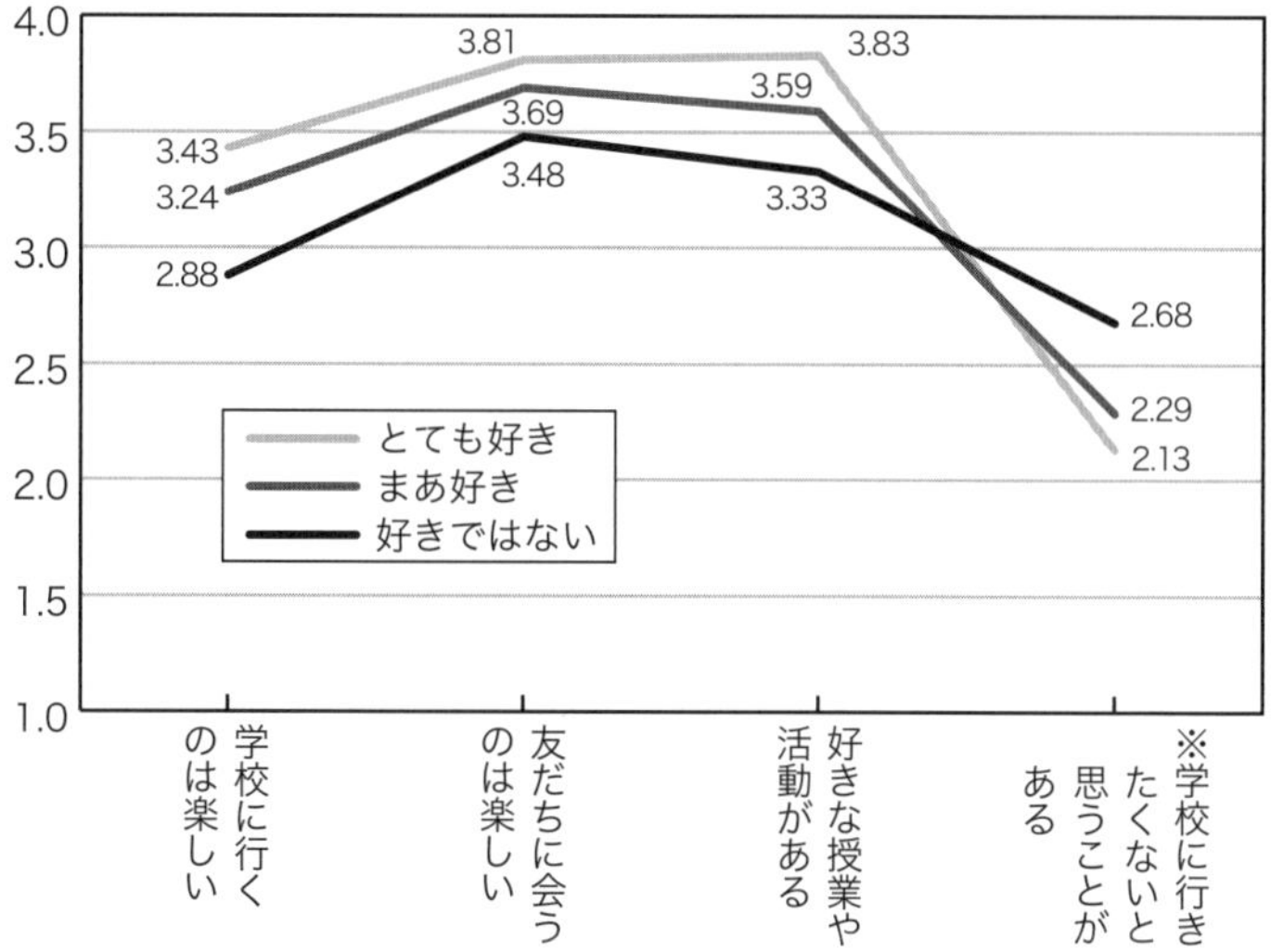

図2-3-3　スポーツの好嫌と学校満足度　（※印は反転項目）

まず、スポーツが「とても好き」と回答した子どもは「好きではない」と回答した者よりも、「学校に行くのは楽しい」「友だちに会うのは楽しい」と回答する者の割合が高く、逆に「学校に行きたくないと思うことがある」と回答する者が少ないなど、総じて学校満足度が高いことがわかります（図2-3-3）。

次に、図2-3-4からは、スポーツが「好きではない」と回答した子どもは「クラスの人とうまくやっている」「何でも話せる友だちがいる」「友だちと一緒にいることが多い」など友だちとの良好な関係を表す項目で得点が低く、「ひとりぼっちだと思うことがよくある」では最も得点が高くなっています。

また、図2-3-5からは、スポーツが

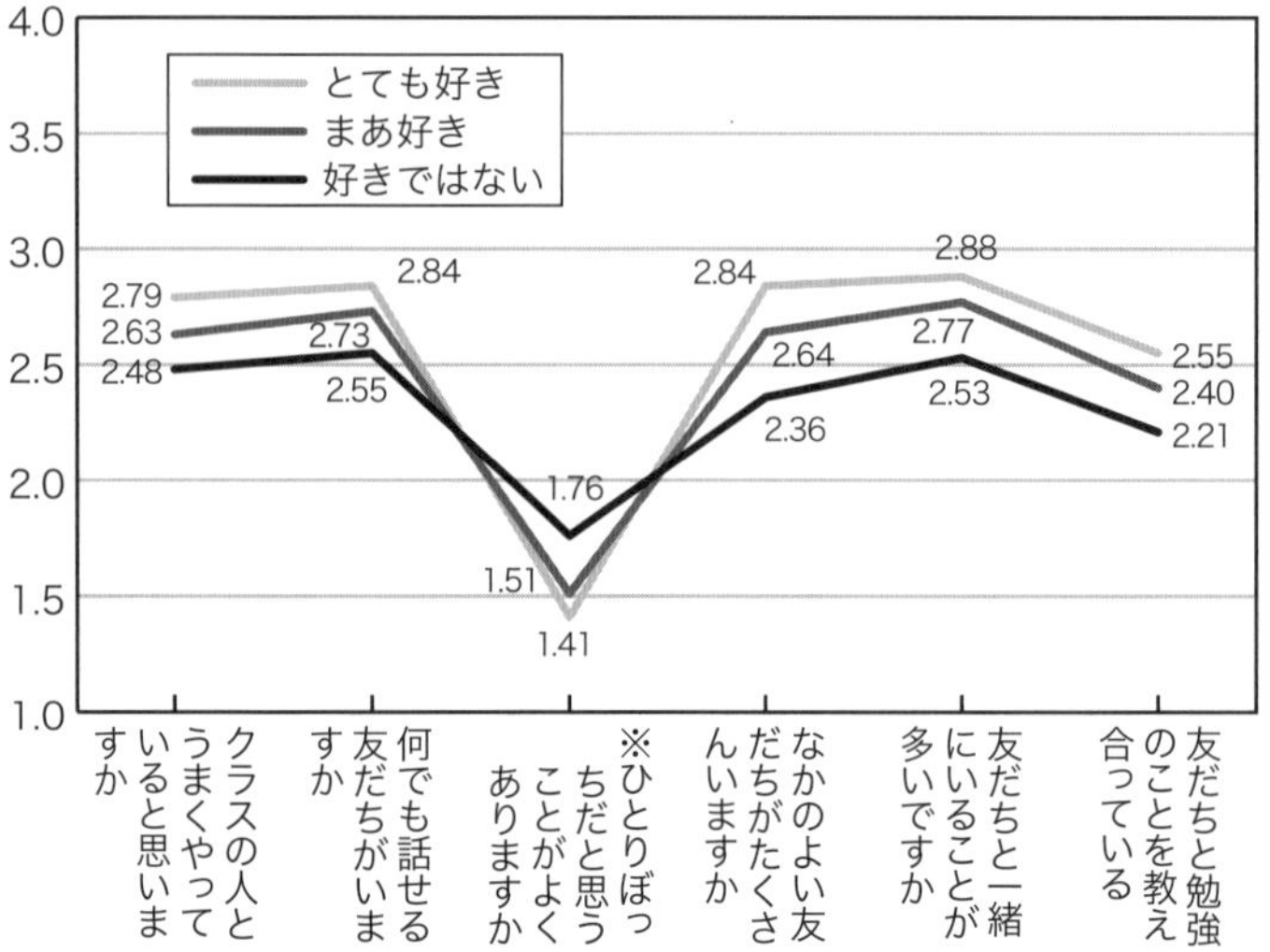

図2-3-4　スポーツの好嫌と孤独感　（※印は反転項目）

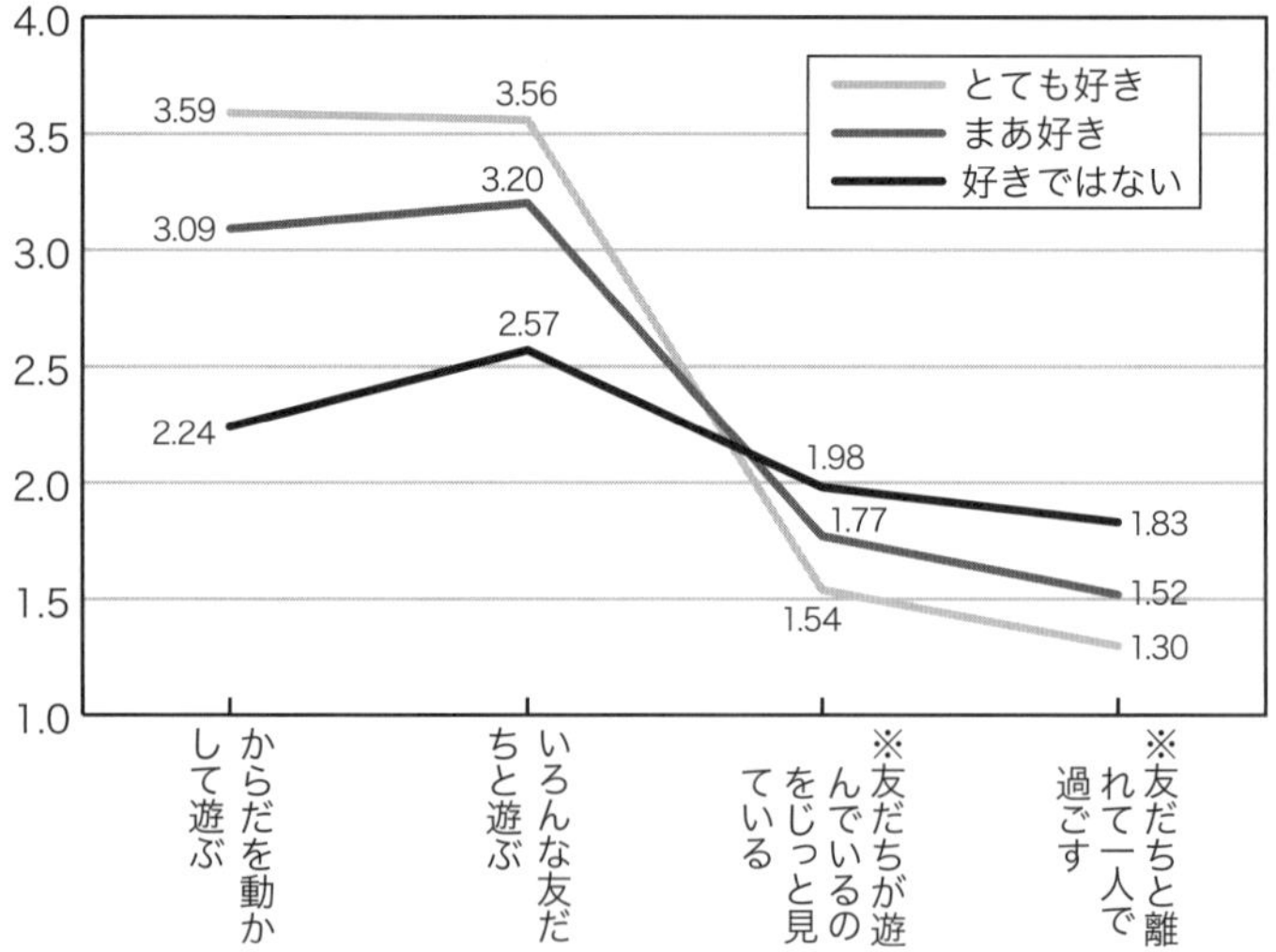

図2-3-5　スポーツの好嫌と休み時間の過ごし方　（※印は反転項目）

表2-3-4　体力と学校生活への満足

		体力　総合評価					全体	F値
		A	B	C	D	E		
高学年	学校に行くのは楽しい	3.34	3.37	3.25	3.10	3.04	3.26	4.61 **
	友だちに会うのは楽しい	3.71	3.79	3.73	3.61	3.46	3.71	5.82 ***
	好きな授業や活動がある	3.71	3.71	3.69	3.53	3.48	3.66	4.23 **
	学校に行きたくないと思うことがある	2.18	2.21	2.30	2.46	2.30	2.28	2.23 n.s.
	人数（人）	150	333	365	184	56	1088	
中学生	学校に行くのは楽しい	3.36	3.19	3.18	2.95	3.08	3.18	6.46 ***
	友だちに会うのは楽しい	3.68	3.65	3.61	3.49	3.38	3.61	3.95 **
	好きな授業や活動がある	3.60	3.46	3.39	3.34	3.05	3.43	6.56 ***
	学校に行きたくないと思うことがある	2.62	2.63	2.60	2.78	2.53	2.64	1.29 n.s.
	人数（人）	253	326	350	205	40	1174	

***：p<.001　**：p<.01

「とても好き」な子どもは、休み時間に「からだを動かして」、「いろんな友だちと遊ぶ」ことが多いのに対し、「好きではない」子どもは、「友だちと離れて一人で過ご」したり、「友だちが遊んでいるのをじっと見ている」者が多いことが明らかです。

結果を図表にして掲載はしませんが、以上の傾向は、スポーツの得意・苦手意識についても同様でした（スポーツが得意な者の方が苦手な者よりも学校満足度が高く、孤独感が低い）。

次に、表2-3-4〜6は、小学校高学年及び中学生のデータを用いて、体力の高低と学校生活への満足にかかわる質問項目との関連を分析した結果を示したものです。まず、体力の総合評価5段階と学校生活への満足の関連については、小学校高学年及び中学生ともに、体力が高い者の方が低い段階の者よりも「学校に行くこと」「友だちに会うこと」が楽しく、「好きな授業や活動があること」についても肯定的な回答の

表2-3-5　体力と孤独感

		体力　総合評価					全体	F値
		A	B	C	D	E		
高学年	クラスの人とうまくやっていると思いますか	2.82	2.74	2.68	2.49	2.58	2.68	9.88 ***
	何でも話せる友だちがいますか	2.88	2.81	2.76	2.59	2.51	2.75	10.73 ***
	ひとりぼっちだと思うことがありますか	1.40	1.37	1.54	1.64	1.84	1.50	9.61 ***
	なかのよい友だちがたくさんいますか	2.81	2.77	2.71	2.51	2.41	2.69	11.22 ***
	友だちと、一緒にいることが多いですか	2.90	2.87	2.77	2.67	2.41	2.78	14.02 ***
	友だちと勉強のことを教えあっていますか	2.55	2.51	2.46	2.28	2.11	2.44	7.43
中学生	クラスの人とうまくやっていると思いますか	2.74	2.69	2.66	2.51	2.37	2.65	7.73 ***
	何でも話せる友だちがいますか	2.80	2.82	2.76	2.63	2.63	2.76	4.90 **
	ひとりぼっちだと思うことがありますか	1.47	1.48	1.57	1.72	1.66	1.55	4.74 **
	なかのよい友だちがたくさんいますか	2.72	2.73	2.67	2.55	2.32	2.66	7.22 ***
	友だちと、一緒にいることが多いですか	2.83	2.80	2.78	2.66	2.63	2.77	4.64 **
	友だちと勉強のことを教えあっていますか	2.68	2.71	2.59	2.40	2.15	2.59	14.28 ***

***：p<.001　**：p<.01

表2-3-6　体力段階別に見た休み時間の過ごし方

		体力　総合評価					全体	F値
		A	B	C	D	E		
高学年	からだを動かして遊ぶ	3.49	3.34	3.10	2.98	2.73	3.19	13.69 ***
	いろんな友だちと遊ぶ	3.43	3.36	3.24	3.08	2.96	3.26	5.67 ***
	友だちが遊んでいるのをじっと見ている	1.45	1.61	1.79	1.79	2.00	1.70	6.24 ***
	きまった仲のいい友だちと遊ぶ	3.34	3.47	3.33	3.23	3.15	3.35	3.37 **
	教室の中で話をして過ごす	2.59	2.71	2.89	2.68	2.66	2.75	2.90 *
	友だちと離れて一人で過ごす	1.26	1.35	1.48	1.60	2.14	1.47	14.73 ***
中学生	からだを動かして遊ぶ	3.04	2.59	2.49	2.23	2.12	2.58	18.18 ***
	いろんな友だちと遊ぶ	3.12	2.99	2.90	2.75	2.50	2.93	5.63 ***
	友だちが遊んでいるのをじっと見ている	1.68	1.74	1.77	1.95	2.15	1.79	4.24 **
	きまった仲のいい友だちと遊ぶ	3.43	3.39	3.30	3.16	3.29	3.33	3.50 **
	教室の中で話をして過ごす	3.00	3.23	3.25	3.23	3.18	3.19	2.97 *
	友だちと離れて一人で過ごす	1.36	1.51	1.55	1.80	1.93	1.56	9.31 ***

***：p<.001　**：p<.01　*：p<.05

割合が高くなっていました。

一方、孤独感（表2 - 3 - 5）については、体力高位の児童生徒は、クラスの人とうまくやっており、何でも話せる友だちや仲のよい友だちがいると回答しているのに対し、体力低位の児童生徒は、友だち関係があまり良好ではなく、孤独感を感じている傾向が見られます。特に、小学校高学年では、「友だちと一緒にいることが多い」という項目で、中学生では「友だちと勉強のことを教えあっているか」という項目で体力の差が関連していました。

上記のような傾向は、休み時間の過ごし方にも表れています（表2 - 3 - 6）。体力高位の児童生徒は、からだを動かしていろんな友だちと活動的に遊んでいる様子がうかがえるのに対し、体力低位の児童生徒は、友だちが遊んでいるのをじっと見ていたり、友だちと離れて一人で過ごしたり、教室の中で過ごすというように不活発で孤独な過ごし方をする傾向が見受けられます。

以上のことから、スポーツが好きではなく不得意な子、体力が相対的に低い子どもたちは、学校生活への満足が低く（学校に行きたくないと思う傾向も強く）、全般的に良好な友だち関係が築けずに一人ぼっちで孤独に過ごす傾向が強いということが明らかになりました。スポーツと子どもの密接なかかわりを保障することは、ただ単に体力や運動能力を高めるということだけでなく、子どもたち同士の人間関係を含む学校生活全般の豊かさに非常に大きな影響があるのです。

表2-3-7　学校外スポーツクラブへの加入と体力・運動能力

		男子			女子		
		非加入	加入	t検定	非加入	加入	t検定
小学校高学年	握力	−0.05	0.05	1.55	−0.05	0.07	1.68
	上体起こし	−0.05	0.19	4.02 ***	−0.03	0.28	4.43 ***
	長座体前屈	−0.02	0.05	1.04	−0.03	0.03	0.85
	反復横とび	−0.07	0.27	5.64 ***	−0.02	0.27	4.18 ***
	立ち幅とび	−0.11	0.24	5.46 ***	−0.04	0.17	2.84 **
	50m走	−0.07	0.27	6.20 ***	−0.05	0.30	5.14 ***
	ボール投げ	−0.09	0.19	4.36 ***	−0.12	0.23	5.10 ***
	シャトルラン	−0.18	0.34	8.12 ***	−0.15	0.46	8.69 ***
	体力総合点	−0.63	1.61	6.79 ***	−0.49	1.82	6.32 ***
		男子			女子		
		非加入	加入	t検定	非加入	加入	t検定
中学生	握力	−0.17	0.07	2.67 **	−0.21	0.00	2.62 **
	上体起こし	−0.36	0.28	7.58 ***	−0.37	0.16	6.92 ***
	長座体前屈	−0.02	0.13	1.70	−0.09	0.04	1.64
	反復横とび	−0.23	0.27	5.69 ***	−0.27	0.19	6.41 ***
	立ち幅とび	−0.20	0.26	5.11 ***	−0.21	0.23	5.80 ***
	50m走	−0.29	0.18	5.82 ***	−0.19	0.17	4.90 ***
	ボール投げ	−0.44	0.13	6.02 ***	−0.33	0.19	6.89 ***
	シャトルラン	−0.43	0.31	8.52 ***	−0.38	0.18	7.60 ***
	体力総合点	−2.03	1.16	8.87 ***	−1.72	1.00	9.39 ***

***：p<0.001　**：p<0.01　*：p<0.05

(4) 学校外スポーツクラブへの加入と体力

スポーツ格差の分析に入る前に、スポーツ機会へのアクセスとスポーツ活動による結果との関連性について確かめるため、小学校期における学校外でのスポーツ機会（具体的には地域スポーツクラブへの加入・非加入の別）と体力・運動能力との関連について、小学校高学年と中学生のデータを用いて分析した結果を紹介しましょう。

表2・3・7に示すように、小学校高学年及び中学生とも

に、また、性別にかかわらず地域スポーツクラブに加入している者（中学生については、小学校時代に地域スポーツクラブへ加入していた者）の方が非加入者に比べて、体力総合点及び「握力」（高学年のみ）「長座体前屈」を除くすべての体力測定項目において、有意に高い得点となっていました。そして、その差は小学校高学年よりも中学生の方が大きくなっています。すなわち、ごく当たり前のことかもしれませんが、小学校時代における学外での運動・スポーツ機会へのアクセスが子どもの体力を強く規定していることは明らかであり、「機会」と「結果」は密接に結びついていることが確認できました。

(5) 家庭の社会経済的条件とスポーツクラブ加入（スポーツ機会格差の分析）

いよいよ本書の主題、スポーツ格差にかかわる主要な分析結果を紹介します。まずここでは、家庭の社会経済的条件によるスポーツ機会の格差（機会の不平等）を検証しましょう。

最初に、小学校高学年及び中学生のデータを用いて、家庭の社会経済的条件（世帯収入、親学歴、親職業の三つ）と地域スポーツクラブ加入との関連を分析しました。表2-3-8に示すように、世帯収入については、小学校高学年・中学生ともに有意差が認められ、収入が多くなるにつれてクラブ加入者（中学生については、小学校時代に加入していた者）の割合が高くなっています。また、親の学歴（表2-3-9）については、父親・母親ともに学歴が高い者ほど地域スポーツ加入率が高くなっています（特に、母親の学歴との関連が強い）。他方、親の職業との有意な関連は認められませんで

表2-3-8　世帯収入と地域スポーツクラブへの加入・非加入

	小学校高学年					中学生				
	加入		非加入		計	入っていた		入っていない		計
	n	%	n	%		n	%	n	%	
400万円未満	84	40.2	125	59.8	209	148	55.6	118	44.4	266
400～600万円未満	173	47.8	189	52.2	362	296	63.5	170	36.5	466
600～900万円未満	214	53.8	184	46.2	398	363	71.2	147	28.8	510
900万円以上	95	57.9	69	42.1	164	182	77.8	52	22.2	234

$\chi^2=15.13$ ($p<0.01$)　　$\chi^2=34.40$ ($p<0.001$)

表2-3-9　親学歴と地域スポーツクラブへの加入・非加入

父学歴	加入		非加入		計	母学歴	加入		非加入		計
	n	%	n	%			n	%	n	%	
学歴高	245	56.5	189	43.5	434	学歴高	128	60.4	84	39.6	212
学歴中	100	49.0	104	51.0	204	学歴中	260	51.0	250	49.0	510
学歴低	236	46.0	277	54.0	513	学歴低	210	44.3	264	55.7	474

$\chi^2=10.48$ ($p<.01$)　　$\chi^2=15.48$ ($p<0.001$)

した。

　以上から、世帯収入が多く、両親の学歴の高い家庭の子どもほど、学校外スポーツクラブへの加入率が高い、という機会の不平等が確認されました。

　なお、中学生における部活動（運動部・文化部）への加入率については、世帯収入及び親の職業との有意な関連は認められなかったものの、男子において父学歴との有意な関連が見られました。すなわち、男子生徒については、父学歴が高い（大卒・大学院修了）ほど運動部に加入している者の割合が高いということになります。

⑹家庭の社会経済的条件と体力・運動能力（体力格差の分析）

経済的条件

続いて、家庭の社会経済的条件による体力の格差（結果の不平等）を検証します。まずは家庭の経済的条件に焦点を当てます。表2-3-10と図2-3-6は世帯収入別、表2-3-11と図2-3-7は学校外スポーツへの投資額別に体力総合点を比較したものです（世帯収入及び学校外スポーツ費（月別支出額）については、回答の分布状況に基づいてカテゴライズしました）。

まず世帯収入については、高学年を除く学年段階において、体力総合点に有意な差が認められました。特に低学年と中学年の段階において、世帯収入の違いによる体力の差、すなわち低収入家庭の児童よりも高収入家庭の児童の方が体力総合得点は高いという傾向が顕著です（なぜ高学年で有意差が確認されなかったのかについては、さらなる検証が必要です）。また、学年進行に伴う一貫した傾向は見られませんでしたが、年収400万円未満の家庭の子どもが、高所得家庭のグループに比べて明らかに体力が低いということは共通しています。

次に、学校外スポーツへの支出額別に体力総合点を比較した結果を見てください。表2-3-11、図2-3-7に示すように、幼児期から中学生までの各学年段階において、いずれも有意な差が認められました。特に、学校外のスポーツ活動に「ほとんど支出なし」の児童とその他の児童生徒との間に大きな体力差があること、また、「月に1万円以上」をスポーツに支出している子どもとの体力格

表2-3-10　世帯収入別に見た体力総合点

世帯収入	幼　児		低学年		中学年		高学年		中学生	
	平均値	標準偏差	平均値	標準偏差	平均値	標準偏差	平均値	標準偏差	平均値	標準偏差
400 万円未満	0.14	1.99	−0.93	4.06	−0.62	5.00	−0.20	4.82	−0.51	4.81
400 ～ 600 万円未満	−0.13	2.06	−0.15	4.34	0.69	4.65	0.82	4.89	−0.05	4.80
600 ～ 900 万円未満	0.15	2.27	0.53	4.15	0.44	4.48	0.78	4.68	0.26	4.62
900 万円以上	0.70	2.36	0.74	4.10	1.46	4.73	0.25	4.83	1.04	4.86
	F=2.673 p<.05		F=6.863 p<.001		F=6.075 p<.001		F=2.387 n.s.		F=4.72 p<.01	

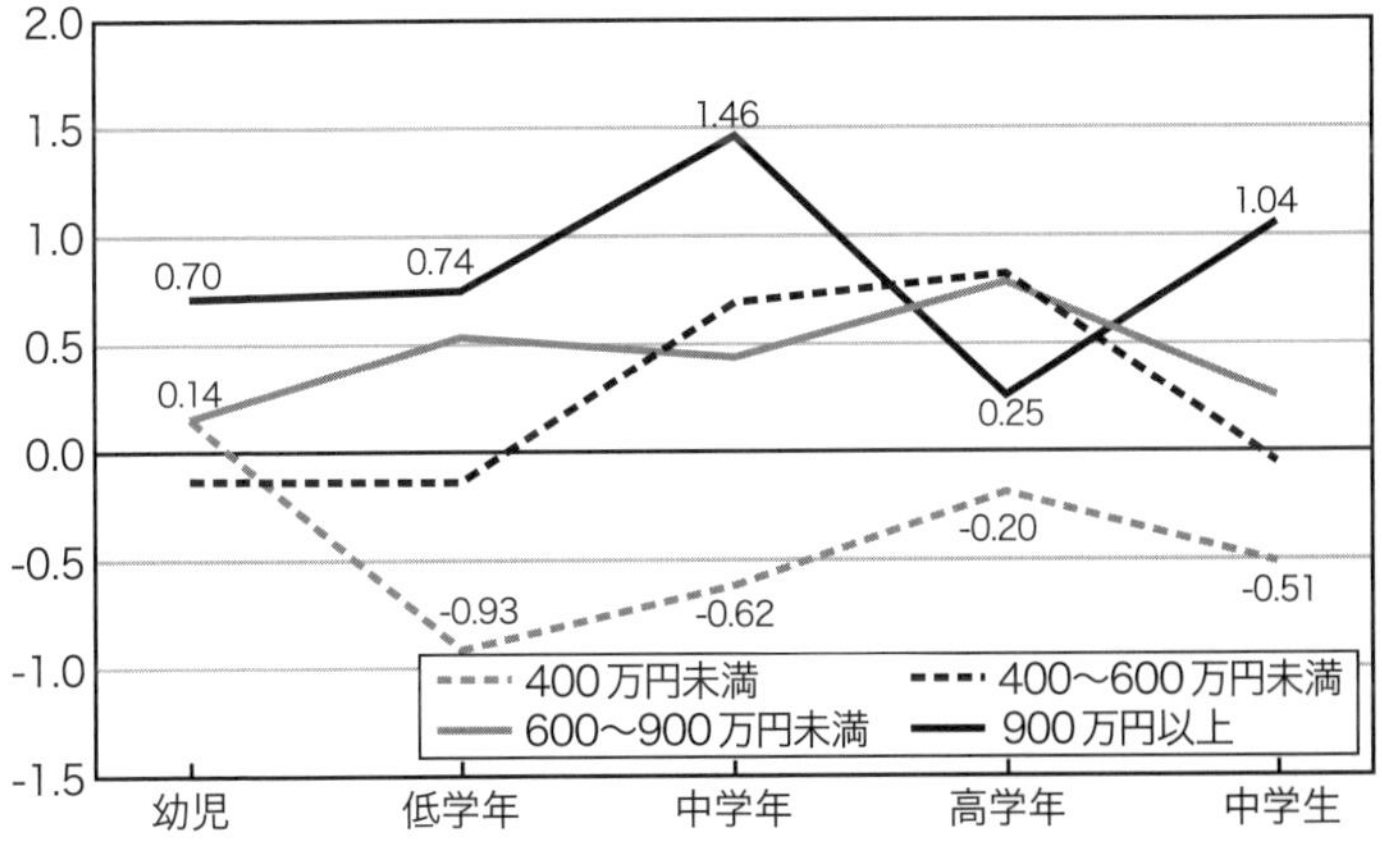

図2-3-6　世帯収入と体力

表2-3-11　学校外スポーツ費別（月別）に見た体力総合点

	幼　児		低学年		中学年		高学年		中学生	
	平均値	標準偏差	平均値	標準偏差	平均値	標準偏差	平均値	標準偏差	平均値	標準偏差
ほとんど支出なし	−0.12	2.21	−0.51	4.10	−0.91	4.39	−1.03	4.53	−1.80	4.29
3000円未満	0.37	2.07	0.02	4.42	1.63	4.45	1.74	4.73	1.17	4.55
3000～5000円未満	0.39	1.94	0.86	4.26	1.40	4.09	2.05	4.82	1.23	4.24
5000～10000円未満	0.39	2.20	−0.12	4.14	0.43	5.01	0.46	4.94	0.44	4.53
10000円以上	0.73	1.99	0.87	4.18	1.63	4.89	1.99	4.85	2.92	4.69
	F=2.557 p<.05		F=4.511 p<.01		F=13.186 p<.001		F=19.834 p<.001		F=57.570 p<.001	

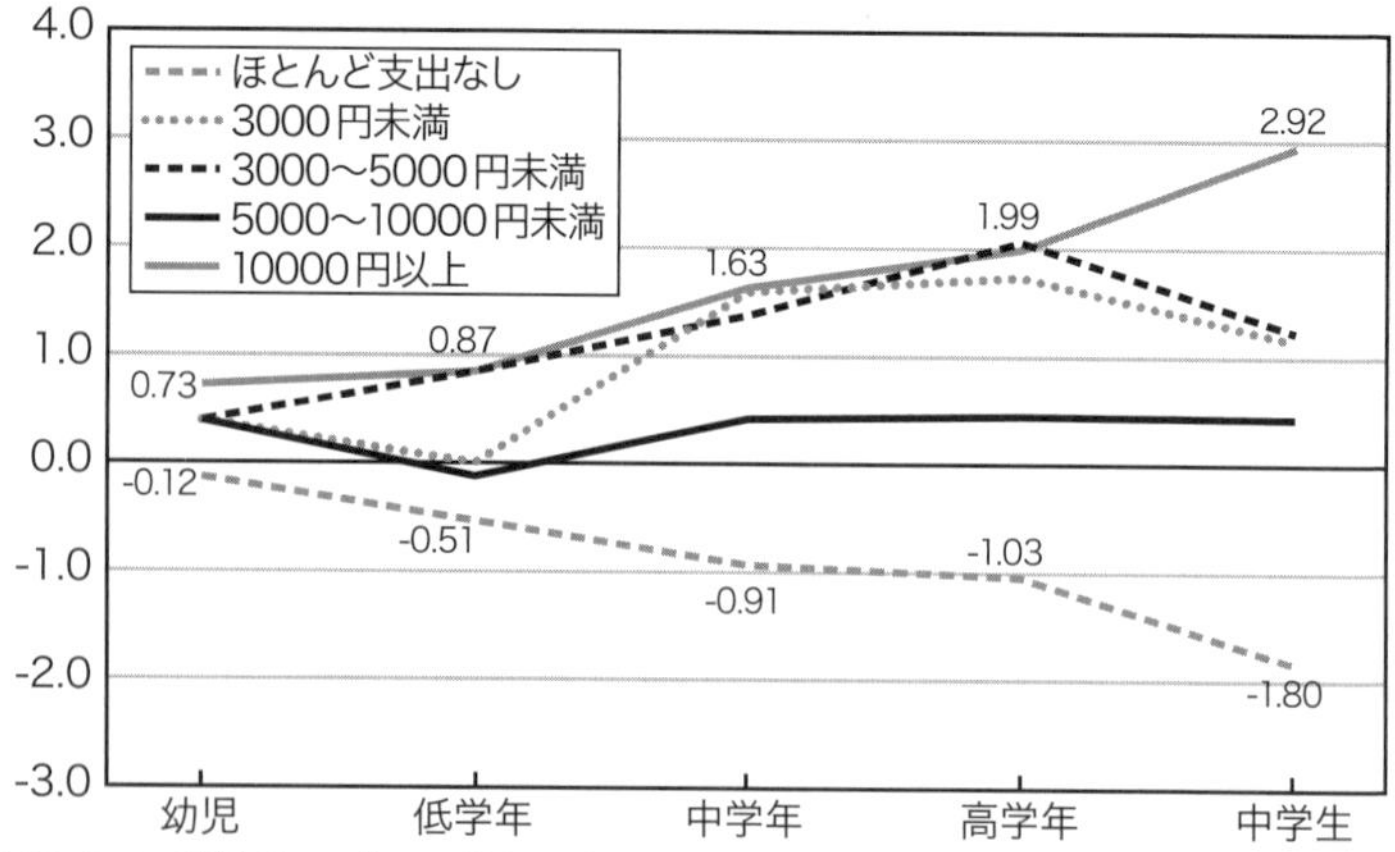

図2-3-7　学校外スポーツ費と体力

表2-3-12　体力テスト項目別に見た学校外スポーツとの関連（男子の場合）

		立幅	体前屈	50m走	ボール投げ	反復	握力	上体起こし	シャトル	総合点
低学年	ほとんど支出なし	0.080	−0.026	−0.010	−0.033	−0.095	−0.026	−0.127	−0.118	−0.189
	3000円未満	−0.114	−0.078	0.143	0.177	−0.054	0.268	−0.003	−0.116	0.033
	3000～5000円未満	0.220	0.121	0.339	0.300	0.177	0.144	0.208	0.242	1.764
	5000～10000円未満	−0.079	−0.079	0.004	−0.054	0.076	−0.031	0.042	−0.007	−0.086
	10000円以上	0.164	−0.057	0.291	0.170	0.062	0.052	0.104	0.209	0.926
	F値	2.369	0.508	3.972	2.585	1.245	1.470	1.609	2.890	2.936
	有意確率			**	*				*	*
中学年	ほとんど支出なし	−0.128	−0.092	−0.166	−0.286	−0.242	0.018	−0.289	−0.389	−1.189
	3000円未満	0.259	0.022	0.275	0.230	0.207	0.352	0.215	0.216	1.635
	3000～5000円未満	0.066	−0.002	0.180	0.268	0.275	−0.060	0.143	0.322	1.196
	5000～10000円未満	0.113	0.040	0.037	0.045	0.034	−0.014	0.071	0.084	0.596
	10000円以上	0.061	0.033	0.165	0.121	0.134	0.107	0.256	0.206	1.324
	F値	2.212	0.436	4.565	5.860	5.662	2.136	6.447	10.583	6.515
	有意確率			**	***		***	***	***	***
高学年	ほとんど支出なし	−0.170	−0.195	−0.280	−0.380	−0.196	−0.084	−0.299	−0.453	−1.677
	3000円未満	0.318	0.164	0.266	0.239	0.263	0.184	0.101	0.380	2.079
	3000～5000円未満	0.210	0.120	0.419	0.320	0.201	0.005	0.291	0.365	1.936
	5000～10000円未満	0.133	−0.066	0.124	−0.012	0.152	−0.095	0.092	0.137	0.671
	10000円以上	0.123	0.141	0.104	0.196	0.300	−0.024	0.184	0.450	1.433
	F値	4.086	2.867	11.619	10.865	5.666	1.708	6.973	18.370	11.045
	有意確率	**	*	***	***	***		***	***	***
中学生	ほとんど支出なし	−0.217	−0.171	−0.230	−0.430	−0.259	−0.239	−0.309	−0.143	−1.525
	3000円未満	0.196	−0.090	0.205	0.052	0.297	−0.023	0.210	0.161	0.954
	3000～5000円未満	0.066	0.109	0.081	0.116	0.162	−0.012	0.131	0.170	1.028
	5000～10000円未満	0.060	−0.037	0.100	−0.038	0.208	−0.070	0.104	0.136	0.485
	10000円以上	0.393	0.254	0.421	0.579	0.538	0.338	0.520	0.303	3.086
	F値	11.401	6.149	15.511	31.271	24.015	9.760	22.867	6.634	23.636
	有意確率	***	***	***	***	***	***	***	***	***

***：p<0.001、**：p<0.01、*：p<0.05

差は、学年進行に伴って大きくなっていくことが明らかとなりました。このことから、幼少期からの家庭におけるスポーツ投資の成果が年齢とともに蓄積され、中学校期には大きな格差となって現れるのではないかと考えられます。

表2-3-12は、家庭によるスポーツ投資の違いがどのような体力要素と関連があるのかを検討するため、体力テストの項目別に学校外スポーツへの投資額との関連を分析した結果を示したものです。この結果から、①「シャトルラン」「50m走」のように投資額の違いが顕著に認められる（格差が生じやすい）ものと格差が生じにくい体力要素があること、②しかし、多くのテスト項目において、スポーツ投資額の違いによる体力格差は学年が上がるにつれて拡大し、中学校段階では、ほとんどのテスト項目で極めて大きな体力差となってしまっていることが明らかとなりました（紙面の関係上、男子のみの結果を記載しましたが、女子にもほぼ同様の傾向が見られました）。特に、学校外スポーツへの投資による体力格差が大きくなるのは、男女ともに小学校中学年であるようです。そこで、3年生と4年生に分けてさらに分析してみたところ、4年生が体力格差の拡大期であることが明らかとなりました。

親の学歴・職業と体力

次に、家庭の社会経済的条件の中で親の学歴（文化資本）及び職業と子どもの体力・運動能力との関連について検討します。図2-3-8は、中学生のデータを用いて父母の学歴別（大卒以上、短大・

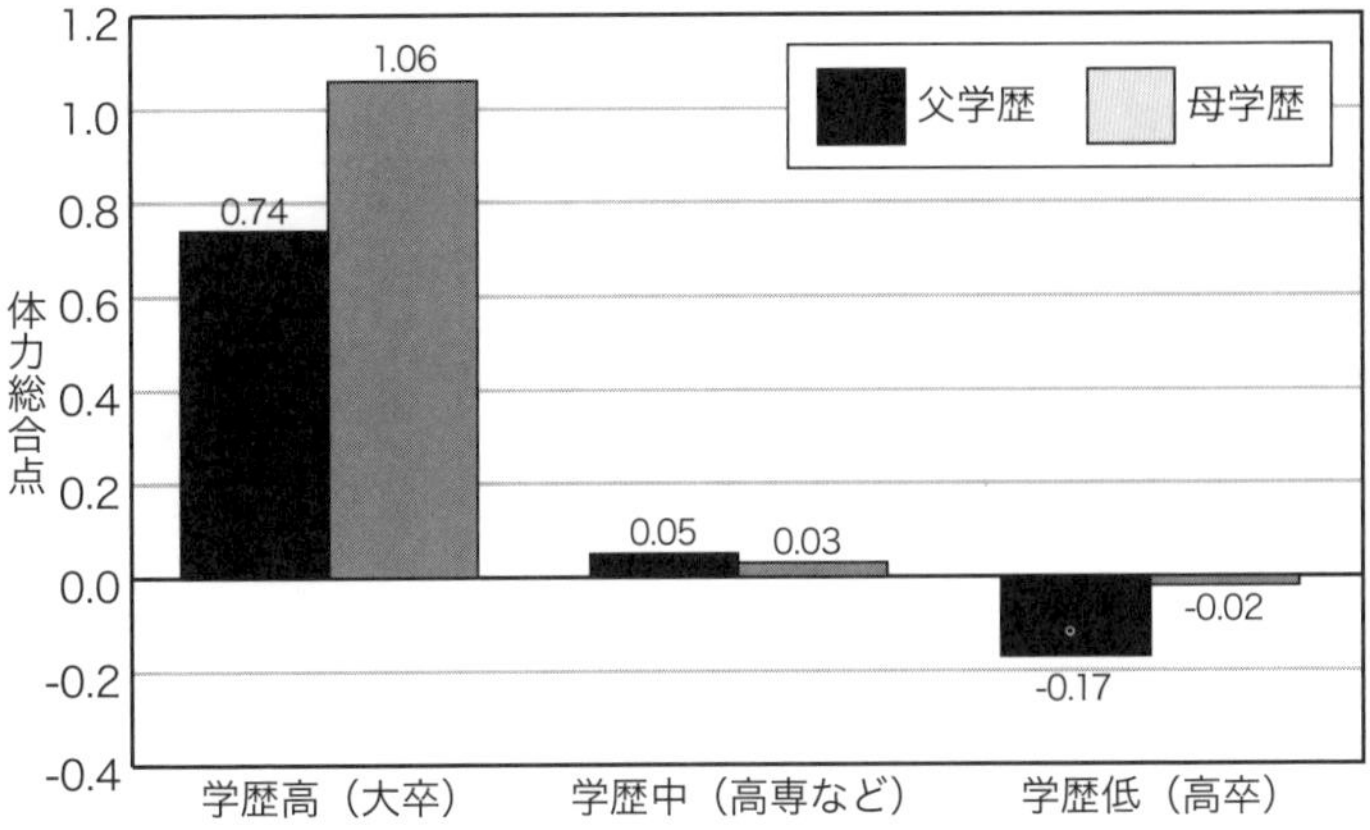

図2-3-8　親の学歴と体力（中学生）

高専・専門学校卒、高卒の三分類）に体力の総合点を比較したものです。幼児及び小学生については、両親の学歴による体力の有意な差は認められませんでしたが、中学生では父・母ともに学歴の高い親の方が低い親の子どもよりも体力が総合的に高い傾向が見られました。他方、両親の職業については、今回の調査データからは顕著な体力差は確認されませんでした。

親の社会関係資本と体力

社会関係資本（ソーシャル・キャピタル）は、近年、健康格差にかかわる研究分野で特に注目をされている概念です。そこでは、地域の人々との交流・つきあいや組織・団体への参加を通じて形成された、人々への信頼やパーソナルネットワーク、そして地域における互酬性の規範[5]などが蓄積されている個人や社会の方が健康によい行動をと

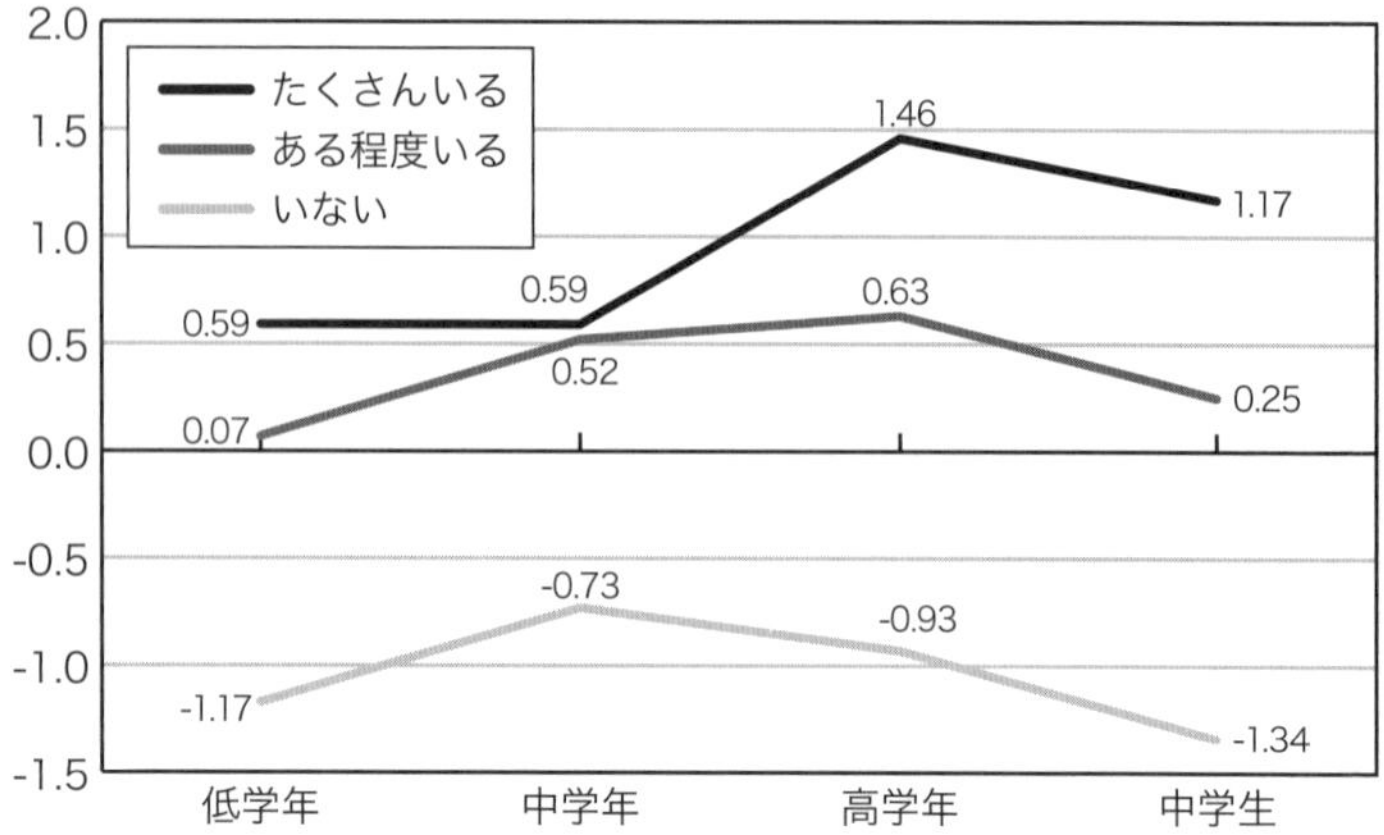

図2-3-9　親の社会関係資本と体力総合点

る傾向があることがわかってきています。要するに、人々の間の社会関係が良好であること、また、他者とのネットワークが広く親密であることなどが健康によい影響を与えるということです。

そこで、保護者用調査の質問項目に含まれていた「子育てや子どもの教育について相談できる知人・友人」の数（「たくさんいる」「ある程度いる」「いない」の3件法で回答）を親の社会関係資本を測る変数ととらえ、これと子どもの体力との関連を分析してみました。

図2-3-9によれば、小学校低学年の段階から、豊かな社会関係資本をもつ親の児童の方が社会関係資本をもたない親の児童に比べて、体力総合点は有意に高くなっていました。また、その格差は、小学校高学年・中学生へと上がるにつれて拡がる傾向が見られます。

以上のことから、子どもの体力・運動能力は、家庭の経済資本だけでなく、学歴のような文化資本や社会関係資本の影響も受けていることがわかります。

(7)学校外スポーツ投資の関連要因

前述の「(5)スポーツ機会格差の分析」「(6)体力格差の分析」及び「(4)学校外スポーツクラブへの加入と体力」の分析結果から、世帯収入や親の学歴といった家庭の社会経済的条件により、子どものスポーツ機会の格差と体力格差がともに認められたのですが、両者の格差は、論理的には「運動・スポーツ機会の格差」→「体力格差」という関係であると推察できます。また、運動・スポーツ機会の格差は、学校外スポーツ費の影響を最も強く受けていることが明らかでした。つまり、学校以外のスポーツ活動に支出していない家庭（非スポーツ投資家庭）の子どもは、支出している家庭の子どもよりも顕著に体力が低いということです。そこでここからは、学校外でのスポーツ活動への投資は、家庭や親のどのような要因と関連しているのかを検討してみたいと思います。

世帯収入、親の学歴、学校外教育費、教育アスピレーションとの関連

表2-3-13は、世帯収入と学校外スポーツ費との関連を分析した結果を示したものです。まず、

5 互いに助け合うことが当たり前という（共有された）価値観。

表2-3-13　世帯収入と学校外スポーツ費（スポーツ投資）

幼　児	ほとんど支出なし		3000円未満		3000～5000円未満		5000～10000円未満		10000円以上		計
	n	%	n	%	n	%	n	%	n	%	n
400万円未満	87	65.9	3	2.3	13	9.8	24	18.2	5	3.8	132
400～600万円未満	141	60.5	10	4.3	21	9.0	54	23.2	7	3.0	233
600～900万円未満	113	54.1	6	2.9	12	5.7	66	31.6	12	5.7	209
900万円以上	40	52.6	1	1.3	4	5.3	22	28.9	9	11.8	76
計	381	58.6	20	3.1	50	7.7	166	25.5	33	5.1	650

χ^2=23.751（p<0.05）

低学年	ほとんど支出なし		3000円未満		3000～5000円未満		5000～10000円未満		10000円以上		計
	n	%	n	%	n	%	n	%	n	%	n
400万円未満	110	47.6	28	12.1	16	6.9	54	23.4	23	10.0	231
400～600万円未満	135	37.3	24	6.6	49	13.5	107	29.6	47	13.0	362
600～900万円未満	91	23.5	27	7.0	42	10.9	152	39.3	75	19.4	387
900万円以上	34	23.1	10	6.8	17	11.6	54	36.7	32	21.8	147
計	370	32.8	89	7.9	124	11.0	367	32.6	177	15.7	1127

χ^2=70.741（p<0.001）

中学年	ほとんど支出なし		3000円未満		3000～5000円未満		5000～10000円未満		10000円以上		計
	n	%	n	%	n	%	n	%	n	%	n
400万円未満	88	41.5	17	8.0	29	13.7	50	23.6	28	13.2	212
400～600万円未満	121	33.5	46	12.7	50	13.9	105	29.1	39	10.8	361
600～900万円未満	91	22.8	46	11.5	55	13.8	133	33.3	74	18.5	399
900万円以上	38	21.8	16	9.2	18	10.3	68	39.1	34	19.5	174
計	338	29.5	125	10.9	152	13.3	356	31.1	175	15.3	1146

χ^2=45.254（p<0.001）

高学年	ほとんど支出なし		3000円未満		3000～5000円未満		5000～10000円未満		10000円以上		計
	n	%	n	%	n	%	n	%	n	%	n
400万円未満	85	43.1	29	14.7	28	14.2	37	18.8	18	9.1	197
400～600万円未満	122	34.8	63	17.9	55	15.7	77	21.9	34	9.7	351
600～900万円未満	105	27.0	55	14.1	72	18.5	95	24.4	62	15.9	389
900万円以上	54	32.9	22	13.4	16	9.8	51	31.1	21	12.8	164
計	366	33.2	169	15.3	171	15.5	260	23.6	135	12.3	1101

χ^2=33.124（p<0.001）

学校外スポーツ支出（以下、スポーツ投資）は、幼児の段階においては、6割程度の者が「ほとんど支出なし」としているのに対し、小学校低学年では32・8％と大幅に減少していることから、小学校入学後にスポーツ投資を開始する家庭が多いということのようです。世帯収入との関連については、幼児期から世帯収入との有意な関連が認められ、低学年～高学年のいずれの段階でも顕著な差が見られました（低学年で最も格差が大きい）。また、いずれの学年においても、世帯収入９００万円以上の家庭は４００万円未満の家庭に比べて、「ほとんど支出なし」の割合が10～25％程度少なくなっていますし、逆に世帯収入４００万円未満の家庭では、「ほとんど支出なし」と回答した割合が、他の世帯に比べて高く、小学校高学年でも4割を超えていました。

次に、両親の学歴とスポーツ投資との関連を分析した結果、父学歴については低学年と高学年において、母学歴については幼児・低学年・中学年及び高学年において有意な差が認められました。図2-3-10、11は、特に学歴による差が顕著であった低学年の結果を示したものです。父・母学歴ともに高学歴家庭の方が低学歴家庭よりも「ほとんど支出なし」が少なく、スポーツ投資額も多くなっていることがわかります。また総じて、低・中学年段階においては、特に母親の学歴がスポーツ投資に大きな影響を及ぼしているものと推察できます。

図2-3-12は、学校外教育費（教育投資）とスポーツ投資との関連を示したものです。ここでは低学年の結果だけを載せていますが、幼児～高学年までのすべての学年段階において、教育投資とスポーツ投資の有意な関連が認められました。つまり、学校外教育への投資に積極的な家庭では、学校

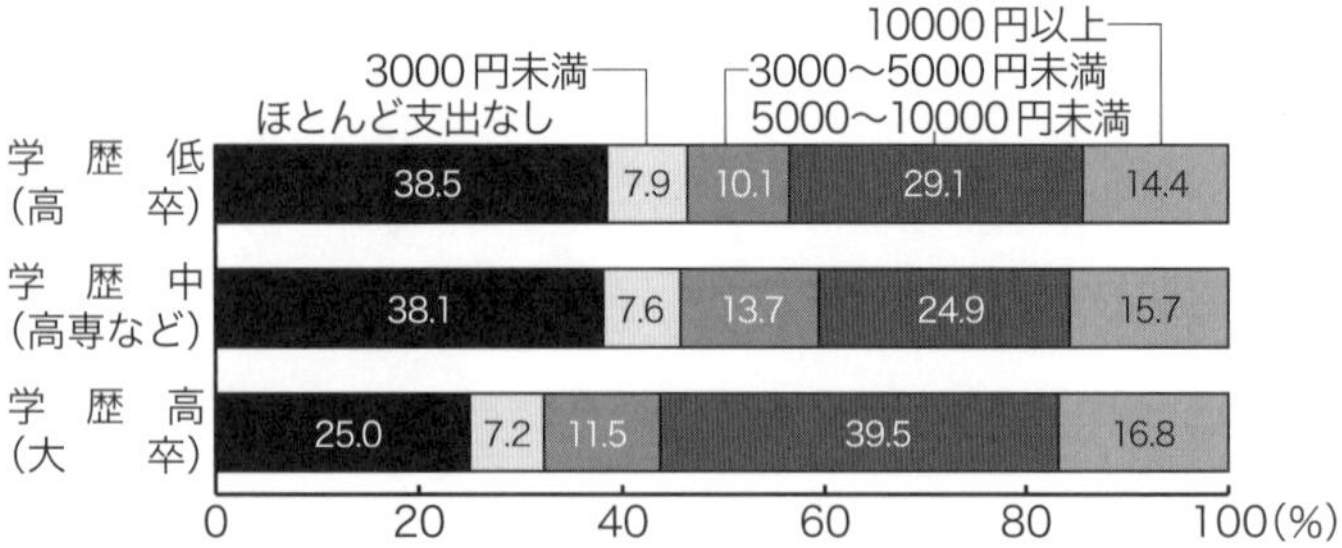

図2-3-10　父学歴とスポーツ投資

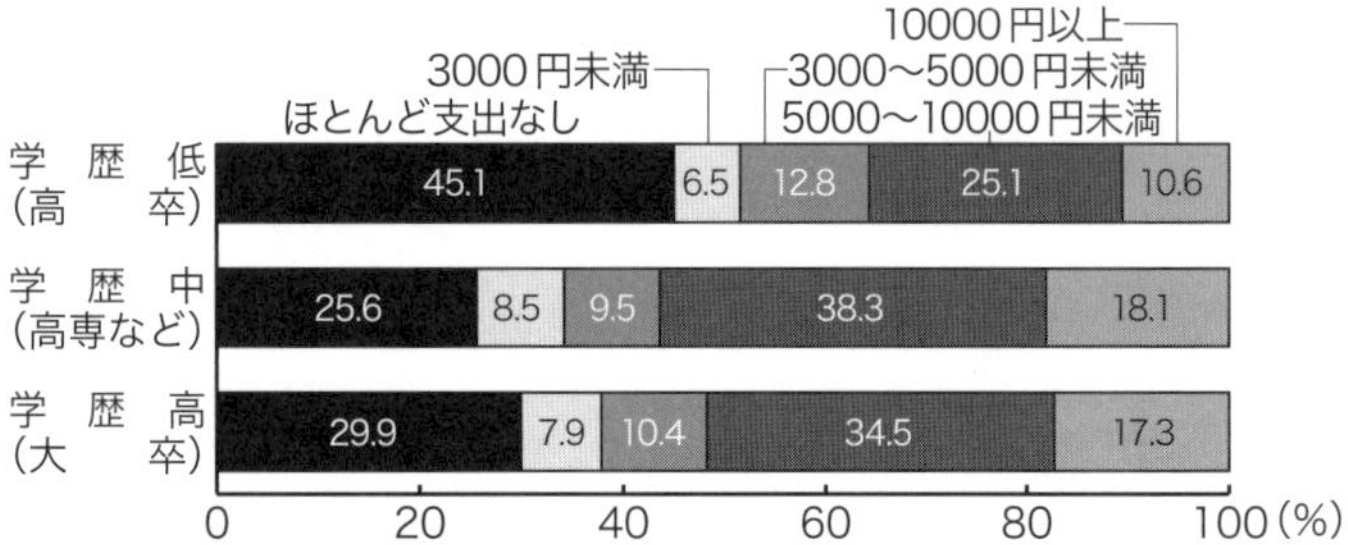

図2-3-11　母学歴とスポーツ投資

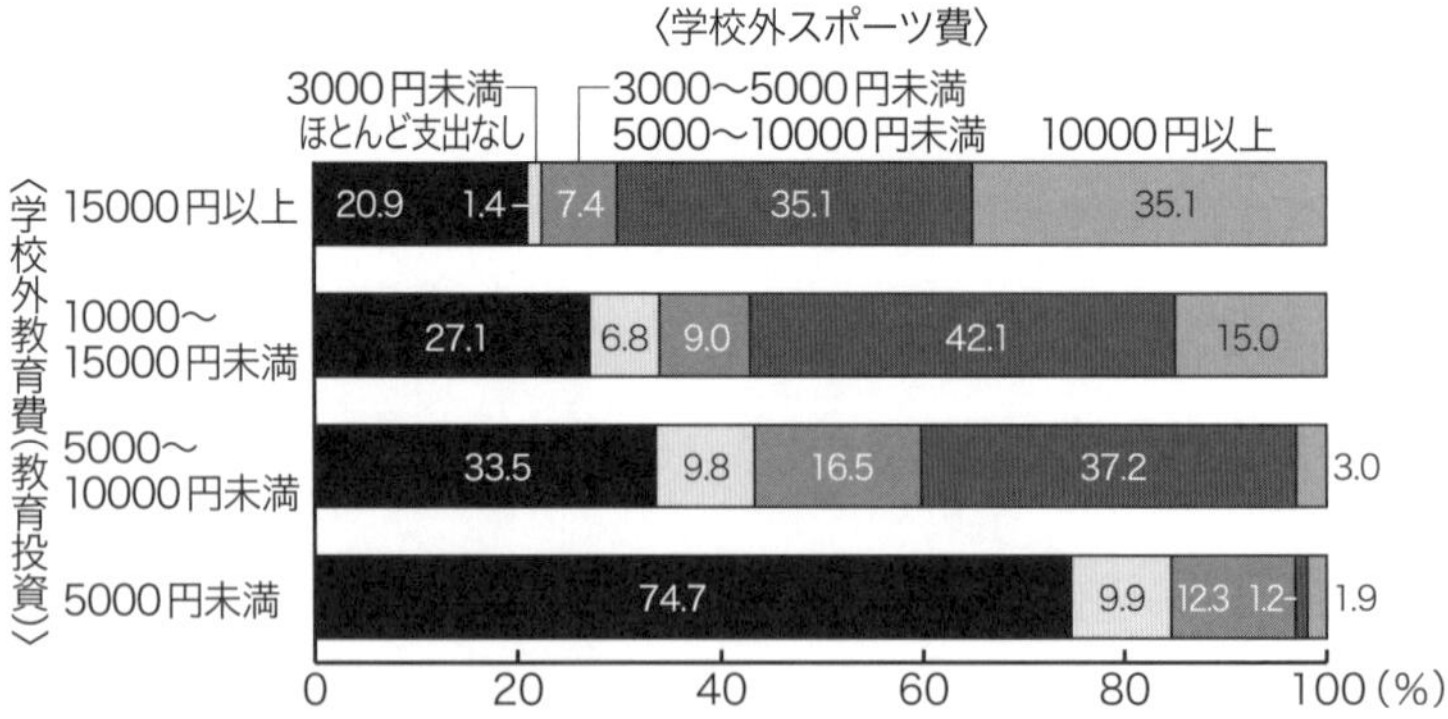

χ^2=227.349（p<.001）

図2-3-12　学校外教育費と学校外スポーツ費（低学年の場合）

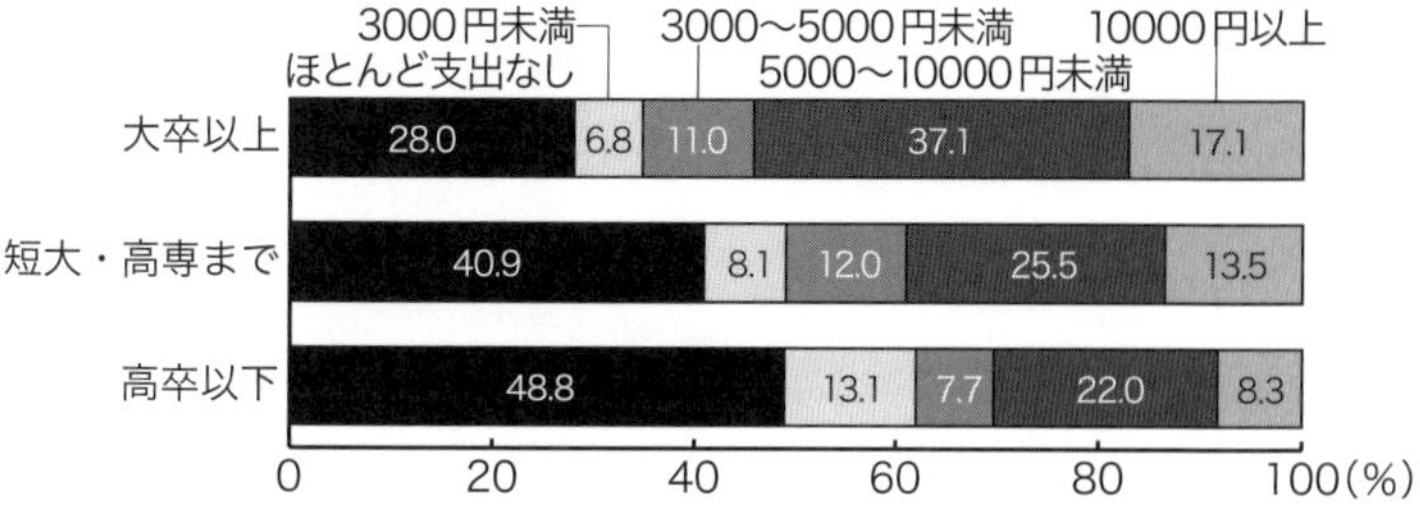

図2-3-13　教育アスピレーションとスポーツ投資（低学年の場合）

外スポーツにも積極的に投資している傾向が明らかです。

続いて、親の教育アスピレーション（自分の子どもにどこまでの学歴を期待するか）とスポーツ投資の関連を分析した結果、こちらも幼児の段階から高学年まで、すべての年齢段階において、高い学歴期待の親は低い学歴期待をもつ親よりもスポーツ投資に積極的でした。図2-3-13は、特に顕著な有意差が認められた低学年の結果を示したものです。幼児段階では、「高卒以下」を期待する親とそれ以上を期待する親の間で「ほとんど支出なし」とする者の割合の差がはっきりしており、低学年以上になると「大卒以上」を期待する親とそれ以下の親との間で差が大きくなっていました。つまり、現代の子どもをもつ親たちは、子育て戦略として「勉強かスポーツか」のどちらかを選択するのではなく、「勉強にもスポーツにも」投資をする傾向が強いといえそうです。

以上の分析結果から、世帯収入という経済資本及び学歴や教育アスピレーションといった教育・文化資本の差が、子へのスポーツ投資と深く関連しているものと考えられます。

親のスポーツ行動・スポーツ意識とスポーツ投資

ここでは、両親のスポーツ関連要因と子どもへのスポーツ投資との関係を分析した結果を検討してみましょう。

まず、両親の現在のスポーツ実施頻度と子どもへのスポーツ投資（学校外スポーツ費）の関連に着目します。表2・3・14は、母親のスポーツ実施頻度とスポーツ投資の関連を示したものです。母親が運動をしない家庭では、スポーツ投資が少ないという傾向はすでに幼児期に見られ、中学年以降は、母親のスポーツ実施頻度によってスポーツ投資額の格差が顕著に拡大しています（父親についても中学年以降で有意な関連が認められています）。

次に、「(2)子どもにとってのスポーツの重要性」で検討した生活必需品意識の調査項目の内、スポーツにかかわる7項目に着目し、子どもにとってのスポーツの必要性に関する意識とスポーツ投資との関連を分析しました。詳細な結果は示しませんが、幼児から高学年までのすべての年齢段階で、有意な関連が認められています。ただし、多くの項目において、学校外スポーツ費が高くなるほど必需品意識が高くなるというよりは、「ほとんど支出なし」とその他のグループとの間に際立った差が見られました。つまり、スポーツ投資を全くしていない親は、他の親に比べてスポーツ活動に対する必要性の認識が顕著に低いということができます。なお、スポーツにかかわるコト（「好きなスポーツをすること」や「友だちとスポーツをすること」）への必需意識は母親の学歴との関連が高く、学歴が高い母親が低い母親よりも有意に高いことを付け加えておきます。

表2-3-14　母親のスポーツ実施頻度と子どもへのスポーツ投資

幼　児	ほとんど支出なし		3000円未満		3000～5000円未満		5000～10000円未満		10000円以上		計
	n	%	n	%	n	%	n	%	n	%	
週1日以上	58	56.9	2	2.0	6	5.9	30	29.4	6	5.9	102
年1日～月3日	139	50.9	11	4.0	31	11.4	74	27.1	18	6.6	273
運動はしない	206	63.6	9	2.8	18	5.6	79	24.4	12	3.7	324

χ^2=15.761（p<.05）

低学年	ほとんど支出なし		3000円未満		3000～5000円未満		5000～10000円未満		10000円以上		計
	n	%	n	%	n	%	n	%	n	%	
週1日以上	58	28.9	20	10.0	22	10.9	60	29.9	41	20.4	201
年1日～月3日	136	28.7	39	8.2	62	13.1	170	35.9	67	14.1	474
運動はしない	208	39.1	36	6.8	47	8.8	166	31.2	75	14.1	532

χ^2=22.418（p<.01）

中学年	ほとんど支出なし		3000円未満		3000～5000円未満		5000～10000円未満		10000円以上		計
	n	%	n	%	n	%	n	%	n	%	
週1日以上	48	22.0	26	11.9	27	12.4	80	36.7	37	17.0	218
年1日～月3日	108	24.2	56	12.5	68	15.2	144	32.2	71	15.9	447
運動はしない	203	37.0	50	9.1	62	11.3	157	28.6	77	14.0	549

χ^2=29.220（p<.001）

高学年	ほとんど支出なし		3000円未満		3000～5000円未満		5000～10000円未満		10000円以上		計
	n	%	n	%	n	%	n	%	n	%	
週1日以上	46	20.7	31	14.0	39	17.6	63	28.4	43	19.4	222
年1日～月3日	99	25.8	73	19.0	64	16.7	99	25.8	49	12.8	384
運動はしない	244	43.3	75	13.3	77	13.7	119	21.1	49	8.7	564

χ^2=60.895（p<.001）

表2-3-15　子どもへのスポーツ期待と子どもへのスポーツ投資

	幼　児			低学年			中学年			高学年		
	度数	平均値	S.D.	度数	平均値	S.D.	度数	平均値	S.D.	度数	平均値	S.D.
ほとんど支出なし	406	4.29	0.51	406	4.09	0.59	367	4.02	0.58	397	4.01	0.64
3000円未満	22	4.35	0.44	98	4.43	0.41	134	4.38	0.44	184	4.32	0.50
3000～5000円未満	56	4.48	0.39	131	4.42	0.48	158	4.46	0.42	186	4.40	0.46
5000～10000円未満	183	4.45	0.46	396	4.32	0.49	388	4.32	0.49	289	4.29	0.48
10000円以上	37	4.36	0.43	183	4.46	0.46	186	4.47	0.43	141	4.44	0.44
計	704	4.35	0.49	1214	4.28	0.53	1233	4.28	0.53	1197	4.24	0.56
一要因分散分析	F=4.506 p<0.01			F=23.759 p<0.001			F=40.035 p<0.001			F=29.401 p<0.001		

次に、子どもへのスポーツ期待との関連に着目してみます。表2・3・15は、学校外スポーツ費の支出額別に子どものスポーツに対する期待の高さを比較したものです。なお、子どものスポーツ期待については、「子どもが体を動かす機会を増やしたい」「運動やスポーツを通して子どもが成長してほしい」「スポーツよりも勉強や別のことに取り組んでほしい（反転項目）」など5項目について、「とてもそう思う：5点」から「全くそう思わない：1点」までの5件法で回答を求め、これら5項目の平均得点を期待値としました。

比較分析の結果、幼児から高学年のいずれの年齢段階においても、「ほとんど支出なし」と回答した者（スポーツ投資なし）の方が、その他の回答をした者（スポーツ投資あり）よりも子どものスポーツへの期待が有意に低く、またその差は、中学年段階で最も大きくなっていました。

(8) スポーツにおける意欲格差の分析──体力格差の拡大可能性──

これまでの分析結果から、家庭の社会経済的条件や親の教育資本・文化資本そしてスポーツ資本の違いが子どもの運動・スポーツ習慣（機会の不平等）を通じて体力（結果の不平等）に顕著な格差をもたらしていることが明らかになりました。ここでさらに分析を深めたいと考えるのは、そうした格差が、子どもたちの成長とともにさらに拡大していくのではないか、すなわち「格差拡大の可能性」という視点です。

そこで、スポーツ投資の有無（学校外でのスポーツ機会に参加している子ども：地域スポーツクラブ加入者と参加していない子：非加入者）及び体力と①スポーツ活動への意欲、②体育学習レリバンス、③運動部活動への加入意欲との関連性を分析することにしました。

クラブ加入・非加入と運動・スポーツ活動への意欲

表2-3-16は、学校外スポーツクラブへの加入・非加入（中学生については小学校時代の加入・非加入）とスポーツへの意欲（6項目）との関連を示したものです。小学校高学年及び中学生ともに、スポーツ意欲を測定した六つの項目すべてにおいて、学校外スポーツクラブ加入者の方が非加入者よりも強い肯定的回答（「とてもそう思う」）の割合が高く、否定的回答（「そう思わない」「あまりそう思わない」）が有意に少なくなっています。また、その差は小学生よりも中学生の方が大きいこと、そしてとりわけ「うまくなるためにがんばって練習したい」「休み時間には運動やスポーツをしたい」といった自発的な取り組みへの意欲に差が顕著に表れていることなどが明らかとなりました。

表2-3-16　学校外スポーツクラブへの加入・非加入とスポーツへの意欲

小学校高学年			そう思わない	あまりそう思わない	まあそう思う	とてもそう思う	χ^2値
1	運動やスポーツがもっとうまくなりたい	加入 非加入	0.9% 4.2%	5.3% 11.3%	20.6% 33.4%	73.2% 51.1%	69.880 p<0.001
2	運動やスポーツがうまくなるためにがんばって練習したい	加入 非加入	2.0% 4.5%	10.2% 21.4%	30.3% 37.6%	57.5% 36.6%	64.128 p<0.001
3	運動やスポーツで失敗しても、練習すればできるようになる自信がある	加入 非加入	3.0% 6.3%	11.1% 21.7%	36.1% 41.1%	49.8% 30.9%	58.185 p<0.001
4	休み時間には運動やスポーツをしたい	加入 非加入	5.6% 10.5%	11.6% 22.3%	29.2% 34.8%	53.6% 32.3%	65.772 p<0.001
5	運動やスポーツをして体力を高めたい	加入 非加入	3.0% 6.2%	7.2% 17.8%	24.5% 34.2%	65.4% 41.8%	76.915 p<0.001
6	いろんなスポーツにチャレンジしたい	加入 非加入	4.6% 7.7%	11.8% 21.1%	31.8% 33.8%	51.8% 37.4%	35.857 p<0.001
中学生			そう思わない	あまりそう思わない	まあそう思う	とてもそう思う	χ^2値
1	運動やスポーツがもっとうまくなりたい	加入 非加入	2.0% 4.9%	6.7% 12.9%	22.2% 32.3%	69.1% 49.9%	73.855 p<0.001
2	運動やスポーツがうまくなるためにがんばって練習したい	加入 非加入	2.5% 7.3%	11.7% 26.2%	34.0% 36.1%	51.8% 30.4%	124.643 p<0.001
3	運動やスポーツで失敗しても、練習すればできるようになる自信がある	加入 非加入	3.8% 8.5%	15.8% 25.2%	38.4% 38.9%	42.0% 27.4%	62.779 p<0.001
4	休み時間には運動やスポーツをしたい	加入 非加入	9.5% 20.5%	25.8% 36.2%	28.0% 25.6%	36.8% 17.7%	110.166 p<0.001
5	運動やスポーツをして体力を高めたい	加入 非加入	3.9% 8.5%	11.2% 21.9%	31.2% 36.4%	53.7% 33.2%	93.273 p<0.001
6	いろんなスポーツにチャレンジしたい	加入 非加入	7.5% 13.4%	18.9% 27.4%	31.9% 31.8%	41.7% 27.4%	54.645 p<0.001

体力とスポーツへの意欲

図2‐3‐14は、体力総合評価の5段階別にスポーツ意欲測定項目（「とてもそう思う：4点」から「そう思わない：1点」までの4件法）の平均値を比較したものです。

小学校高学年及び中学生ともに、体力の高い者から順にスポーツへの意欲得点も高いことがわかります。また、高学年と中学生の結果を比較すると体力の高い段階の子どもについては、スポーツ意欲得点の高さにさほど大きな違いは見られませんが、体力の低い者とりわけE段階の生徒の意欲得点が中学生では著しく低くなっていることが明らかです。例えば、項目「スポーツがもっとうまくなりたい」に対する回答について、高学年の場合、E段階児童でも3・24と肯定的な反応であるのに対し、中学生では2・71と否定的な反応を示しています。

以上の結果から、学校外スポーツ機会への参加をめぐる不平等（機会格差）と体力格差は、スポーツへの意欲格差（インセンティブ・ディバイド）をも産み出しているものと推察されます。なお、意欲格差については、後ほど改めて説明を加えたいと思います。

体育学習レリバンス

次に、スポーツ機会の格差及び体力格差と体育学習レリバンスとの関連性について検討してみます。

学習レリバンスとは、学習や学力に対する子どもの側からの主観的意味付与、つまり子どもにとって

◆高学年

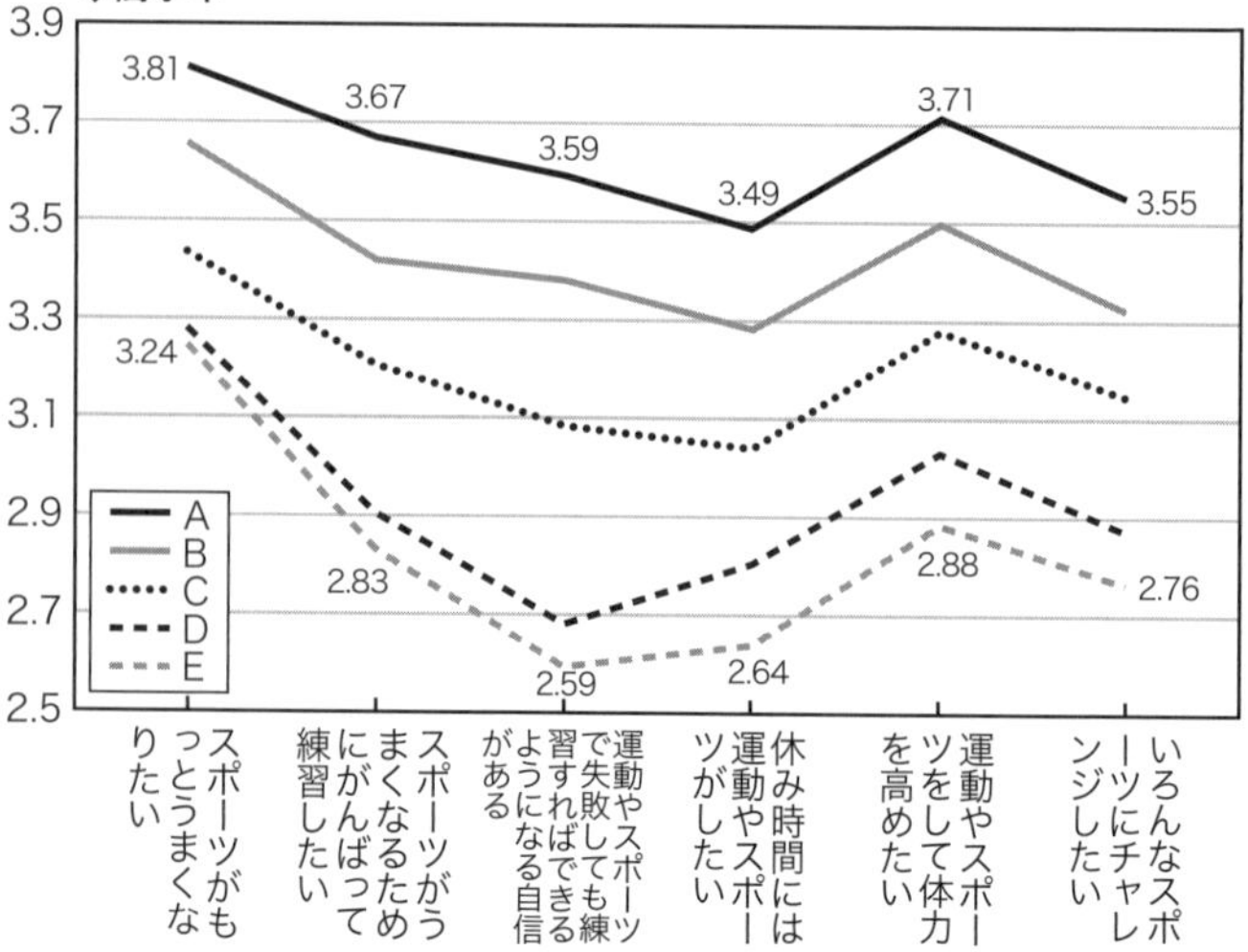

◆中学生

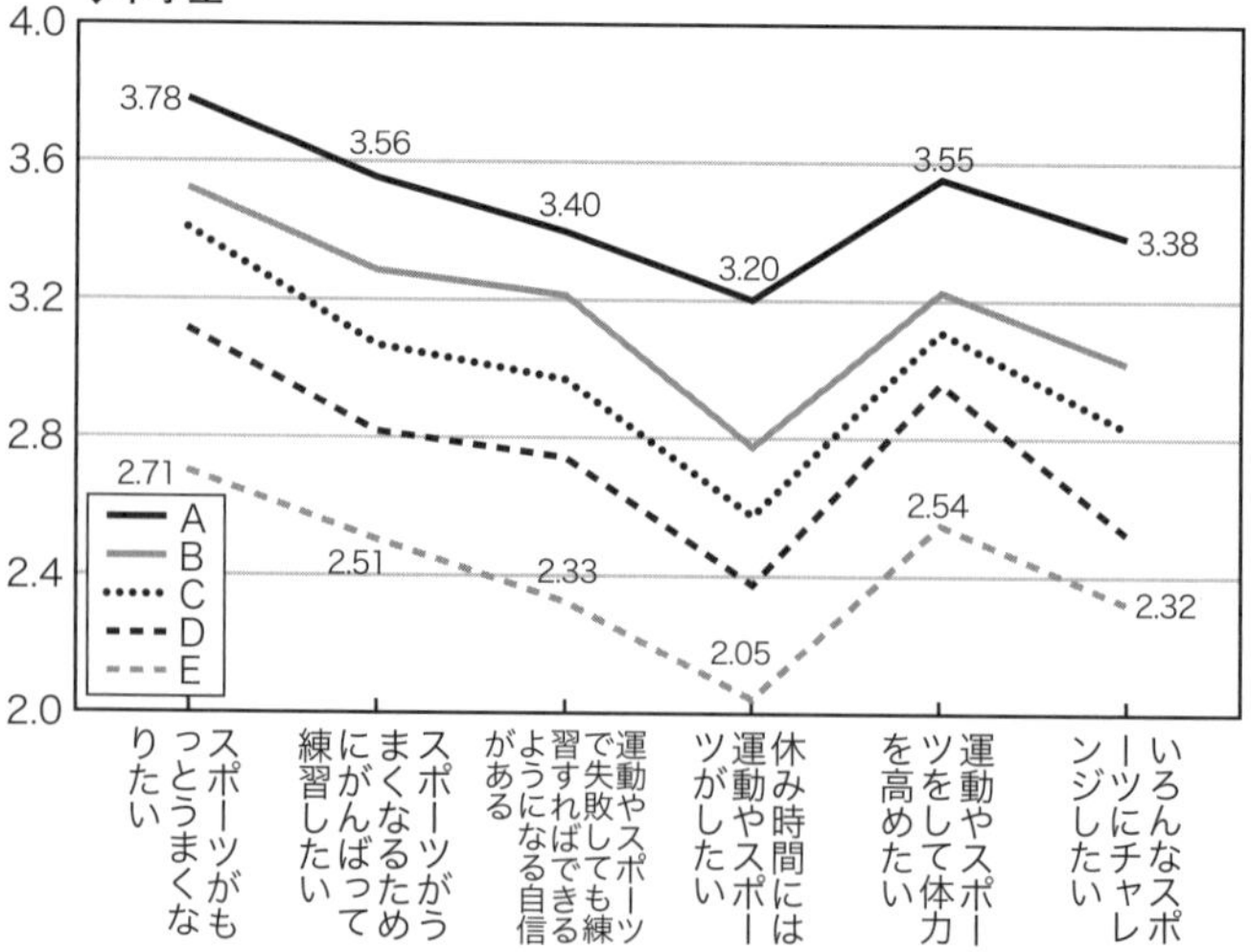

図2-3-14　体力総合評価の段階別に見たスポーツ意欲得点

の学習の「意味や意義」と定義されています（本田、２００４）。この学習レリバンスは、子どもの現時点での教育達成（学力）の強力な規定要因であることに加えて、将来にわたる長期的な学習行動をも規定するということから生涯学習の観点からも近年非常に注目されている概念です。

今回の調査では、本田に依拠して体育学習（体育授業）レリバンスを「現在レリバンス」と「将来レリバンス」という二つの側面から測定しました。現在レリバンスとは、体育学習（授業）に対するレリバンスであり、学習そのものの「面白さや意義」を指します。具体的には、「体育の授業は好きだ」「体育の授業は大切だ」の二つの質問項目を採用しました。また、「将来レリバンス」とは、今学んでいることが将来何かに「役立つ」といった感覚を意味しているとされているため、「体育の授業は将来役に立つ」という質問項目を指標としました。測定は、いずれも「とてもそう思う：4点」から「そう思わない：1点」までの4件法を用いました。

図2-3-15は、小学校高学年のデータを用いて学校外スポーツクラブへの加入・非加入別に、学習レリバンス項目の得点を比較したものです。現在レリバンス及び将来レリバンスを測定した3項目ともに、学校外スポーツクラブ加入者の方が非加入者よりも有意に得点が高く、特に女子においてその差は顕著でした（中学生の場合においても、3項目すべてにおいて有意な差が認められました）。

次に、図2-3-16は、同じく高学年児童のデータを用いて体力の総合評価の5段階別に体育学習レリバンス得点を比較したものです。男女ともに、また「現在レリバンス」「将来レリバンス」のいずれにおいても、0・1％水準で有意な差が認められました。

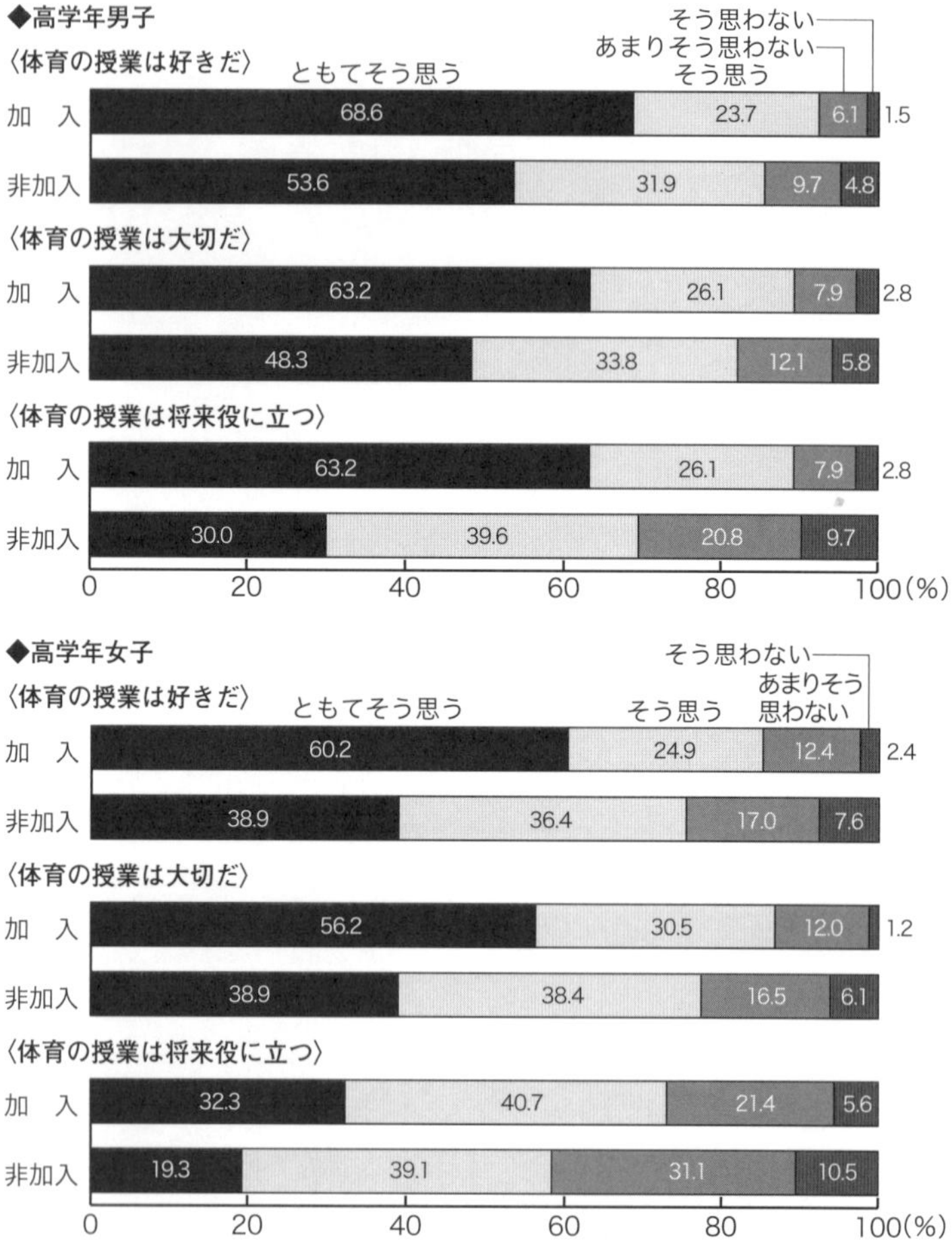

図2-3-15　学校外スポーツクラブの加入・非加入別に見た体育学習レリバンス

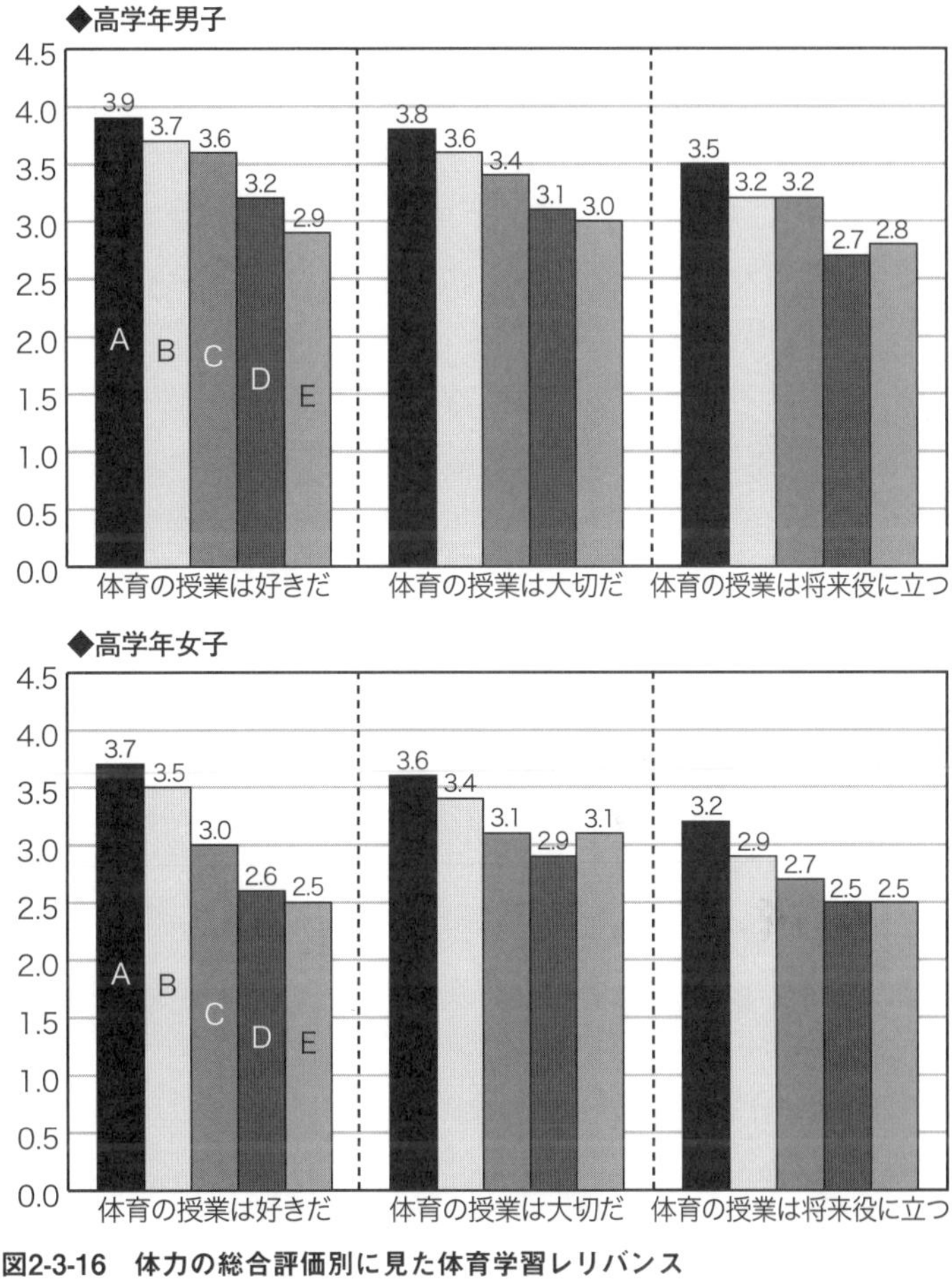

図2-3-16　体力の総合評価別に見た体育学習レリバンス

以上のことから、スポーツ機会への参加の有無及び現在の体力・運動能力の高さが、子どもたちの体育学習レリバンス、すなわち「体育を学ぶ意義や意味」と密接に関連していることが明らかとなりました。

中学校入学後の運動部活動への加入意向

小学校高学年の児童に焦点を当て、中学校入学後の運動部への加入意向と現在の学校外クラブ加入・非加入との関連を分析したところ、予想通り、性別にかかわらず、学校外スポーツクラブに加入している者は非加入の者に比べて加入希望（「とても入りたい」「まあ入りたい」と回答した者）の割合が顕著に高くなっていました。このことから、高学年段階における学校外スポーツ機会へのアクセスがそれ以降のスポーツ機会へのアクセスを強く規定していると考えられます。しかしながら、現在学校外スポーツクラブに加入していない児童であっても、男子で約6割、女子で約5割の者は、運動部活動に参加することを希望していたことから、必ずしも小学校時代でのスポーツ機会のアクセスが中学校以降のスポーツ参加の絶対的な必須条件ではないこともまた明らかです。

次に、体力と運動部加入意向との関連について検討するため、運動部への加入意向を体力の高位群（体力の総合評価AとB段階の者）と低位群（同じくDとE段階）の2群間で比較分析しました。その結果図2-3-17に示すように、性別にかかわらず体力高位群は低位群よりも運動部活動に加入するポジティブな意向をもっている者の割合が高くなっていました。すなわち、低体力の児童は、高体

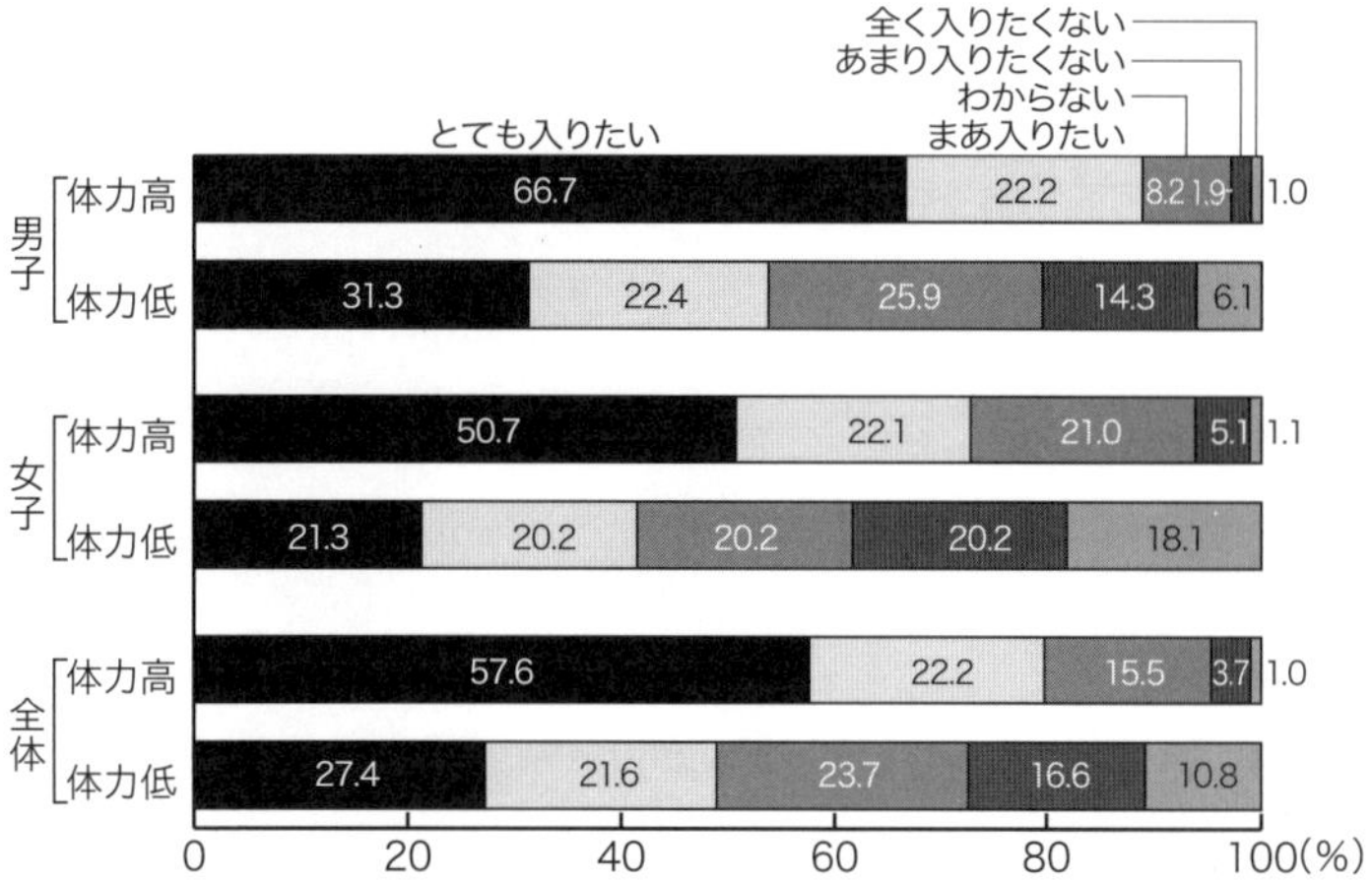

男子 χ^2=76.617(p<0.001)、女子 χ^2=43.640(p<0.001)、全体 χ^2=105.612(p<0.001)

図2-3-17　現在の体力と中学校運動部への加入希望

力の児童に比べて運動部への加入希望者の割合が低いということになります。しかし、低体力児童であっても男子で5割、女子では4割を超える者が運動部に入りたいと回答していました。

そこで次に、体力の高低によって加入してみたい運動部像（運動部タイプ）がどのように異なるのか、特に低体力の児童はどんな運動部であれば入りたいと思っているのかを検討したものが図2－3－18です。ここでは、全般的に運動部加入希望者の割合が低い高学年女子の結果を掲載しました。なお、図中の得点は、各項目の回答を「とても入りたい：5点」「入りたい：4点」「どちらともいえない：3点」「あまり入りたくない：2点」「入りたくない：1点」と得点化した際の平均値を表しています。従って、得点が高くなるほど入部希望が高いことになります。

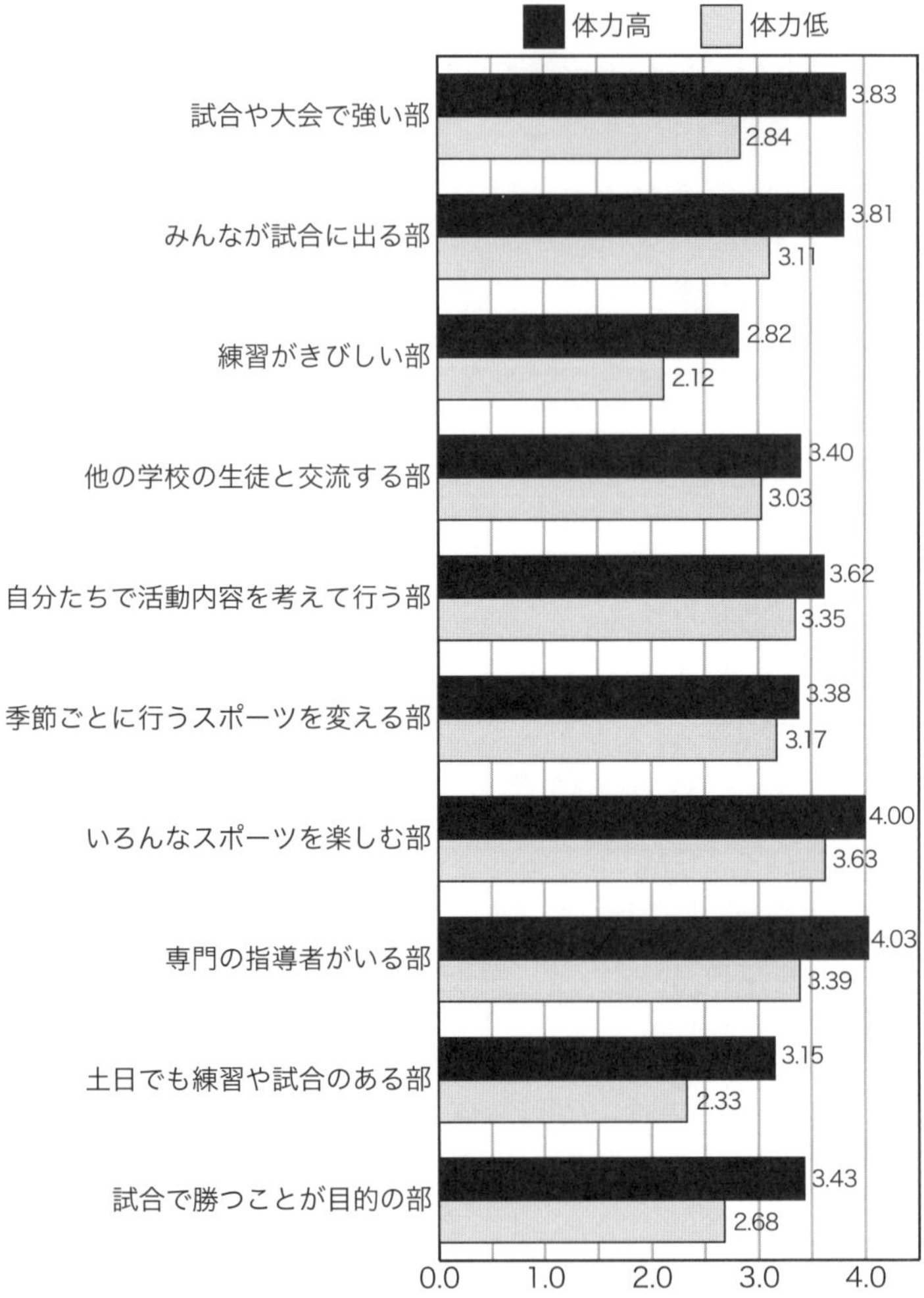

図2-3-18　体力の高低別に見た希望する運動部像（女子）

まず明らかなことは、体力高位群の児童の方が低位群の児童よりも、競技的な性格の強い勝利志向の運動部（「試合で勝つことが目的の部」「土日も練習や試合のある部」「練習が厳しい部」「試合や大会で強い部」）への入部希望が有意に高くなっていることです。次に、「いろんなスポーツを楽しむ部」「季節ごとに行うスポーツを変える部」「自分たちで活動の内容を考えて行う部」の3タイプについては、体力の高低によって有意な差は認められませんでした。特に、「いろんなスポーツを楽しむ部」については、体力低位群であっても平均値3・63と高いこと、逆に「練習が厳しい部」2・12、「土日でも練習や試合のある部」については2・33と強い拒否反応があることがわかります。

以上の分析結果から、体力の低い高学年の児童は中学校入学後、運動部活動に入部する意向を示す者の割合は体力の高い児童に比べれば低いものの、設置される運動部のタイプによっては入部が促される可能性も少なくはありません。1997年の保健体育審議会答申「生涯にわたる心身の健康の保持増進のための今後の健康に関する教育及びスポーツの振興の在り方について」において、学校運動部の活動形態及び内容の改善事項が初めて国から要求され、その中で、「生徒の主体性を尊重した運営」や「シーズン制、複数種目制など、児童生徒の多様なニーズ・志向に対応した活動内容の多様化」を図ることが具体的に提案されました。その後も、「スポーツ振興基本計画」（2000）、「スポーツ基本計画」（2012、2017）そして「運動部活動での指導のガイドライン」（2013）、「運動部活動の在り方に関する総合的なガイドライン」（2018）によって、同様の趣旨の運動部改革が求められてきています。本研究の結果からも、運動部活動における子どもの主体性の尊重と多様性の保障こそが、運動・スポーツ習慣及び体力・運動能力の格差（二極化）是正策として極めて有効だといえるでしょう。

(9) スポーツ資本の世代間継承

最後に、いくつかのスポーツ関連要因について両親と子どもの関連性（類似性）を分析することで、スポーツ資本（スポーツにかかわる知識・能力・意欲など）が世代を超えて継承されているかどうかを検証することにします。

図2-3-19は、両親のスポーツに対する得意・不得意意識と高学年児童の得意・不得意意識の関連及び両親の現在のスポーツ実施頻度と高学年児童の実施頻度との関連を示したものです。いずれの分析結果においても有意な関連が認められました。すなわち、両親のスポーツ資本（スポーツの得意さ）は子に継承されるだけでなく、親のスポーツ習慣が子どものスポーツ習慣に明確に相関していることが明らかとなりました。また、子どもに引き継がれる可能性の高い親のスポーツ習慣は、図2-3-20が示すように、現在の家庭の世帯収入と関連しています。

これらのことから、家庭の社会経済的条件は、子どもへのスポーツ投資を介して子どもの運動・スポーツ習慣を規定するというルートだけでなく、両親の運動・スポーツ習慣を介して子どもの運動・スポーツ習慣に影響するという二重のルートでスポーツ格差を生んでいるのではないかと考えられます。

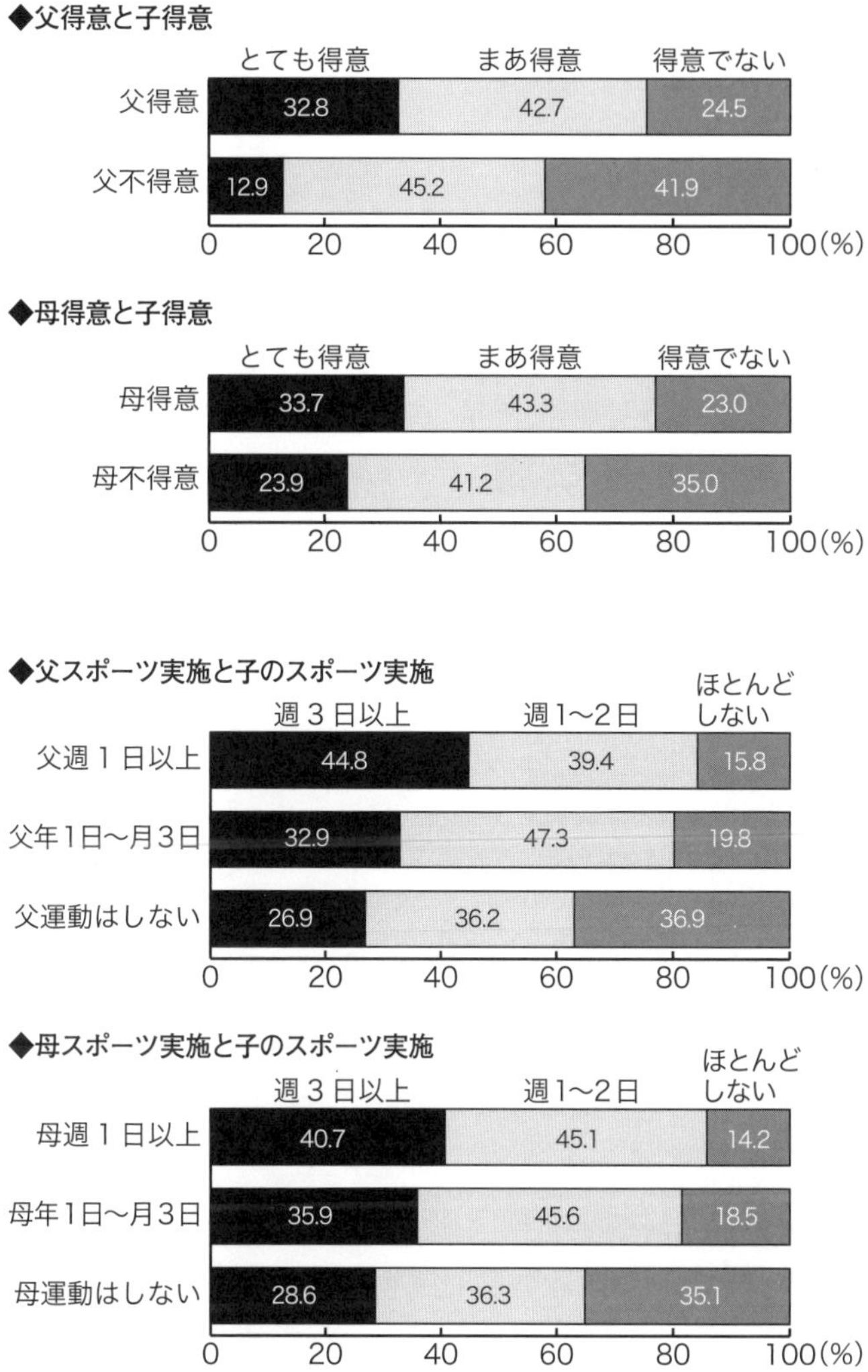

図2-3-19　スポーツ力とスポーツ習慣の世代間継承

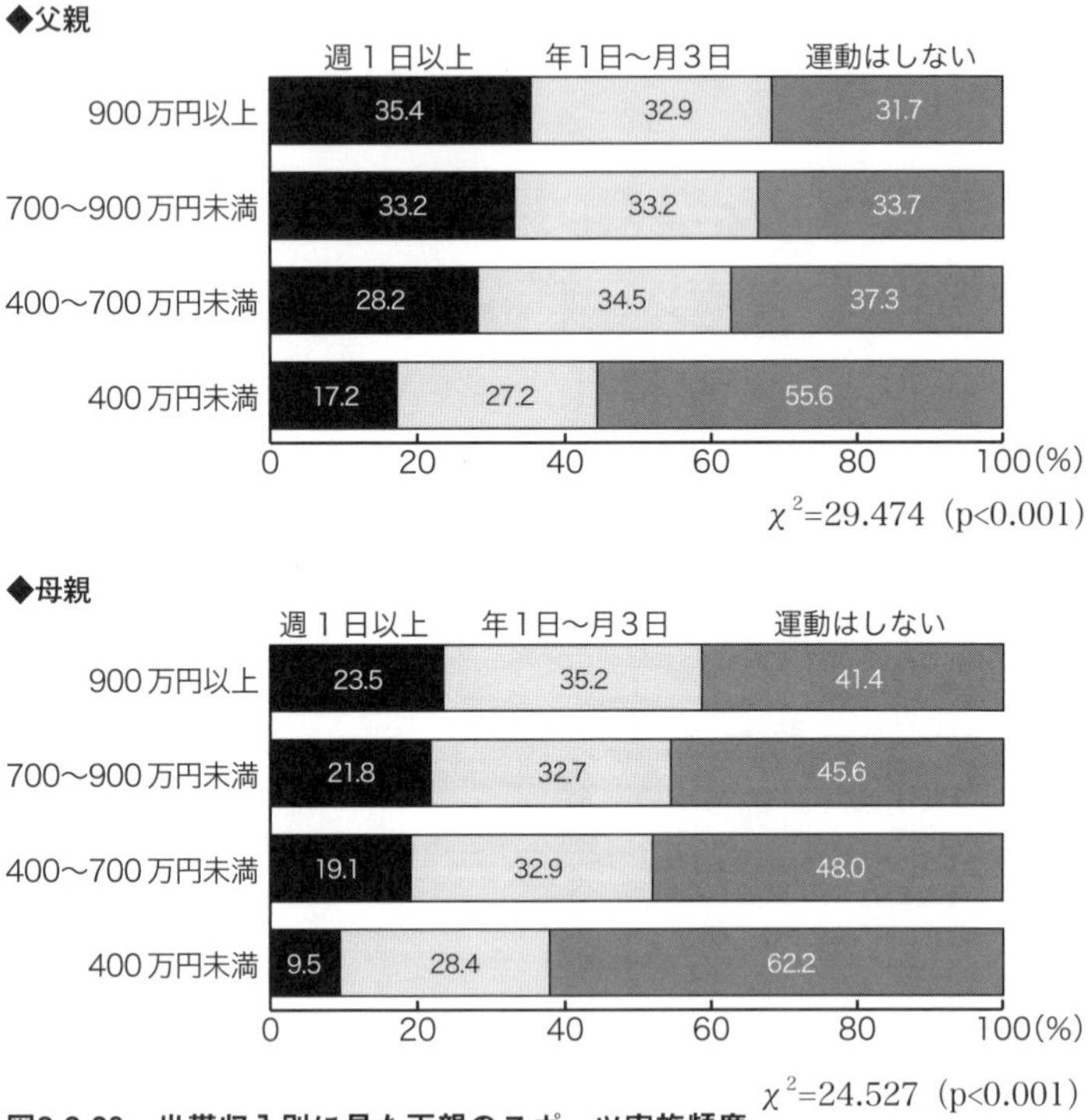

図2-3-20　世帯収入別に見た両親のスポーツ実施頻度

4. 分析結果のまとめ

本章では、1990年代以降わが国社会において深刻化している格差・不平等の拡大に伴って、子どもたちの運動遊びやスポーツ活動及び体力・運動能力にどのような影響が表れているのかを明らかにすべく、調査・分析を進めてきました。ここでは、前節までの分析結果の要点をまとめておくことにします。

(1)〈学力〉―〈体力〉―〈学校生活〉の関係

子どもが生まれ育つ家庭の社会・経済・文化的な環境によって、学業達成に差異が見られることは既に「定説」となっています。このことは多治見市の児童（高学年）及び生徒（中学生）においても例外ではなく、家庭の①世帯収入、②父母学歴、③父職業の社会階層要因によって学力の自己評定に有意な差が認められました。そして、子どもの「学力」は、図2-4-1に示すように本書が焦点を当てる「体力」とも関連していることがわかりました（学力が高い者は体力も高い、学力が低い者は体力も低いという傾向がある）。

次に、子どもにとってのスポーツ活動及び体力・運動能力の重要性を検討するため、保護者については生活必需品意識の観点から分析しました。その結果、保護者たちは「友だちと好きなスポーツを

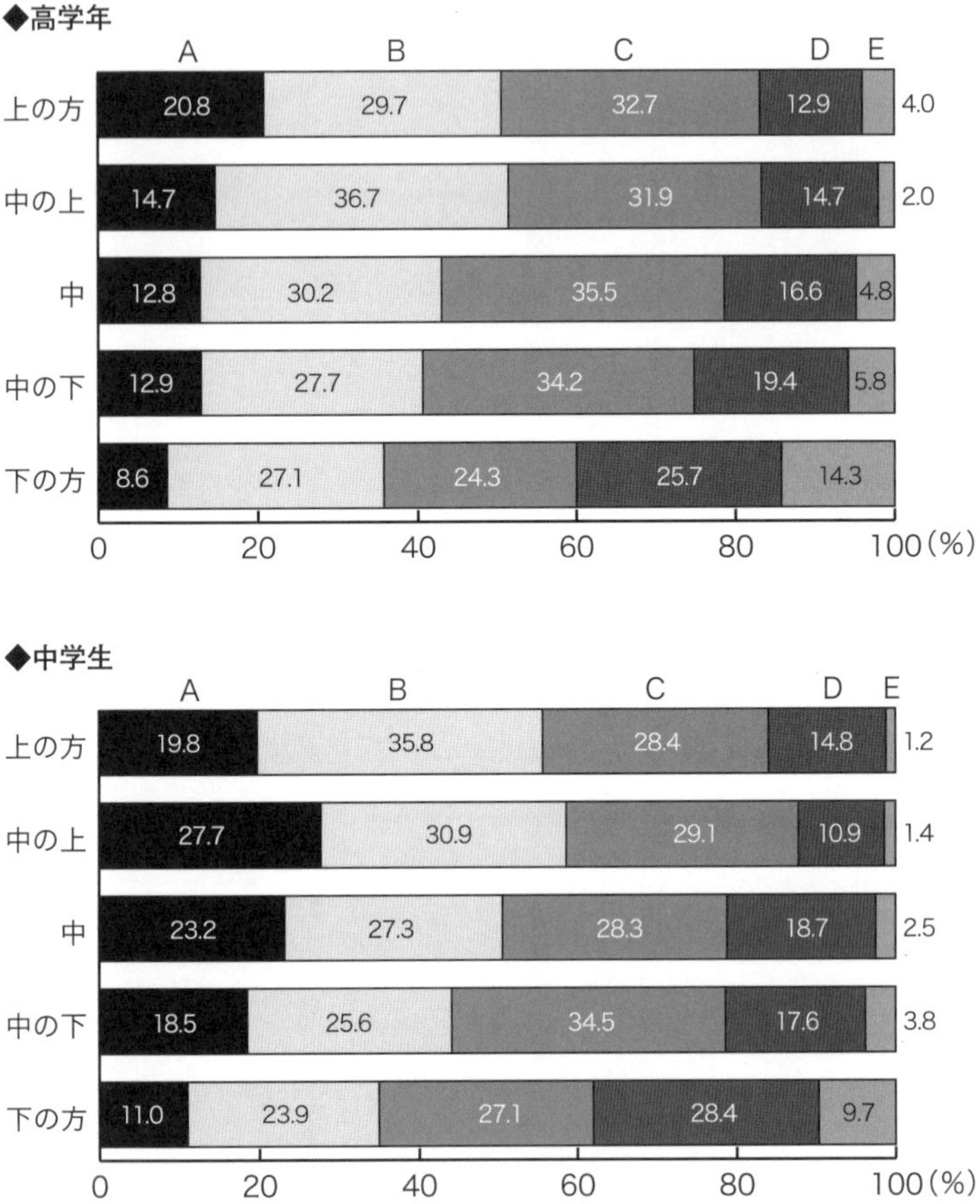

図2-4-1　学力（自己評価）と体力（総合評価段階）の関連

すること」を、病院に行くことと同程度（50％以上の者が「絶対に必要」「かなり必要」と回答）に生活必需的であるととらえており、また、児童生徒にとって「スポーツができること」はクラスの中で仲間から評価されるために重要な条件となっていました。また、体力・運動能力やスポーツへの態度（好嫌）と学校生活との関連性を検討したところ、スポーツが好きな子ども、体力の高い子どもほど学校生活満足が高く、孤独感が低くなっています。特に、体力低位の子どもの友人関係に「孤独・孤立」傾向（例えば、特に体力総合評価E段階の者は、休み時間に友だちと離れて一人で過ごすと回答する者の割合が高い）が認められることに注意する必要があるでしょう。

以上のことから、現代の子どもたちにとって好きなスポーツ活動に友だちとともに楽しく参加し、一定程度の体力・運動能力を身に付けることは、「子ども社会」から排除・疎外されずに学校生活に適応しながら満足感を得るために極めて重要な要件であると考えられます。

(2) スポーツ格差の検証とスポーツ版〝ペアレントクラシー〟

本研究の主要な研究課題の検討に入る前に、学校外でのスポーツ活動への参加と体力との関連性について分析しました。その結果、幼児の段階（保育園・幼稚園児）から既に学校外スポーツへの参加者は、非参加者よりも体力が有意に高くなっています。このことからスポーツ機会へのアクセスの有無が子どもたちの体力・運動能力と密接に関連していると考えられます。

さらに、スポーツ機会の格差分析（スポーツにおける機会の不平等）については、学校外スポーツクラブへの加入・非加入と家庭の社会経済的条件との関連を分析しました。その結果、世帯収入が多く両親の学歴の高い家庭の子どもほど学校外スポーツクラブへの加入率が高く、中学校部活動については、父親の学歴が高い生徒ほど運動部加入率が高くなっていました。

次に、家庭の経済資本、スポーツ投資、社会関係資本と子どもの体力との関連（体力格差分析）を検討した結果、①低所得者層（世帯収入４００万円未満）で体力が低いこと、②体力スコアはスポーツ非投資家庭（学校外スポーツ費がほとんど支出なし）かスポーツ投資家庭か否かで大きな格差が見られること（投資額の多さはさほど関連しない）、③スポーツ投資の有無による体力格差の拡大期は小学4年生頃であること、④親の社会関係資本は小学校低学年の時代から子どもの体力と関連が認められること、等が明らかとなりました。

これらのことから、子どもにとっては変えようのない所与の条件となる家庭背景によって運動・スポーツ習慣の格差（機会不平等）と体力・運動能力の格差（結果の不平等）がともに生じていることが今回の調査によって確認されました。また、とりわけ子どもへのスポーツ投資の有無がもたらす体力格差は、幼児期から見られるとともに、その格差は学年進行とともに積み重なって中学校期に至るまで著しく拡大していきます。これまで、子どもの体力問題への対応については多くの場合、小学校以上の学校体育が議論の中心でしたが、既に幼児期から格差が現れていることがわかったことで、就学前教育段階における運動・スポーツ習慣の形成がいかに大切であるかを改めて強調しておきたいと思います。子どものスポーツ格差や体力格差の是正・改善は、小学校に入ってからでは遅く、できるだけ幼少の時期に介入することが重要になると考えます。

次に、体力格差の原因となる学校外スポーツ投資と家庭（親）の諸条件との関連を分析することで、スポーツ投資の規定要因を検討した結果、①6割を超える多くの家庭でスポーツ投資が開始される低学年及び高学年において、「世帯収入」によるスポーツ投資の顕著な差が認められること、②両親の「学歴」についても低学年においてスポーツ投資の差が見られること、③「学校外教育費支出（教育投資）」が多く「教育アスピレーション（学歴期待）」が高い家庭・親の方が低い場合よりもスポーツ投資に積極的であること、④日頃スポーツ活動を行う習慣のある親であり、スポーツにかかわる必需品意識が高い親（子どもがスポーツをしたり見たりすることが必要だと考える親）であり、子どもへのスポーツ期待が高い親であるほどスポーツ投資に積極的であること、等が明らかとなりました。

以上のことから、子どものスポーツ機会格差（スポーツ投資の差）は、家庭の保有する経済資本だけでなく教育資本や社会関係資本、そしてスポーツ資本の影響を受けているものと推察されます。そしてこのことは、スポーツ分野においても「ペアレントクラシー」が浸透してきていることをうかがわせるものです。

第1章で取り上げたようにペアレントクラシー社会とは、教育における規制緩和（教育の自由化）とその結末としての学校外教育費の増大によって、子どもの教育達成や学力形成に対して家庭の経済的・文化的環境と親の教育期待や教育意識が決定的な影響力をもつようになる社会、つまり親頼みの社会です。このようにペアレントクラシーでは、平等な競争という前提が保障されないがために機会と結果に不平等（教育機会と教育成果の階層的不平等）が生じてしまうという何とも不正義な社会です。より批判的にいうならば、近代から始まった自由と平等を理念とした社会の発展過程が、現代に入って再び階層・階級つまり身分や家柄によって人生が決まってしまうという中世以前の社会に逆戻りしているといってもよいのではないかとさえ思われます。

今回の研究の結果を総括すると、子どもの体力二極化問題も、スポーツ版ペアレントクラシーの帰結なのではないかと考えられます。つまり、子どもが発達・成長の過程で獲得する体力・運動能力は、家庭の「富」と親の「願望や期待」によって強く規定されているということなのであり、富も願望や期待もない親の下で育つ子どもたちに「家で楽しく体を動かして遊びましょう」と勧めてみても、おそらく「馬耳東風」「ぬかに釘」なのではないかとさえ思われます。

(3) スポーツ格差の加齢に伴う拡大可能性—スポーツ版インセンティブ・ディバイド（意欲格差）—

前述の通り、子どもへのスポーツ投資の有無による体力格差は、学年が進むにつれて拡大していました。ただし、本書で紹介したのは体力の時系列的な変化やその規定要因を検証可能なパネルデータではなく一時点の横断的データに基づく分析ですから、子どもへのスポーツ投資の有無や多寡が生み出す体力・運動能力格差が加齢とともに拡大するかどうかを考察・判断するには限界があります。しかし、子どもの現在の体力とスポーツにかかわる心理的変数との関連性を分析することにより、格差拡大の可能性を推測することは可能です。

そこで、「スポーツへの意欲」「体育学習レリバンス」「運動部活動への加入意向」という三つの心理変数と体力・運動能力との関連性を分析・検討しました。その結果、体力の低い子ども（体力総合評価D、E段階）は、高体力の子ども（A、B段階）より、スポーツ意欲（「スポーツがもっとうまくなりたい」「いろんなスポーツにチャレンジしたい」など）とレリバンス（体育の授業は好きだ、大切だ、役に立つという意識）がいずれも有意に低く、中学校入学後に運動部活動に加入したくないという者の割合が多くなっていました。すなわち、体力格差という結果の不平等は、それを獲得するための能動的な心理的状態ともいうべき子どもの運動・スポーツへの意欲や努力と双方向的に影響し合っていると考えられます。このことから、幼少期に現出する家庭の社会経済的条件による体力・運動能力の格差は、運動やスポーツへの意欲を媒介にして、さらなる格差・二極化の拡大を引き起こすのではないかと考えられます。

21世紀初頭に教育社会学者の苅谷は著書『階層化日本と教育危機―不平等再生産から意欲格差社会へ―』（2001）において、わが国で進行する教育危機を「インセンティブ・ディバイド」という概念を用いて警鐘を鳴らしました。インセンティブ・ディバイドとは日本語で「意欲・努力格差」と翻訳され、学習意欲や興味・関心、そして学習への努力に社会階層による格差が現れる現象を指します。現代日本の格差社会化は、学力や教育達成の格差（結果の不平等）だけでなく、意欲をもつ者ともたざる者、努力を続ける者と避ける者、自ら学ぼうとする者と学びから降りる者との二極分化の進行に寄与しているといいます。古くから勉強でもスポーツでもまじめにコツコツと頑張る「刻苦勉励」

を善とするわが国では従来、学力が低くて勉強ができない子は、「やる気がないから」とか「努力が足りないからだ」、だから「仕方がない」と受け止められることが常であったように思います。しかし、現代社会では、努力ややる気さえも子どもたちの家庭背景によって格差ができてしまっているのです。そして本書の分析結果は、学力や学習面にとどまらず、運動やスポーツの領域においてもインセンティブ・ディバイドが確実に進行していることを検証したものといえるでしょう。

(4) 誰の体力が低いのか？―低体力者の特徴―

第1章で述べたように、今、最も憂慮すべき深刻な子どもの体力問題は、「体力の二極化が進み、特に体力の低い子どもが増えたこと」であり、従って、本書最大の関心事は、「体力の低い子どもとは誰なのか？」というシンプルな問いへの明確な答えを見出すことであったともいえます。そこでここでは、高体力群（総合評価A、B段階）と低体力群（同D、E段階）の比較分析により、今回の調査データからわかった低体力児の家庭環境の特徴を以下に要約しておきます（なお、ここには本書で紹介しきれていない分析結果からわかったことも含まれます）。

①世帯収入・学校外教育投資・学校外スポーツ投資が少なく、小学校期の学校外スポーツクラブ加入率も著しく低い。また、親の社会関係資本（学校行事等への参加、子どもについて相談できる人の数）も貧しい。

②子への学歴期待が低く、毎日朝ご飯を食べさせていない家庭が多く、学校の出来事について子どもと話をすることが少ない。

③子どものスポーツへの期待が低く（子どもにとって運動は必要ではない、スポーツを通して成長してほしいとは思わない、子どものスポーツ活動には関心がない、スポーツより勉強など他のことをしてほしい）、スポーツサービスの選択基準として「費用が安いこと」「親の負担が少ないこと」を挙げる割合が高く、子どもとスポーツをしたり見たり話したりすることが少なく、親自身もスポーツが苦手でスポーツをすることも見ることも好きではなく、現在、スポーツをしていない者が多い。

以上の特徴から明らかなように、運動・スポーツ活動の習慣に乏しくそのために体力・運動能力の低い子どもたちは、様々な特性をもった家庭に分散しているのではなく、社会経済的条件とこれに起因する教育資本やスポーツ資本に恵まれない家庭に集中していると考えられます。また、そうであるならば、子どもをめぐるスポーツ格差や体力格差は、世代を超えて継承されていく危険性を大いに孕んでいます。子どもを対象としたスポーツの普及方策や体力つくり施策を議論する際には、このことを是非とも念頭に入れておくことが肝要だと考えます。

〈章末注釈〉

本章で紹介した各種分析結果は、以下の調査方法で実施された方法により収集されたデータを用いました。また、調査の企画・実施に伴って次のような研究倫理上の配慮を行いました。

まず、研究の実施に当たっては、筑波大学体育系研究倫理委員会において研究計画の承認を得ました。また、今回実施した質問紙調査は、世帯の収入や保護者の学歴など極めてプライベートな領域に立ち入った個人情報を問う内容を含んでいることから、調査対象校・調査対象者の選定において丁寧なプロセスを踏むことが不可欠でした。そこでまず、多治見市の教育機関を管轄する組織の長である教育長・副教育長と直接面会し、研究依頼文書及び研究計画書に基づき、研究の目的、方法、成果及び危険性とその対処法について口頭で説明して内諾を得ました。

また、本研究への参加は自由意思によるものであり、研究に参加または協力しなくても不利益を受けないことを確認した上で、多治見市教育機関所属の調査研究対象者に対して研究参加の依頼をすることに対する内諾を得ました。次に、各教育機関の長の承諾を得るため、校長会及び園長会の場において、調査グループのメンバーによる文書及び口頭の説明を行い承諾を得るとともに、アンケート調査票の配布と回収方法についても説明しました。

アンケート調査の配布及び回収方法は次の通りです。まず、人数分のアンケート用紙一式を封筒に入れて各教育機関宛に郵送しました。次に、各教育機関の担当者は、各クラス担任を通じて子ども（園児・児童・生徒）に配布します。調査票を受けとった子どもは、封筒に入ったアンケート調査用紙を保護者に渡し、保護者が回答します（小学5年生以上は、児童・生徒用のアンケート調査用紙と保護者用のアンケート調査用紙の2種類を封筒に入れているので、児童・生徒もアンケートに回答します）。回答期間は、2週間としました。なお、保護者用アンケー調査の冒頭で、データ提供の同意確認をするための欄を設けました。

回答後、子どもは厳封したアンケート調査用紙を各教育機関の各教室に設置した所定の回収ボックスに投函します。その後、各学校で各クラスのアンケート調査用紙の入った封筒を集め、一括して研究代表者へ郵送してもらいました。アンケート調査の調査実施期間は、2018年2～3月でした。

体格・体力・運動能力のデータ（小・中学校）については、アンケート調査と同様に、データの活用方法・保管方法等の説明をした後データの提供を依頼し、多治見市教育長の承諾を得て取得しました。

コラム2　保護者の運動嗜好性と子どもの運動機会

保護者世代の変化と子どもの体力

わが国の子どもの体力は第二次ベビーブーム世代をピークに長期的な低下傾向にあります。スポーツ庁の全国体力・運動能力、運動習慣等調査（スポーツ庁、2019）では、近年、若干の回復傾向が示されているものの、ピーク時にはまだまだ及ばないことが示されています。ここで、子どもの体力・運動能力がピークであった世代を考えてみると、現在の年齢は45〜48歳ぐらいになります。さらに人口動態統計の平均出産年齢などを加味すると、この世代を母親にもつ子どもは、現在、15〜18歳ぐらいになっていると考えることができます。つまり、近年、体力低下が問題視されている児童期世代の子どもの保護者は、すでに体力・運動能力が低下傾向を示し始めた世代になっていると考えられます。今後はより一層、身体活動の低下や苦手意識の増加、運動離れといった傾向が顕著になった世代が保護者となっていくため、運動への意識も低下し、問題もより一層深刻になることが危惧されます。

例えば、長野ら（2018）の研究では、保護者の運動への嗜好性や運動習慣及び運動意識の低下は、子どもの体力の強力な関連要因であることを示しています（図1）。加えて、私立学校の方が公立学校に比べ、運動実施状況が有意に良好であることも示されています。この結果は、経済的な理由による環境の違いと保護者の運動嗜好性の違いの両面が合わさると、より顕著に子どもの運動やスポーツ機会に差を生じさせ、結果として体力・運動能力にも大きな格差が発生することを示唆していると思います。

子どもは本来、運動好き

ここまで示したように、保護者の運動嗜好性が子どもの体力・運動能力に関係することは間違いないと思

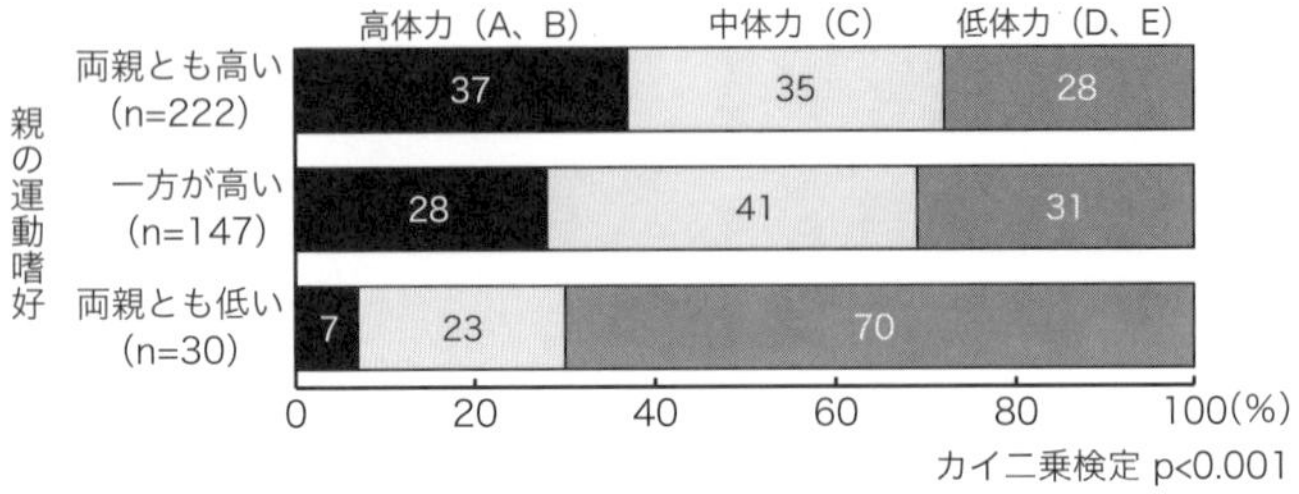

（長野・足立、2018）

図1　親の運動嗜好別に見た子どもの体力レベル

います。しかし、保護者の運動嗜好性と子どもの運動嗜好性は関係するでしょうか。中学生や高校生といった、ある程度の成長をした子どもにおいては、保護者の運動嗜好性と子どもの運動嗜好性は一定程度の相関関係を示すことが多いです。しかし、それは長年の環境や運動機会の影響ということも考えられます。つまり、児童期や幼児期などは少し状況が違うのではないでしょうか。筆者らが以前に6000名弱の児童に行った調査では体育授業が好きと回答した割合は学年が低いほど高く75%以上になることがわかりました(図2)。また、別の調査では運動が好きと答えた保護者の割合は半数程度であったことを考えると、小さい子どもにおいては、必ずしも子どもと保護者の運動嗜好性が関係しないと考えることができます。つまり、子どもの多くは本来、運動や体を動かすことが好きであるが、環境や経験などの後天的要素が徐々に影響して、気持ちが変化していくと推察することができます。言い換えれば、保護者の嗜好や経済的格差の影響は、

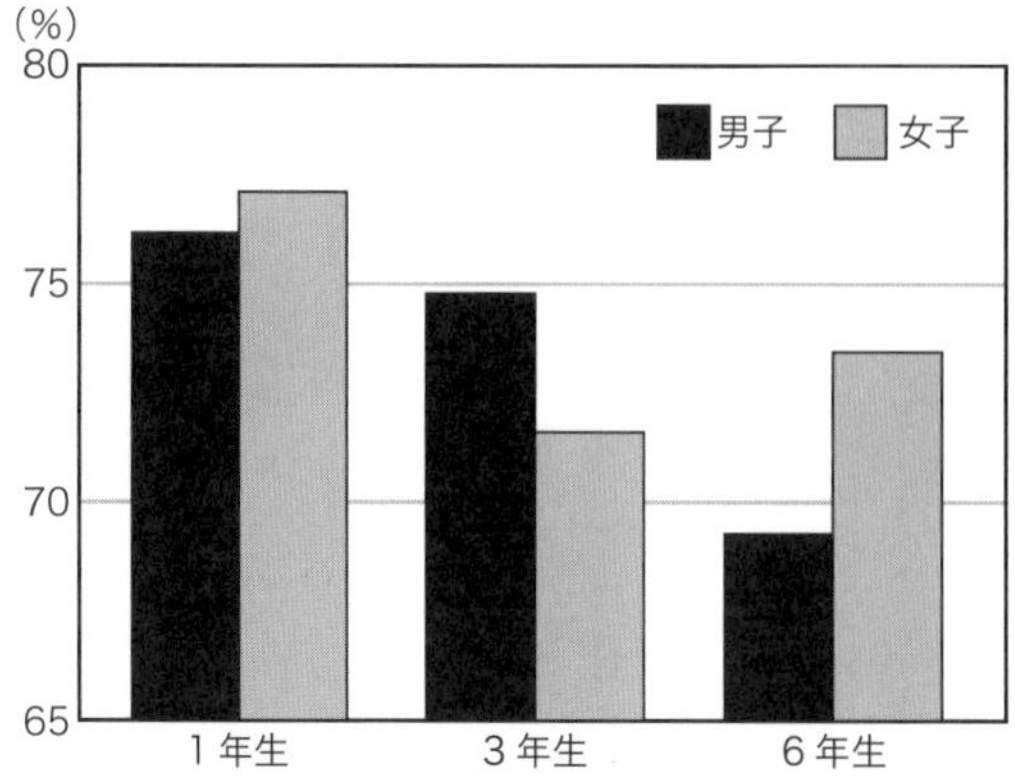

(中野、2016)

図2　体育授業が好きと回答する割合の変化

子どもの体力や運動嗜好には間接的に影響しているといえます。本来、子どもの運動やスポーツは多額のお金を投資して機会を獲得するような性質のものではありません。また、保護者が運動好きでなくても、機会さえあれば子どもは進んで楽しめる可能性が高いです。要は保護者の意識一つで子どもは運動を楽しめる可能性が高いですし、それによって、体力・運動能力の向上のみならず様々なことを学んでくれる可能性があることを忘れてはいけないと思います。

保護者の運動嗜好性と子どもの活動意欲

最後に、筆者らが敢えてあまり体力や運動能力が高くない低学年児童を集めて行った運動実践における結果を紹介します。実践は、様々な運動動作を経験することを目的に8回行いました。毎回の実践中の歩数を計測しました。ここで興味深い結果が得られています。図3は実践中の子どもの平均歩数の違いを保護者の運動嗜好性により比較した結果です。この結果を見ると、

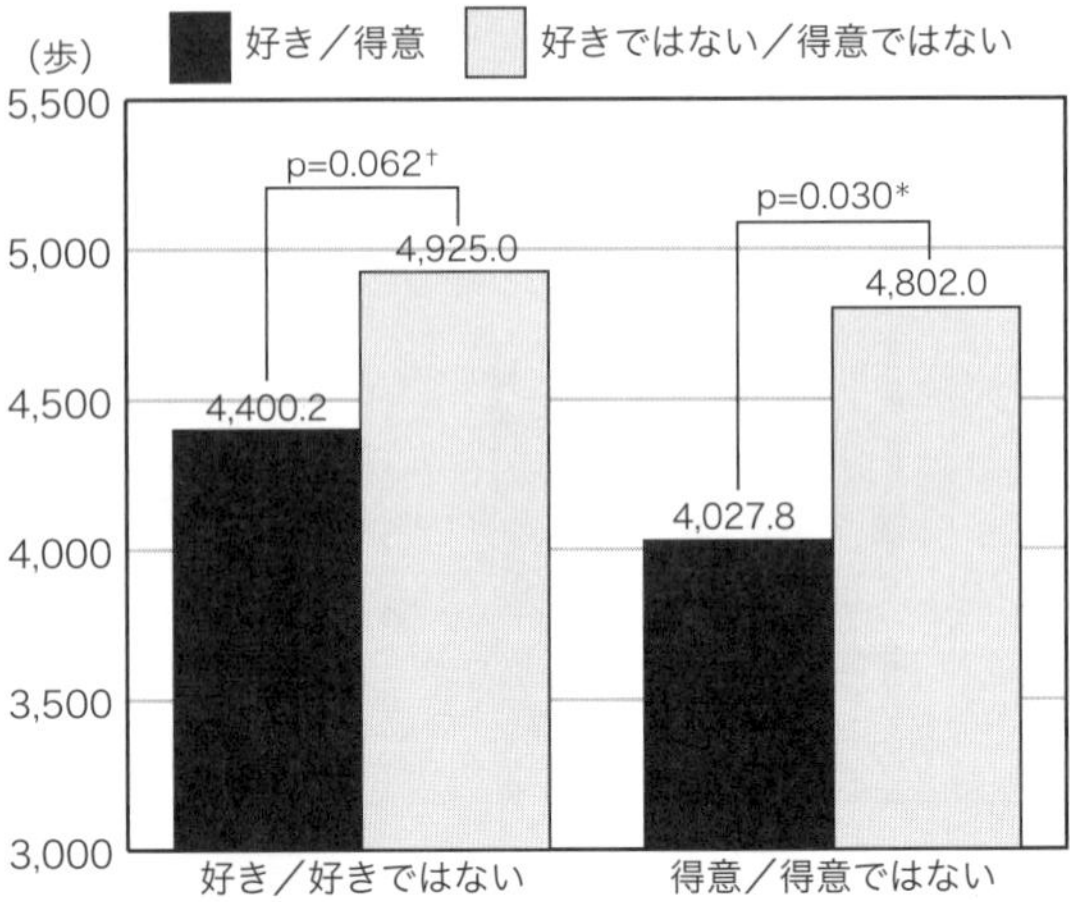

(中野ら、2019)

図3　保護者の運動嗜好性による子どもの運動実践中の平均歩数の違い

運動が好き／得意と回答した保護者の子どもよりも、運動が好きではない／得意ではないと回答した保護者の子どもの方が平均歩数が有意に多くなっています。一般的にこのような子どもは日常の運動機会が少なめであることが予想されます。しかしながら、この実践のように同一環境下で運動を行うと、より意欲的に活動することが確認されたといえます。つまり、保護者の運動嗜好とは関係なく、運動機会を提供しさえすれば、どんな子どもでも十分に運動を楽しみ、体力・運動能力も高められることが期待できるのです。事実、参加者の保護者の多くから、自分の子どもがこんなに楽しそうに意欲的に運動をしてくれるとは思っていなかったという声が聞かれました。いずれにしても、保護者が自分の運動嗜好性や得意苦手にかかわらず、少しでも多くの運動機会を子どもに与えることを意識してもらえれば、子どものスポーツライフは少し違ったものになることが期待できると思います。

（中野貴博）

第3章 解決策はあるのか
―スポーツ格差の是正・縮小に向けて―

前章では、子どもたちが日々生活する家庭環境、とりわけその社会経済的条件（親の所得・学歴・職業）によって運動・スポーツ機会への参加状況や育成される体力・運動能力の水準に有意な「格差」があること、つまり、子どもたちの体力・運動能力やスポーツにかかわる差異はもはや「不平等」ともいうべき許容できないレベルにあることが確認されました。

しかし、スポーツ格差に関する実証的研究は未だ国内外ともに緒についたばかりです。そのためこれから解明すべき課題は山積しています。まずは、子どものスポーツ格差が生成するプロセスやメカニズム（どのようにして家庭の社会経済的条件が子どものスポーツ格差を生み出していくのか）をより詳しく究明すること、そして、そうした学術的な手続きを経て確認されたエビデンスに基づいて、格差をできるだけ最小限にかつ人生の早期に縮小させるための手立てを考案していくことが何よりも重要でしょう。

そうした学術研究が展開され得るためには、まずもって保護者や児童生徒に対する全国的な調査データと国の全国体力・運動能力、運動習慣等調査（小学5年生と中学2年生）や体力・運動能力調査（小学生~高校生までの男女全員）による測定データを紐付けて分析可能なデータセットが研究者に公開されることが重要です。因みに、スポーツ庁が実施する「スポーツの実施状況等に関する世論調査」は、2018年実施分からローデータがホームページに公開されるようになっています。このデータを利用すれば、18~79歳の男女というサンプルにおいては、スポーツ格差が明らかに存在することがナショナルレベルで容易に検証可能ですし、今後、スポーツ格差の推移を追っていくこともできるでしょう。しかしながら、スポーツ格差の影響がより深刻な幼児から小・中学生までの子ども世代のデータについては、未だに集計結果が公開されているだけです。体力データと全国学力・学習状況調査との相互利用も含めて、エビデンスに基づく政策が求められる時代にふさわしいビッグデータの公的な整備と公開が待たれるところです。

1．子どもの体力・スポーツ問題を「社会問題」としてとらえる！

ここからは、スポーツ格差の解明に先行して取り組んできた学力・教育格差や健康格差にかかわる諸研究の知見、そして教育政策や福祉政策の分野で既に取り組まれている格差是正策や貧困対策等々に学びながら、スポーツ格差を是正・縮小するためのアイデアを考え、そのいくつかを提案してみたいと思います。

ところで、具体的な解決策を検討する前に、前章では取り上げなかった三つの分析結果をここで紹介しておきたいと思います。図3－1～3は、「ひとり親世帯」と「ふたり親世帯」に親構成を分けて、①世帯収入、②学校外教育費、③学校外スポーツ費のデータ（小学校中学年の場合）を比較したものです。

周知のように、子どもの貧困にかかわる国際比較データの中で、わが国にとって最悪な貧困指標は、「ひとり親世帯の貧困率」です。例えば、相対的貧困率が16・0％（OECD加盟国34か国中29位）、

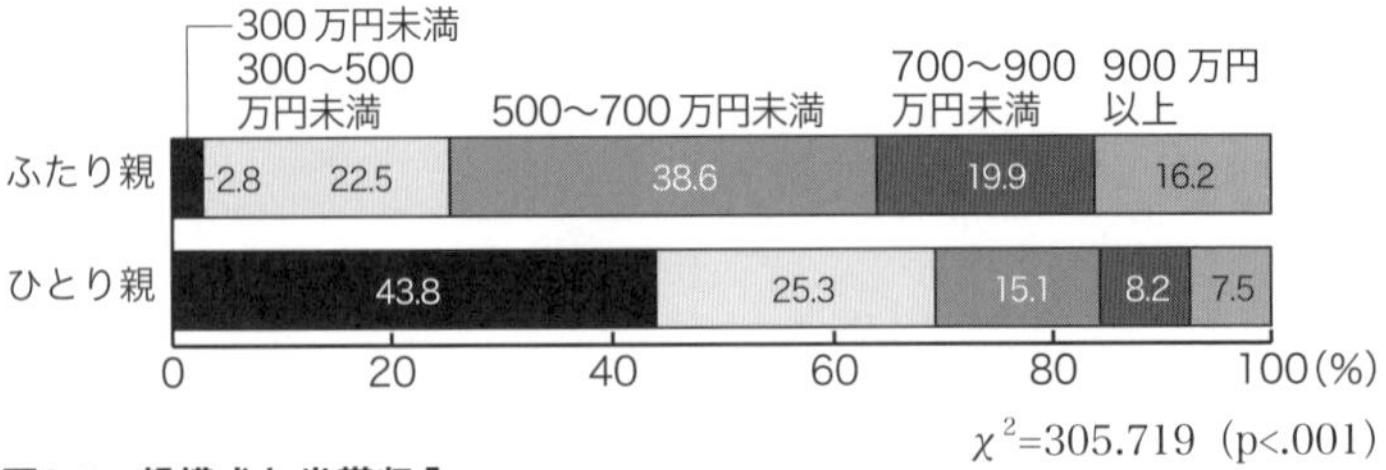

図3-1　親構成と世帯収入

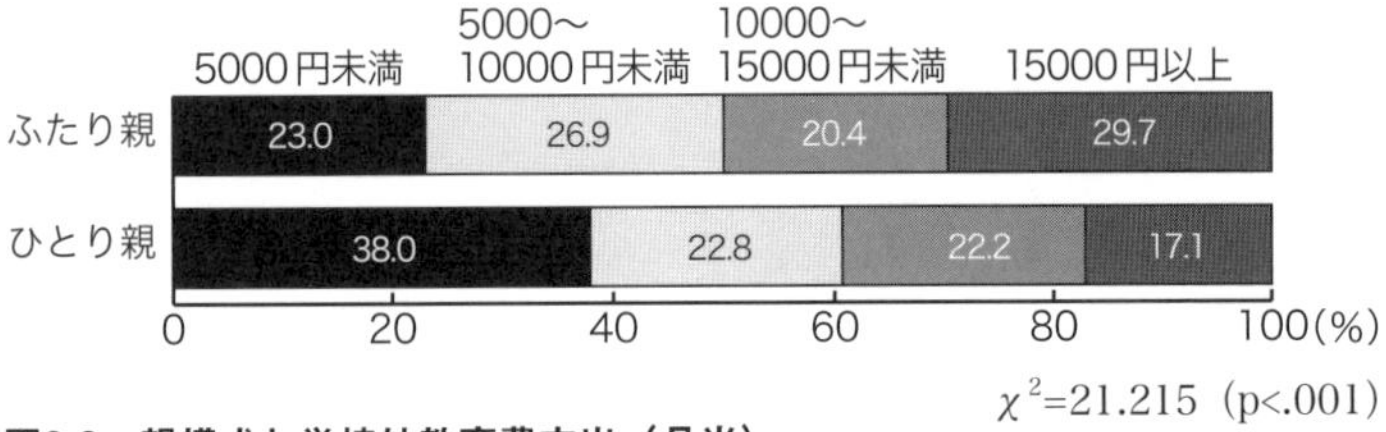

図3-2　親構成と学校外教育費支出（月当）

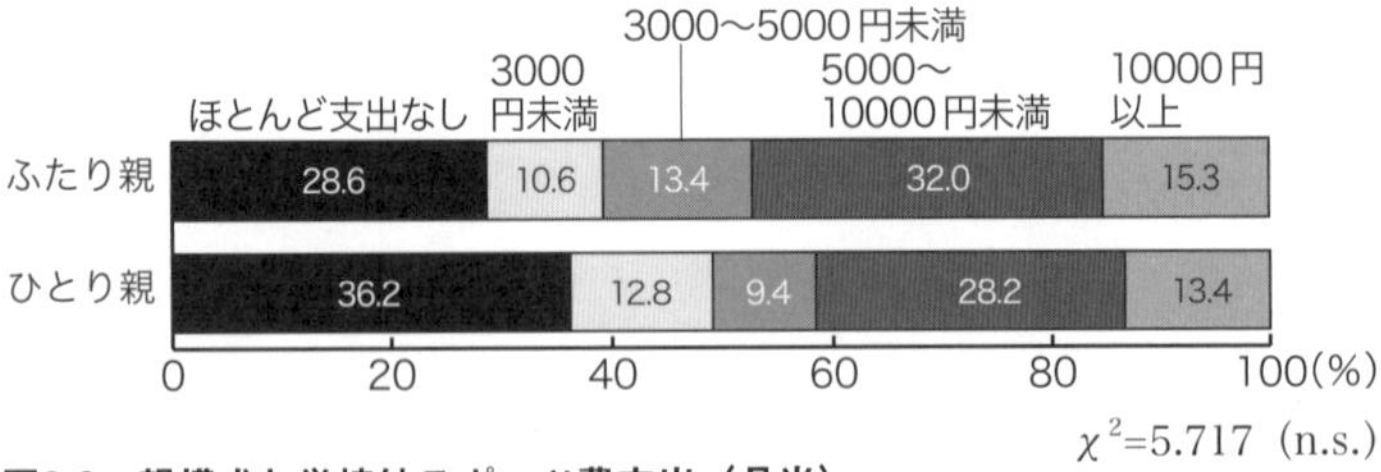

図3-3　親構成と学校外スポーツ費支出（月当）

子どもの貧困率が15・7％（同25位）であった２００９年当時、子どものいるひとり親世帯の相対的貧困率は50・８％でＯＥＣＤ加盟諸国中ワースト1位であり、特に母子世帯の貧困率が際立って高いことがわが国の重大な問題となっています（しかし母親の就労率は高いというワーキングプアの状態です）。「子どもの貧困対策の推進に関する法律」（２０１３成立）や「子供の貧困対策に関する大綱」（２０１５）といった法整備とこれを根拠にした各種の政策展開により、子どもの貧困率については２０１５年に13・９％にまで低下しましたが、ひとり親世帯の貧困率は50・８％と依然として高水準のまま改善の兆しは見られません。

今回の調査対象者に占めるひとり親世帯の割合は全サンプルの1割強でしたが、やはり図３-１と図３-２に示した通り「世帯収入」及び「学校外教育費支出」ともに、ふたり親世帯との間に大きな差が見られます。特に、世帯収入「３００万円未満」の割合がふたり親世帯ではわずか2・８％であるのに対しひとり親世帯では43・８％と顕著な開きがあり、ひとり親世帯の子どもたちの多くが貧しい経済的環境に置かれていることは明白です。このため、学校外での教育投資にも顕著な差が生じ、結果として学力格差の拡大に及んでいくであろうことは想像に難くありません。

しかしながら、筆者自身も分析結果を見て驚いたのですが、学校外スポーツ費（スポーツ投資額）については、幼児から中学生までのいずれの学年段階でも有意な差が認められなかったのです（図３-３）。ひとり親世帯であっても、厳しい家計の中から何とか工面をして、子どものスポーツ活動にいくらかの投資をしている様子がうかがえます。その理由はおそらく、第2章で見た生活必需品意識の分析結果に表れていたように、現代の保護者たちは「友だちとスポーツをすること」や「好きな運動やスポーツ活動をすること」が「病院へ行くこと」等と同等に重要な必需的投資であるととらえているからではないかと考えます。こうした一人ひとりの親たちの「無理に依存」した子どもスポーツであってよいのか、スポーツのセーフティネットを家庭に全面的に任せてしまってよいものなのでしょうか。「遍く人々」の権利としてスポーツを保障しようとするスポーツ基本法体制下にあって、子どもスポーツのセーフティネットのあり方を真摯に検討する必要があると考えます。この点については、この後もう少し考察を深めてみるつもりです。

ところで、このような子どもスポーツの私事化（家計依存）は、国のスポーツ政策によって〝必然的〟に引き起こされている現象と見ることができます。第1章でも触れたように、運動に興味をもち活発に運動する者とそうでない者との「二極化」という現状にあることを初めて問題視した保健体育審議会答申「生涯にわたる心身の健康の保持増進のための今後の健康に関する教育及びスポーツの振興の在り方について」（1997）では、その改善策として学習指導要領の改訂により運動領域「体操」を「体つくり運動」へと改称したり、運動部活動を通じた体力・運動能力向上のための取り組みが強く求められるなど、体力問題は「学校体育の問題（対応主体は学校という立場）」ととらえられていました。しかし、2006年の改訂スポーツ振興基本計画になると、子どもの体力向上方策の責任主体として学校体育とともに家庭(保護者)への期待が高まり始めます。「子どもの体力について、スポーツの振興を通じ、その低下傾向に歯止めをかけ、上昇傾向に転ずることを目指す」という政策目標を達成するために必要不可欠の施策として「子どもの体力向上国民運動の展開―家庭へのアプローチ―」を掲げ、「保護者をはじめとした国民全体が、子どもの体力の重要性について正しい認識を持つよう、国民運動を展開し、国民意識の喚起を行う」ことが到達目標に設定されました。このように家庭にも子どもの体力問題への対応が求められる中、2012年には「幼児期運動指針（ガイドブック）」が作成されます。本ガイドラインが策定された意図は次のように記されています。

幼児期の運動は、一人一人の幼児の興味や生活経験に応じた遊びの中で、幼児自らが体を動かす楽しさや心地よさを実感することが大切であるため、幼児が自発的に体を動かして遊ぶ機会を十分保障することが重要です。（中略）これらを実現するためには保護者や幼稚園、保育所などの保育者等をはじめ、幼児に関わる人々が幼児期の運動をどのようにとらえ、どのように実施するとよいのかについて、おおむね共有していくことが重要です。

こうして、保育者とともに保護者が子どもの体力問題への対応主体に位置づけられ、次のような具体的な提案がリストアップされました。

①多様な動きが含まれる遊びを子どもと一緒に楽しむ
②保護者たちが子どもの頃にしていた遊びを子どもに教える

③家族みんなが運動にかかわる自分の目標をもつ
④生活リズムを見直し、楽しく体を動かす時間をつくる
⑤地域の運動行事やハイキングに親子で出かける
⑥家族で遊び場マップを作る
⑦家族ぐるみでスポーツクラブに参加する

また、同じく文部科学省が2012年に発行した「子どもの体力向上のための取組ハンドブック」でも運動を含めた生活習慣の全般的な改善とそのための「家庭との連携」が推奨されました（例えば、家の人と一緒にスポーツを「する」「見る」「話す」こと）。もちろん、このような保護者による積極的な取組みが子どもの日常的な運動習慣の形成に有効であることは論を俟ちません。是非とも、そのような保護者と一体になった環境づくりを推進すべきだと思います。

しかし、そうした方法は、専業主婦である母親が一手に家事と育児を担っていた一億総中流社会における平均的家族（中流層）を前提にしているのではないでしょうか。医療の世界にはこんなエピソードがあるそうです。

医者は、貧血の女性に「毎日1個の卵を食べれば治ります」と指導するが、毎日1個の卵が買えない彼女の生活状態を考えていない、と。（福田・今井、2007）

今や家族の形態は多様化し、「ひとり親世帯」や「共稼ぎ世帯」「外国人労働者世帯」等も増加している中で、先ほどのような提案を実践できる家庭ばかりではないこともまた事実です。それどころか、子どもとの時間を生活の中でほとんど共有することができない日々を送っている家族も決して少なくありませんし、そうした家庭の子どもこそ、深刻な体力問題を抱えているのです。従って、あまりに家庭に依存した対応策は、スポーツ格差を一層拡げるだけであり、根本的な解決にはなりません。よって、運動習慣と体力・運動能力の二極化を含むスポーツ格差は、「教育・保育（体育）の問題」あるいは「家庭の私事的問題」としてとらえるだけでなく、現在の社会構造や社会制度から必然的に生み出されてしまう「社会問題」として位置づけることが、適切な対応策を検討する前提として肝要であろうと考えます。

2. スポーツ格差の問題性―悲観的シナリオ―

子どものスポーツ格差を生む要因は前章で確認した通り、親の経済資本の多寡だけではありません。両親の学歴を含む文化資本や教育資本・社会関係資本・スポーツ資本等々、家庭の保有する複合的な資源の格差によって生じていると考えられます。そもそも相対的貧困とは、単に経済的に貧しいということにとどまらず多面的な欠乏状態にあり、その結果「人並みのふつうの生活」すらままならないという様々な人権の相対的剥奪状態です。

子どもにとってスポーツのある生活は、古今東西ごく「ふつう」の生活でしょう。サッカーや野球、水泳、バスケットボール、ダンスなどは、今や多くの子どもの遊びや習い事として普及しており、貧困家庭に育ったが故にこれにアクセスできないとなれば、子ども同士の親密なネットワーク（コミュニティ）に入れず、友だち関係から疎外されてしまうという厳しい社会的排除の事態も予測されます。阿部（2012）は、子どもが子ども社会への参加を阻止する社会的孤立の源泉の一つとして、放課後クラブやスポーツクラブといった組織的活動に参加するための金銭的欠如を挙げています。つまり、「経済的な貧困」は「関係的貧困」（生田、2009）と密接にかかわり合っています。こうして孤立した子どもたちは、「がんばろう」「やってみよう」という内発的な意欲や努力を次第に喪失させ、友だちとの楽しい学校生活さえも奪われてしまいます。結果として、学校不適応やいじめ・学業不振などのリスクを高め、最終的には低学歴・職業不達成・不健康など、子どもたちの生涯にわたる生活にも暗い影を落とすことになりかねません。そして、そうした家庭背景に端を発する様々な格差が複合的に絡み合った社会的不利は、世代を超えて連鎖・継承されてしまう危険性が高いでしょう。またこれに、家庭背景だけでなく、子どもに選択の余地はない居住地域や通学する学校の諸格差も見逃せない影響を及ぼしているであろうことは既に述べた通りです。

図3-4は、ここまで述べてきた格差再生産の悲観的な「最悪」のシナリオを表したものです。「最悪」という表現をしたのは、幼少期から始まるスポーツ格差がもたらす種々の不利・不平等が、他の学力格差や健康格差と連動し、その人の長い人生を辛く苦しいものにしてしまう、という不幸が一代

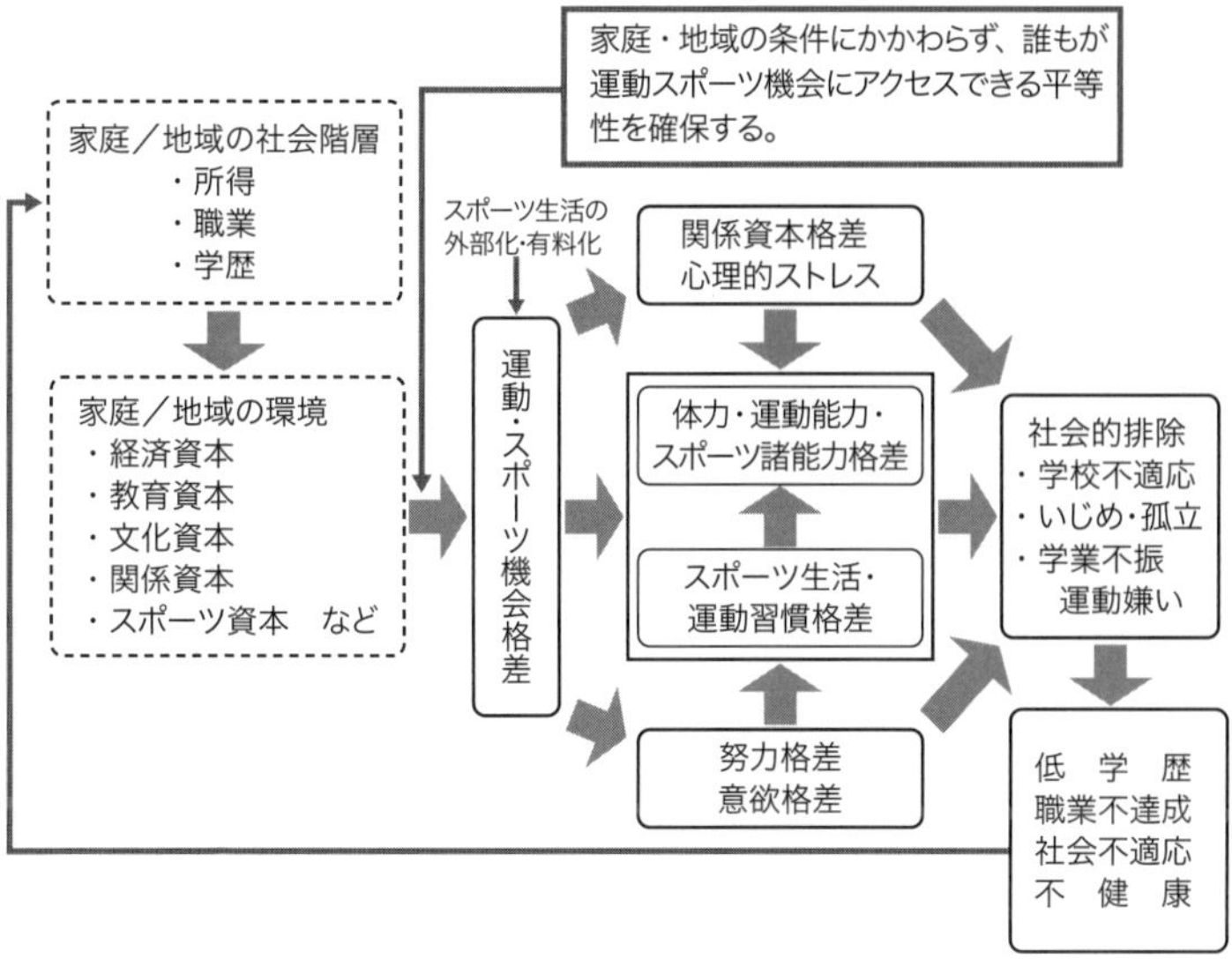

図3-4　格差の世代間連鎖・継承のメカニズム―悲観的シナリオ―

限りで終わるのではなく、それが世代を超えて連鎖・継承されていくことの恐ろしさです。この格差の再生産という負の連鎖を断ち切るためには、まず先ほど述べたように何よりも体力・運動能力・運動習慣の「二極化」が、スポーツ版「格差問題」であるという共通認識を社会全体に広げていくことが求められます。

3. スポーツ格差是正のための処方箋

さて、格差の存在が今後さらに大規模なデータによって検証され、そのメカニズムとコトの深刻さがより詳細に明らかにされたとしても、それを是正する方策の提案となると容易ではありません。ただ単に、運動嫌いの子どもに楽しい運動や魅力的なプログラムを提供し、家族の協力を得て生活習慣を改善すれば事足りるというほど単純ではないからです。しかし、格差という社会病理が、人為的な社会構造や社会制度に由来する社会問題であるならば、「政策面」及び「経営面」からの諸努力によって必ずや縮小できるものと考えます。

格差是正・縮小のポイントは、家庭や地域社会の社会経済的要因と運動・スポーツ機会へのアクセスとの結びつきを弱めることです。すなわち、家庭や地域等の生活環境の条件にかかわらず、誰もがそのニーズに応じて何ら負担なく運動・スポーツの機会（スポーツサービス）に参加できるというユニバーサル・アクセスを社会全体が総力を挙げて実現させなければなりません。そしてそのためにできることは、大きく分けて二つあると考えます。

一つは、あらゆる政策・施策を総動員して、人生早期（就学前を含む）における支援により「スポーツの無償化」を進め、子どもスポーツを現在の「私的自己責任領域（個人負担）」から「社会的公共領域（社会負担）」にシフトさせることです。そしてもう一つは、子どもたちにとって最も身近なスポーツのセーフティネットとして園や学校といった公教育機関が体育活動を充実させ、体力・運動能力を含めたスポーツによる便益の最低限の質保障を徹底することです。前者が、政策的アプローチ、後者を経営的アプローチということもできるでしょう。それでは次に、各々の具体的方策について考えてみたいと思います。

(1) 政策的アプローチ

子どものスポーツ支援を総合的な貧困対策に位置づける

まず、子どものスポーツ格差は、そもそも家庭背景の格差に起因する不平等問題なのですから、その対応策としては通常の福祉政策（生活保護制度等）や労働政策（非正規雇用対策等）による格差是正や貧困支援策を推進することが第一義的にはベースになることはいうまでもありません（さらにその前には、国連の「持続可能な開発のための2030アジェンダ」が目指す世界ビジョンのように格差や貧困のない世界を目指すことが最も大切なのですが）。つまり、子どもたちが育つすべての家庭の生活保障が何より基本です。特に、子どものスポーツ格差との関連でいえば、就学援助制度と子どもの貧困対策に触れておく必要があります。

まず、就学援助制度とは、経済的な理由によって就学困難と認められる児童生徒の保護者（要保護者・準要保護者）に対して市町村が必要な援助を行う制度（学校教育法第19条）で、市町村が援助を与えた場合、その一部を要保護児童生徒援助費補助金として国が補助することになっています（補助率2分の1）。この補助金支給の対象となる就学援助メニューの中に、体育実技用具費やクラブ活動費などスポーツ活動に関連の深い費目も含まれているのですが、実施している市町村は、他の費目と比べてもかなり低くなっています（図3－5）。少なくとも、学校の体育的活動への参加が家庭の経済的条件によって阻止されることがないよう、この制度にかかわる情報の保護者への周知と市町村の積極的な取組みを求めたいと思います。

また、第1章（p.48）で述べたように、自治体による子どもの貧困対策推進体制の中にスポーツ部門が含まれていないケースが大多数であるため、スポーツ活動への支援が含まれている計画や施策は見られません（一部遊びへの支援は含まれていますが）。貧困家庭に暮らす子どもたちは、既述の通り多面的で複合的な不利を被っているのであり、スポーツにかかわる不利だけの問題を抱えている子どもは少ないはずです。従って、子どもの貧困対策における包括的・総合的な支援パッケージの中に運動遊びやスポーツ活動の支援プログラムを組み込む努力が必要となるでしょう。例えば、「子どもの貧困」救済型NPOや子ども食堂等に対して、運動・スポーツ支援事業にも取り組むように働きかけ、その際には行政から申請に基づく補助金を支給するなどして、スポーツ分野への事業拡大を促進することなどが考えられます。

以上のように、就学援助を含めた各種制度や貧困等への対策を多くの国民・市民に周知徹底するとともに、そうした制度・計画・施策の中に子どものスポーツ支援プログラムを組み入れることが必要です。

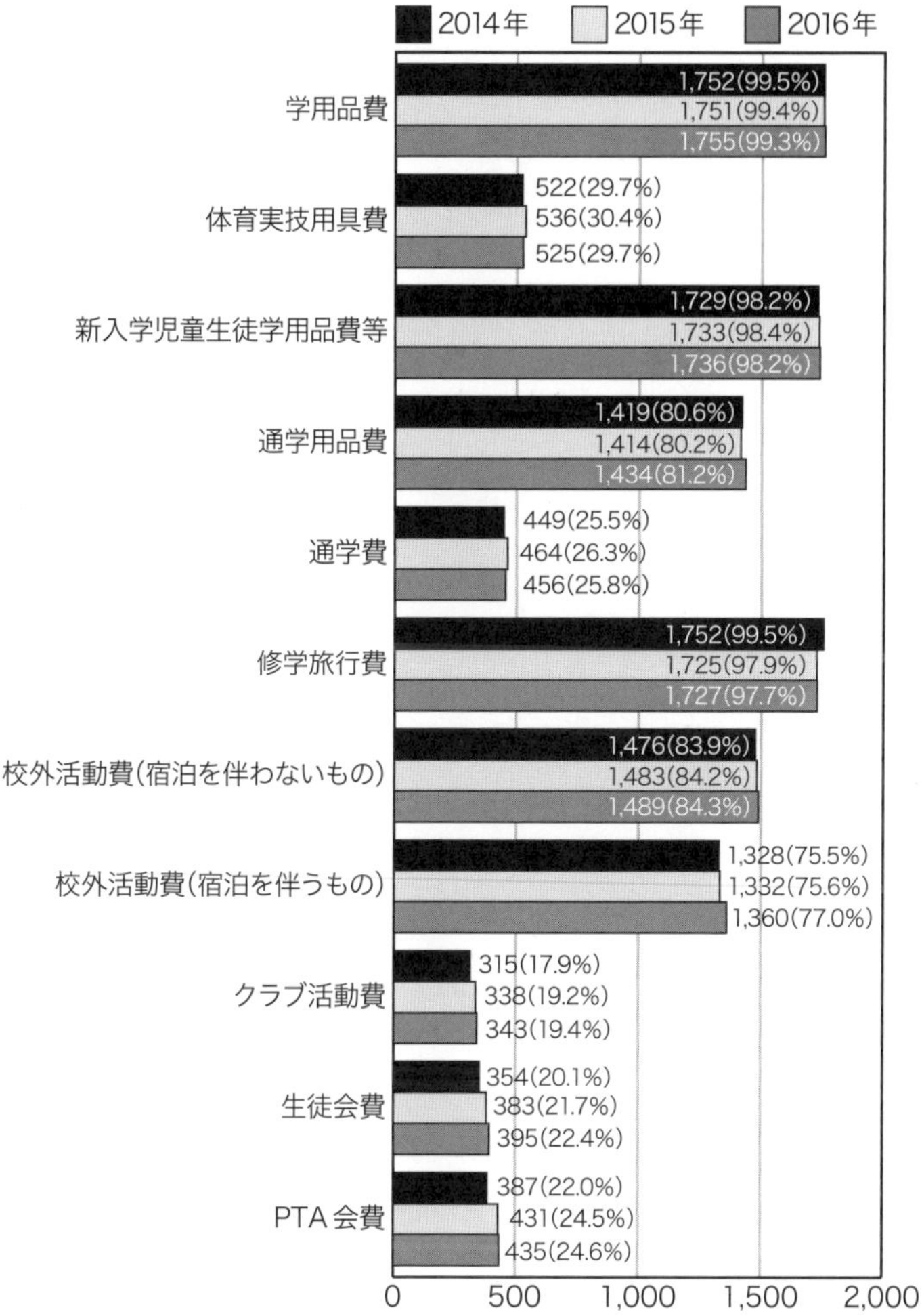

※数値は、支給を実施していると回答した市町村数

（文部科学省「就学援助実施状況等調査」等結果より　https://www.mext.go.jp/component/a_menu/education/detail/__icsFiles/afieldfile/2018/02/02/1632483_17_1.pdf）

図3-5　就学援助制度の現況

スポーツの無償化策①――経済的負担を伴わない場づくり、組織づくり――

さて次に、スポーツ格差の是正・改善に特化した政策展開の方法を考えてみましょう。政策的介入による子どもスポーツの無償化には、二つのアプローチが可能です。一つは、そもそも親が経済的・労力的負担等を何ら負うことなく、無料で気軽に運動遊びやスポーツ活動ができる空間を子どもの日常生活圏レベルの範域内（およそ校区）に整備拡充することです。具体的には、まず幼稚園や小学校の学校開放の充実が挙げられます。また、無料で自由に遊べるプレーロードやプレーパークの全国展開も有効でしょう。

２００２年の中央教育審議会答申「子どもの体力向上のための総合的な方策について」では、基本政策の一つとして「地域において子どもが体を動かすための環境整備」を掲げ、その具体的な施策として、子どもたちが集まって手軽にスポーツや外遊びができる「スポーツふれあい広場」の発掘や、子どもがけがを恐れず思い切って体を動かすために学校の運動場を芝生化することなどが挙げられていました。スポーツふれあい広場については、学校の運動場や体育館、公園、未利用地の活用について種々の利用上の規制を緩和して自由に遊べるようにすることが求められました。しかしながら、政策・施策の継続性が乏しく、その後のスポーツ政策（第一期、第二期スポーツ基本計画）に引き継がれることはありませんでした。また、学校の運動施設についても、未だに子どもたちが部活動以外でウィークデーの放課後や休日に暗くなるまで自由に利用できるように措置を講じている小・中学校は多くはありません。

また、先の中教審答申では、一つの先進事例として住民が主体となって運営される東京都世田谷区の子ども冒険遊び場（プレーパーク）が紹介されています。このプレーパークは、世田谷区が場所を提供し、社会福祉法人世田谷ボランティア協会が委託管理しているもので、「自分の責任で自由に遊ぶ」をモットーに、できる限り大人の介入を控え、子どもたち同士がプレーリーダーとともに創意工夫を凝らしながら遊びやスポーツに自在に興じる子どもが主役の空間です。大人はあくまでも遊びのサポーターやパートナーであり、ここでは指導者は必要ありません。しかしながら現状では、スポーツの習い事化やクラブ化そして商業化によって、子どもだけの子どもによる子どものためのスポーツ世界の多くは解体されつくされているようにも見えます。

子どもスポーツの無償化のためには、スポーツという子どもの遊びを子どもの世界に返してあげることがまずは基本となるでしょう。大人たちが絡めば絡むほどお金（経済価値）が介在し余計な負担がかかるようになりがちだからです。子どものスポーツ活動の推進にとって重要なことは、子どもたちが思い思いに集い思い切り体を動かして楽しめる安全な物理的なスペースの確保であり、指導者や大人は決して不可欠な条件ではないことを強調しておきたいと思います。

このように、子どものスポーツ環境として今、決定的に不足しているのは、学校体育施設開放を含めた場や空間の確保とその開放（エリアサービス）なのですが、これらを管理運営する経営組織（総合型地域スポーツクラブはその有力な選択肢の一つでしょう）が市民主体で設置・育成されなければ持続的に開放事業を営むことはできません。プレーパークにしてもこれを運営する団体の数が増えず、全国で400団体に過ぎないことが全国的な普及につながらない原因の一つとなっています。子どもの生活圏レベルでの運動・スポーツ空間の確保とこれを管理運営する非営利の市民組織の育成こそが、スポーツ格差の解消にとどまらず今後の生涯スポーツ政策の両輪となるべきでしょう。

スポーツの無償化策②――公的な支援制度の充実――

子どもスポーツの無償化に向けたもう一つの手立ては、スポーツクラブやスクール・レッスンの「実質」無料化です。例えば、スポーツ振興くじ（ｔｏｔｏ）の助成金の費目の中に「子どもスポーツ援助金（仮称）」のような枠を新設することが考えられます。これにより、子どもを対象としたスポーツサービスを提供している各種組織・団体にその参加人数に応じて助成金や補助金を交付し、参加者やクラブ会員である子どもたちは実質的に無料・無負担でのサービス利用が可能となります。

元来、スポーツ振興くじ（ｔｏｔｏ）は、低成長時代に入り国家予算の大幅な増額が見込めない中、スポーツ振興のための公的な資金を持続的に得るためにつくられた「スポーツ振興投票の実施等に関する法律」（1998成立）に基づいて運用されている制度です。「スポーツ振興投票の収益による助成の基本方針」（文部科学省、2001）によれば、広く人々が、関心・適性等に応じてスポーツに参画することができる環境を整備することに配慮した助成とすること、とされているのですから、子どものスポーツ活動支援はその趣旨に適った使途となるに違いありません。また、スポーツくじの助成金だけでは財源が不充分でしょうから、国及び地方自治体のスポーツ予算、企業等からの寄付金、チャリティイベントなど多様な財源を確保し、「子どもスポーツ基金（仮称）」を創設し、現政権下で構想中の「こども庁」がこの基金の管理運用を担う、などというのは夢のような将来ビジョンですが是非とも実現してほしいものです。

子どもスポーツの無償化方策について、最後に、スポーツ版「ヘッドスタート」の導入を提案しておきたいと思います。ヘッドスタートとは、アメリカの連邦政府が所管する貧しい家庭出身の就学前児童を対象とした無償の教育システムです。1964年から開始されたこの国家事業では、マイノリティや低所得家庭の子どもたちが、社会的・経済的・文化的に恵まれないために学校教育等の中で不利益を被らないようにすることを目的として、教育サービスだけでなく、保健、栄養、社会的サービスや親に対する教育等の多面的・総合的な支援が提供されています（国立教育政策研究所、2015）。また、イギリスでも1990年代以降、就学前教育の拡充が政策的に関心をもたれ、低所得や社会経済的に困難な状況の家庭を対象とした就学前教育の無償化（シュア・スタートなど）が図られています。このようなハイリスク・アプローチ（問題を抱える集団＝ハイリスク集団に限定して支援するという、かゆいところに手が届くアプローチ）は、格差拡大を縮小させる方策としては、ポピュレーション・アプローチ（構成員全体＝ポピュレーションに共通のサービスを提供し、全体水準を向上させる方法）よりも有効であることが検証されています。

春日（2018）によれば、体力・運動能力の二極化は幼児期から始まること、そしてこの時期の体力差は、小・中学生になってから挽回することはかなり困難であることが報告されています。従って、スポーツ格差や体力格差への対策も、小学校に入学する以前の時点で施すことが大切であり、また、就学前の総合的な支援プログラムとセットで貧しく厳しい家庭で暮らす子どもたちにピンポイントで届けることが肝要だと考えます。

基本法の法理念を実現する個別関連法の整備

ここまで、読者の皆さんにとってはおそらく夢や空想に近いと思われるような政策・施策を願望を込めていくつか提案してきました。これらの政策リストはいずれも、「スポーツを通じて幸福で豊かな生活を営むことは、全ての人々の権利」とするスポーツ基本法の理念に即した具体的方策であるはずです。しかし、こうした諸々の方策が政府・行政によって採用され実行されるためには、それらを推進する根拠となる個別法がきちんと整備されなければなりません。公共政策は、法の条文に明記された事項を実現するためのものだからです。

しかし、現在のわが国では、スポーツ「基本法」と具体的な政策・施策をつなぐ「個別法」が全く整備されていません。基本法は、国会が法律の形で政府に対して、国政に関する一定の施策・方策の基準・大綱を明示し、これに沿った措置を採ることを命ずるという性格・機能を有しています（参議院法制局ＨＰ）。一方、個別法とは、基本法に示された理念や方針に基づいて、個別分野の政策を実現するために制定される法律のことです。つまり、スポーツの振興・推進に関する国の法規範や精神を示した基本法はあるのですが、公共機関（国や地方公共団体）がそれを具現化するために様々な措置を講ずることを定めた個別法がなければ、中央・地方政府に本格的な政策介入を求めることはできないのです。

例えば、日本国憲法第26条に定められた教育を受ける権利（学習権）をすべての国民に保障すべきことを理念として明記した教育基本法の下には、学校教育法、地方教育行政法、教育公務員特例法、私立学校法、教育職員免許法などの主要な個別法が存在し、さらにその下には学校給食法、義務教育国庫負担法、教科書無償措置法、地方教育行政の組織及び運営に関する法律等々、実に多くの個別関連法が法体系をなすことで国民の学習権を全面的に保障する政策実施の根拠となっています。

他方、スポーツ基本法は２０１１年６月、議員立法として両院で全会一致の賛同を得て成立しました（佐伯、２０１１）。しかしながら、10年を経た今でも、１本の個別法さえも制定どころか議論すら行われているように見えません。少なくとも、国民のスポーツ権を保障するためには、スポーツ施設法・スポーツ指導者法、地方スポーツ行政法、スポーツクラブ法等々（いずれも仮称）の個別法が緻密に整備されることが必須だと考えます。このため２０２０東京五輪の数年前から競技スポーツ予算は膨らむばかりですが、生涯スポーツについては、低水準のまま予算の増加はなく、これが主因となってスポーツ資源の整備・拡充はほとんど進んでいません。権利としてのスポーツの実現に向けた、中央政府や政党・政治家、そしてスポーツ関係者たちのスポーツプロモーションに対する本気度が今こそ試されているのではないかと思います。

(2) 経営的アプローチ

セーフティネットとしての学校体育

次に、スポーツ格差の是正・縮小に向けたもう一つの迫り方である経営的アプローチについて検討してみましょう。ここでいう「経営的」とは、人々にスポーツ活動の場や機会をスポーツ事業として供給する個々の組織体の活動という意味で用いています。現代では、子どもたちに運動・スポーツ活動の場や機会を提供している組織・団体は多岐にわたり、かつ図３‐６に示すように重層的に広がっています。

まず、子どもが誕生すると、最も身近な両親・祖父母や兄弟姉妹というファミリーとの運動遊びやスポーツ活動が始まります。その後、成長に伴い幼稚園・保育園そして小・中学校の学校体育（この中には皆に共通に提供される必修性の高い教科の体育や体育的行事と自由に選択できる自由時間の運動遊びや運動部活動が含まれる）とかかわるようになります。また、学校以外では、地域の空き地や公園等を利用して子どもたち同士による自由で未組織的な遊びが展開されていますし、その外側には地域のスポーツ団体やクラブ等による有償・無償のスポーツ事業を利用することができます。さらに、その外側には、民間営利企業によるスポーツサービス業（図３‐６中では、一般的な子どもたちの多くが利用する習い事・お稽古事の延長としてのスポーツサービスと特定のニーズを求める子どもに対応したかなり高額のサービスに分類）が配置されます。この内、セーフティネットとしての機能は、

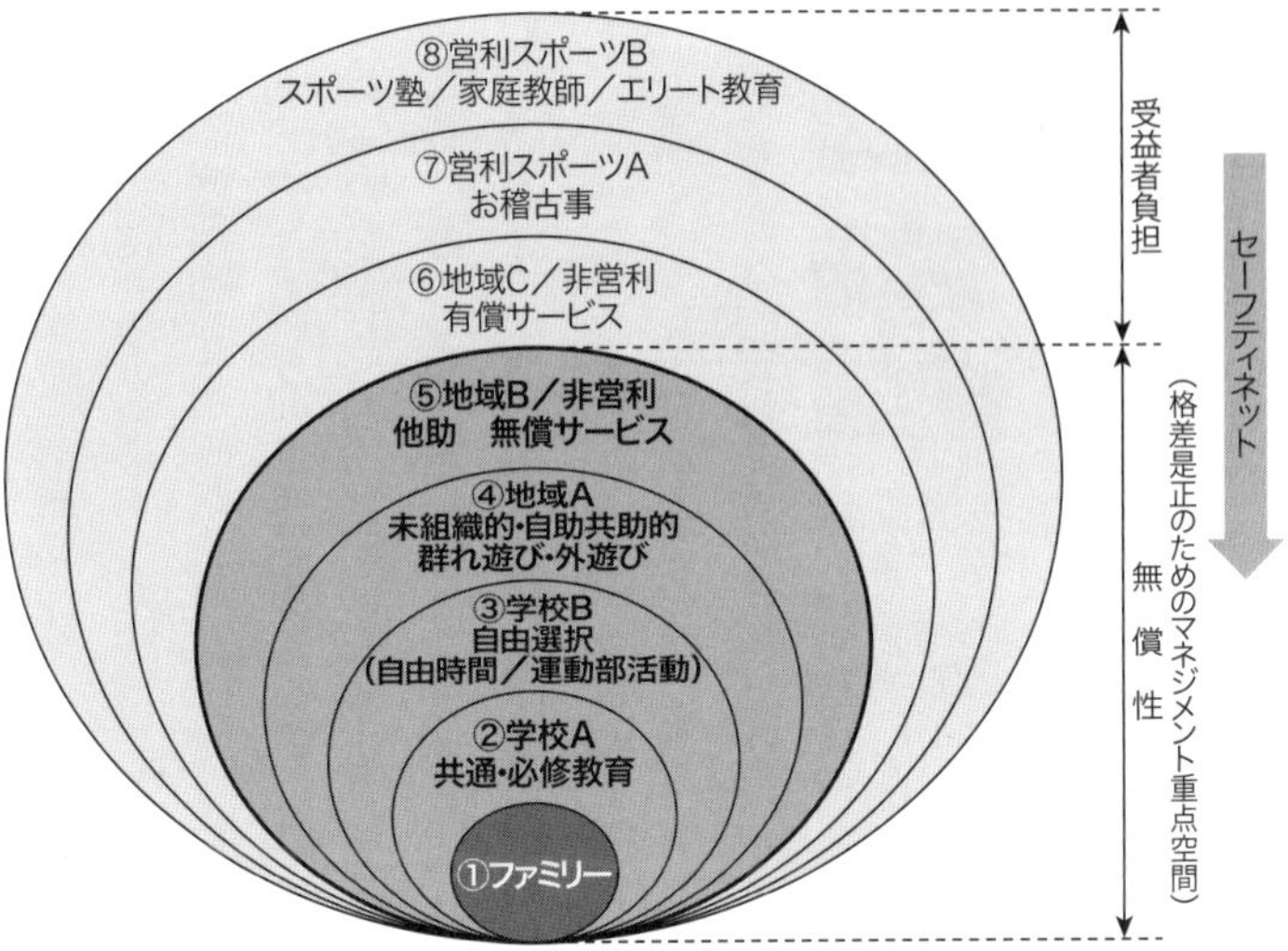

図3-6　子どもの運動・スポーツ活動をめぐる機会の重層性

経済的負担のない無償のサービス空間となる太枠で囲んだ楕円の内部ということになるでしょう。つまり、この空間が格差是正のための重点的なマネジメント空間になるということです。

　また、これをスポーツの供給セクター（私的セクター、共的セクター、公的セクター）という観点からセーフティネットの階層として示したものが図３‐７です。子どもたちの家庭が貧困や相対的剥奪の状態に入ってしまうと、私的セクターからの排除に直面します。私的セクターの中でも、まず真っ先に、ファミリー・スポーツの領域が機能不全に陥ります。育児放棄や虐待などといった極端なケースでなくとも厳しい家庭の子どもたちは、放課後や休日を一人孤独に過ご

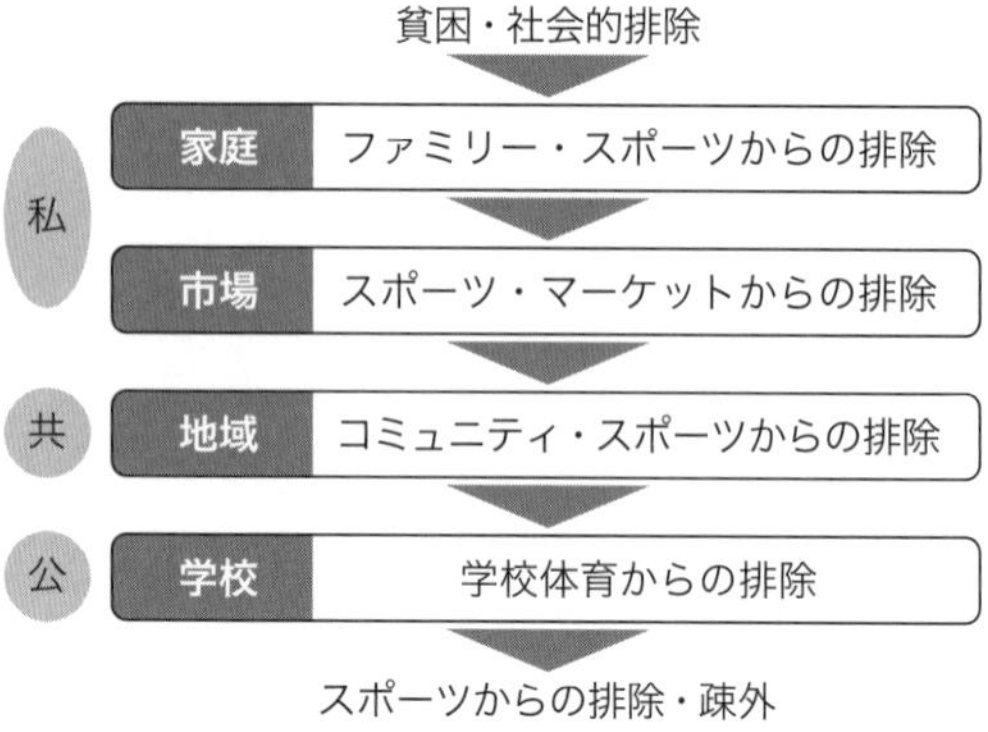

図3-7　子どもスポーツにおけるセーフティネット

さざるを得なくなるからです。また、市場から供給される私的営利セクター（スポーツ・マーケット）のスポーツサービスは、どれも有償の商品であるため貧困家庭にとっては縁遠い存在です。だから、この段階（ネット）もすぐに滑り落ちてしまいます。

次に、子どもたちの日常的な生活空間となる地域スポーツ（共的セクター）の段階です。地域スポーツについては、先ほども触れた通り、子どもだけの自由で未組織的な遊びの世界（公園や空き地での草野球や鬼ごっこなど）と民間非営利の地域スポーツ団体（スポーツ少年団や総合型地域スポーツクラブ）によるスポーツサービスの両者が含まれますが、現代日本では前者の子どもだけのスポーツ世界は特に都市部を中心に消滅しつつあり、代わりに後者のスポーツ団体が全国各地で組織化され、今では子どものスポーツライフを支える重要な経営主体となってきています。しかしながら、受益者負担を原則とする地域スポーツ団体は、最近になって特に自立・自律的な経営が求められるようになり、自己財源比率を高めるためには、事業収入（会費や参加費）を相当程度確保しなければなりません。また、スポーツ少年団などの地域スポーツクラブでは、経済的負担以外の労力や時間の負担が保護者に課せられるケースも少なくありません。こうなると、貧しい家庭の子どもたちは、コミュニティ・スポーツからも排除され、このネットからもこぼれ落ちてしまいます。

このように、スポーツライフの社会化や外部化（スポーツライフを営むために必要な機会や場が子ども世界の外部にある社会組織から供給される割合が高まること）が進んでいる現代日本では、子どもスポーツのセーフティネットとしての学校体育（教科外体育を含む）に改めて期待せざるを得ない状況になっています。換言すれば、子どものスポーツ格差を是正するための経営的アプローチとして何よりも大切なことは、セーフティネットとしての公教育（幼児教育を含む）、つまり学校体育が〝最後の砦〟としてガンバルことなのです。学校外のスポーツに過度に依存することなく、わが国に生きる子どもとして最低限の体力やスポーツ諸能力の獲得を学校体育がすべての子どもに保障すること、そのための授業研究とカリキュラム・マネジメントを高質化することが、今こそ強く求められます。

公教育／学校体育による質保障のために

では、学校体育には何ができるのでしょうか。学校体育が、すべての子どもたちに運動・スポーツ活動から得られる体育的便益を保障するためには次の三つのことが極めて重要だと考えています。

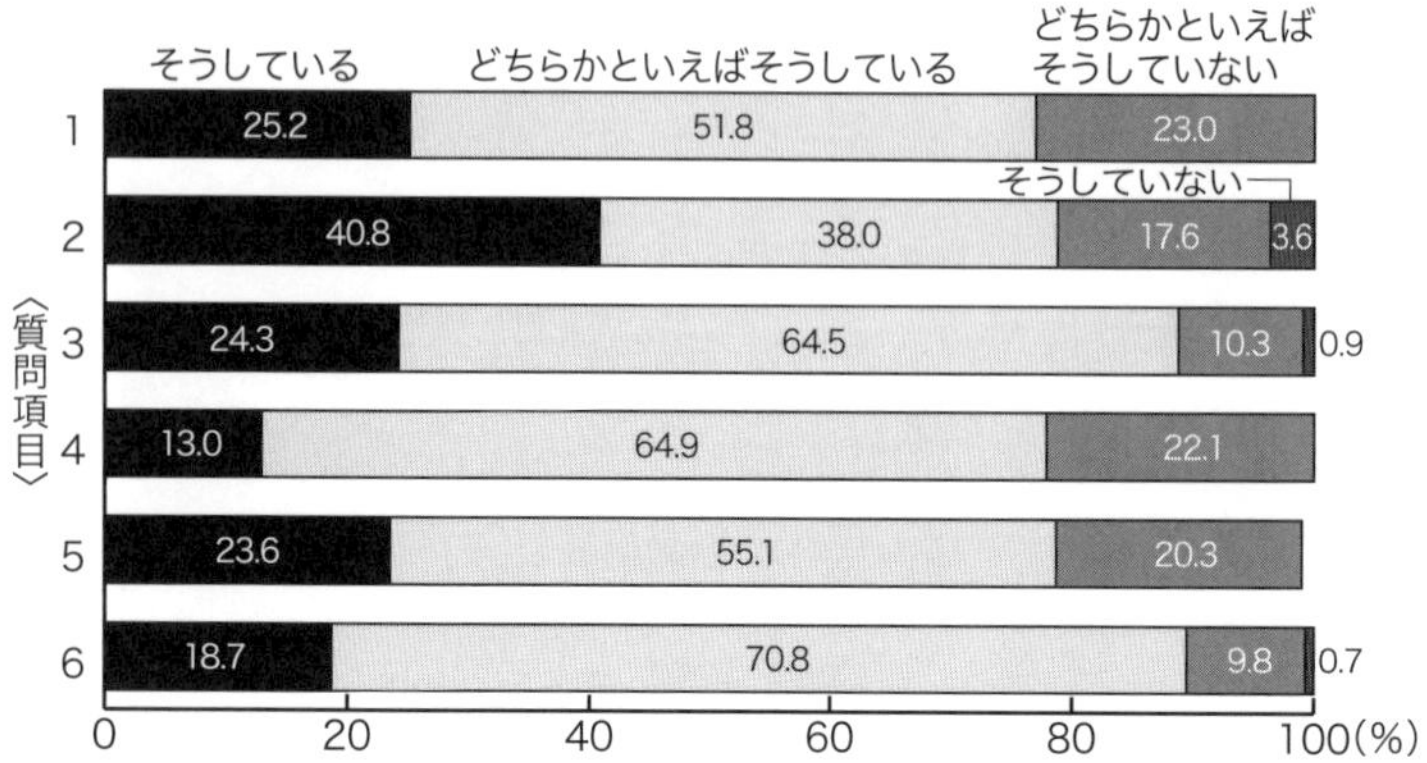

〈質問項目〉

1：児童相互の話し合い活動や、ふり返りの記述や発表など、言葉活動の充実を図る場面を設定していますか。

2：児童が記入する学習カードを用意し、指導と評価に活用していますか

3：児童が現在の到達度を確認する場面を設定していますか。

4：思考力・判断力が育つ場面を設定して指導していますか

5：児童が互いに話し合う場面や話し合う課題を設定していますか。

6：児童が自分やチームに合った課題を見付け、それを解決していく場面を設定していますか。

(国立教育政策研究所「平成 25 年度小学校学習指導要領実施状況調査　教師質問紙調査結果（体育（運動領域））」より)

図3-8　小学校体育における学習指導要領の実施状況

第一に、教科体育の「学校間格差」や「学級間（教師間）格差」を可能な限り少なくし、体育の授業の質的平等性を確保することです。そもそも、公教育の一環であるにもかかわらず、国立教育政策研究所による平成25（2013）年度「小学校学習指導要領実施状況調査」の教師質問紙調査の結果によれば、国の学習指導要領（ナショナルスタンダード）に明らかに準拠していない体育の授業が学校現場において日々実践されています。図3-8は、小学6年生担当の教員を対象としたアンケート結果ですが、ここに挙げた項目の中には、自信をもって「そうしている」と回答した者の割合がわずか2割前後のものもあり、「そうしていない」「どちらかといえばそうしていない」と回答した教員が2割を超えている項目も少なくありません。しかし「学級王国」と揶揄される小学校現場の現状では、そうした指導要領に基づかない授業も放置されたままです。まずは、各学校組織内で教員同士が互いの授業をオープンに見せ合い、教科体育の目的・目標、学習内容、学習方法、学習教材や資料等々について共通の認識を形成（知の共有化）することから始める必要があります。つまり、個々の教員が各自の責任の下に自身の経験に依存した思い思いの授業を実践するのではなく、教員集団が体育授業の企画・実践・評価を一つのチームとして共同的に取り組む「チーム体育」への移行が求められます。また、このチームのリーダーとしての体育専科教員の部分的導入や小・中連携を促進することなども小学校における体育授業の質保障（特に、定期的な授業改善）には有効ではないかと思います。

第二に、休み時間と体育的行事の有効活用です。「効果のある学校」（これについての詳細は後述）のわが国における代表的研究者の一人である志水（2014）は、学力格差を克服あるいは縮小するための有力な手立てとして「つながりの再構築」を強調しています。つまり、人と人との様々なつながり（社会関係資本）を大切に育む教育実践が積極的に展開されている学校で学力格差が縮小されているというのです。休み時間は、何といっても多くの児童生徒たちにとっては学校生活の中で一番好きな時間であり、子どもたち同士の親密な仲間関係が豊かに築かれる時間です。また、運動会に代表される体育的行事は、学級内の人間関係にとどまらず、クラスを超え、学年を超えたつながりを拡げる貴重な機会です。従って、充実した学校の体育・スポーツ活動は、体力格差の是正だけでなく、学力格差の改善にも貢献できるはずです。

しかしながら、第2章で見たように低体力の子どもたちにとっては、休み時間こそクラスの仲間たちから孤立し、一人寂しく過ごさざるを得ない最も辛い時間でもあります。また、運動会のある日は朝からおなかが痛くなる子がいる、というのは昔からよく聞く話です。だからこそ、第一の方策として示した教科体育の質保障が重要になるのです。特に休み時間は、教科の体育の成果を検証する場としてとらえることが重要ではないでしょうか。休み時間を子どもたちがどう過ごすかは全く子どもたちの自由です。この全く自由な時間の中で、体育の授業で習得した「自ら進んで仲間とともに運動を楽しむ力」が存分に発揮されるかどうか、確かめてみてほしいと思います。

学校体育がスポーツ格差の是正に向けてできることの第三番目は、運動部活動の改善・改革です。まず現状では、学校で行われるスポーツクラブとしての運動部活動は、中学校以上にしか設置されていません。運動部が設置されている小学校もないわけではありませんが、その多くは目標とする対外競技大会の練習のためにスポーツが得意な子どもたちを選んで一定期間活動するタイプがほとんどです。小学校段階における学校外スポーツへの依存度を低下させ、親の負担を軽減するためには、小学校における「放課後クラブ（仮称）」のような、年間を通じて定期的に適度な運動やスポーツ活動ができる誰にでも参加可能なサービスを学校と地域の連携の下で運営することが必要ではないかと考えます。ただし、この放課後クラブについては、シーズン制や複数種目制を基本とし、決して年間を通じて一つの種目だけに専門化する単一種目制にはしないこと、対外試合については対抗戦や地域内でのリーグ戦形式とし、全国に連なるような上昇志向の大会をつくらないことなどが多くの弊害を生まないための条件となるでしょう。

次に、中学校運動部活動の加入率向上と部活間格差の是正です。第1章でも取り上げたように、わが国の中学生にとって、学校の運動部に入部するか否かの選択は、彼・彼女らの日常的な運動習慣に決定的な影響を及ぼしています。民間のスイミングクラブや学外のサッカークラブなどに通う一部のエリート・ジュニア競技者を除けば、一般の中学生がほぼ無償でスポーツができるような機会や場は学校以外ではほとんど皆無だからです。現在の中学生の運動部加入率は、男子が75％、女子で約55％となっており、全体で約35％程度の中学生は、日常生活の中で定期的な運動習慣をもちにくい状況にあります。また、運動部に参加していない非加入生徒の多くは、決して運動やスポーツが嫌いであるわけではないものの、あまりに競技志向で勝利主義的な現行の運動部活動には馴染めないために運動の機会をもつことができていません。現在、「ゆる部活」や「多種目型運動部」などの部活イノベーション（競技志向ではない新しいタイプの部活動の創出）が全国各地の学校で少しずつ見られようになっていますが、そうした取組みがふつうの中学校のふつうの部活動として定着していくことがスポーツ格差の有効な改善策となるはずです。

しかしながら他方で、学校運動部活動は今、曲がり角に来ています。休日の部活動については、学校の管理下から外し地域活動へ移行する試みが令和3（2021）年度から一部開始され、令和5（2023）年度から全国に展開するというのが国（文部科学省）の方針のようです。部活動の運営を地域のスポーツクラブや芸術文化団体などに移すことで、教師の負担を軽減するとともに、子どもにとっては選択肢の増加になるとすれば歓迎すべき施策かもしれません。しかしながら、先にも触れたように地域スポーツ団体や芸術文化団体の「経済的自立」という経営的（財政的）な都合により、子どもやその親たちに今以上の経済的負担等を強いることがないよう祈るばかりです。また、いかに地域への移行が進もうとも、子どもたちが多くの時間を学校で過ごす平日については、今後も学校が無償でスポーツの場を保障すべきです。

体育版エフェクティブ・スクール

前述の通り、わが国の学校体育はいくつかの課題を抱えながらも、諸外国と比べれば質・量ともに高水準の教育サービスを提供し続けてきました。体育の授業については、国際的には衰退現象が見られる中で、今でも小学校から高等学校までほぼ週3回の授業が確保されていますし、この他に体育的行事、休み時間の体育施設開放そしてクラブ活動や運動部活動など実に多彩なスポーツサービスによって運動・スポーツの機会や場を提供してきました。しかし、このようなすべての子どもたちに一斉に供給するポピュレーション・アプローチにおいては、得てして全体の水準を高めることに関心が偏りがちです。例えば、体力・運動能力テストの結果の学校における活用においては、専ら学校平均や学年平均と全国平均や都道府県の平均値との比較に評価の焦点が集まるのが通常ではなかったでしょうか。しかし、本書で問題にしているスポーツ格差の是正という観点から見れば、体力を平均値で評価するのではなく、一定基準より低い体力の子どもたちをどのように引き上げられるかがより重要な課題とされなければなりません。そもそも学校教育／体育においてまず注力すべきは、高い学力／体力の子を育てることでも、学力／体力の全体平均値を上げることでもなく、すべての子どもに、最低限の能力を平等に保障する、ということでしょう。

そこで、今後の学校における体力づくりの取組みについて是非とも提案しておきたいことがあります。教育学の分野では、「エフェクティブ・スクール」研究というジャンルがあります。「効果のある学校」と訳されるエフェクティブ・スクールとは、「教育的に不利な環境にある子どもたちの基礎学力を引き上げることに成功している学校」（志水、２００９）であり、子どもの「生まれ」による学力格差の是正に成功している学校を指します。アメリカで開始されたエフェクティブ・スクール研究の発端は、コールマンレポート（１９６６）と呼ばれる「教育機会均等調査」の報告書とこれに続く『不平等』（Jencks, 1972）の刊行にあるとされています（志水、２００９）。前者の報告書によって、子どもの学力は家庭背景と密接に結びついており、この家庭背景とは別に、学校は子どもの学力に独自の直接的影響はほとんど及ぼしていないという非常に衝撃的な事実が明らかにされました。また後者の著作においても、社会的不平等を減少させる上で学校は限定的な役割を果たすことしかできないと「学校無力論」にもつながりかねないショッキングなアメリカ社会の姿が明るみにされたのです。

元来、近代に誕生した学校という制度は、階層・人種や家柄などの生得的な背景による様々な不平等から人々を解放し、個人の能力や努力によって誰もが公正・平等に将来の進路選択ができ職業達成を果たすことができる社会装置として建設されました。しかしながら、現実の学校は不平等を解消するどころか、不平等を再生産する役割しか果たせていないという可能性が浮かび上がったのです。これが契機となって、教育研究者たちは、明らかな教育格差・学力格差の存在を前に「学校には何ができるのか？」をシンプルに探究する「学校効果論」「効果のある学校論」の展開をスタートさせていきました。

さて、この「効果のある学校」研究において、エフェクティブ・スクールは次の手順を経て判定されます。

【エフェクティブ・スクールの選出基準と手続き】

①学力テストの点数に基づいて、最低習得基準（このぐらいの点数はとってほしいという教師側の期待水準を表すもので、通常、平均点よりやや低いラインが「基準点」）を設定する。

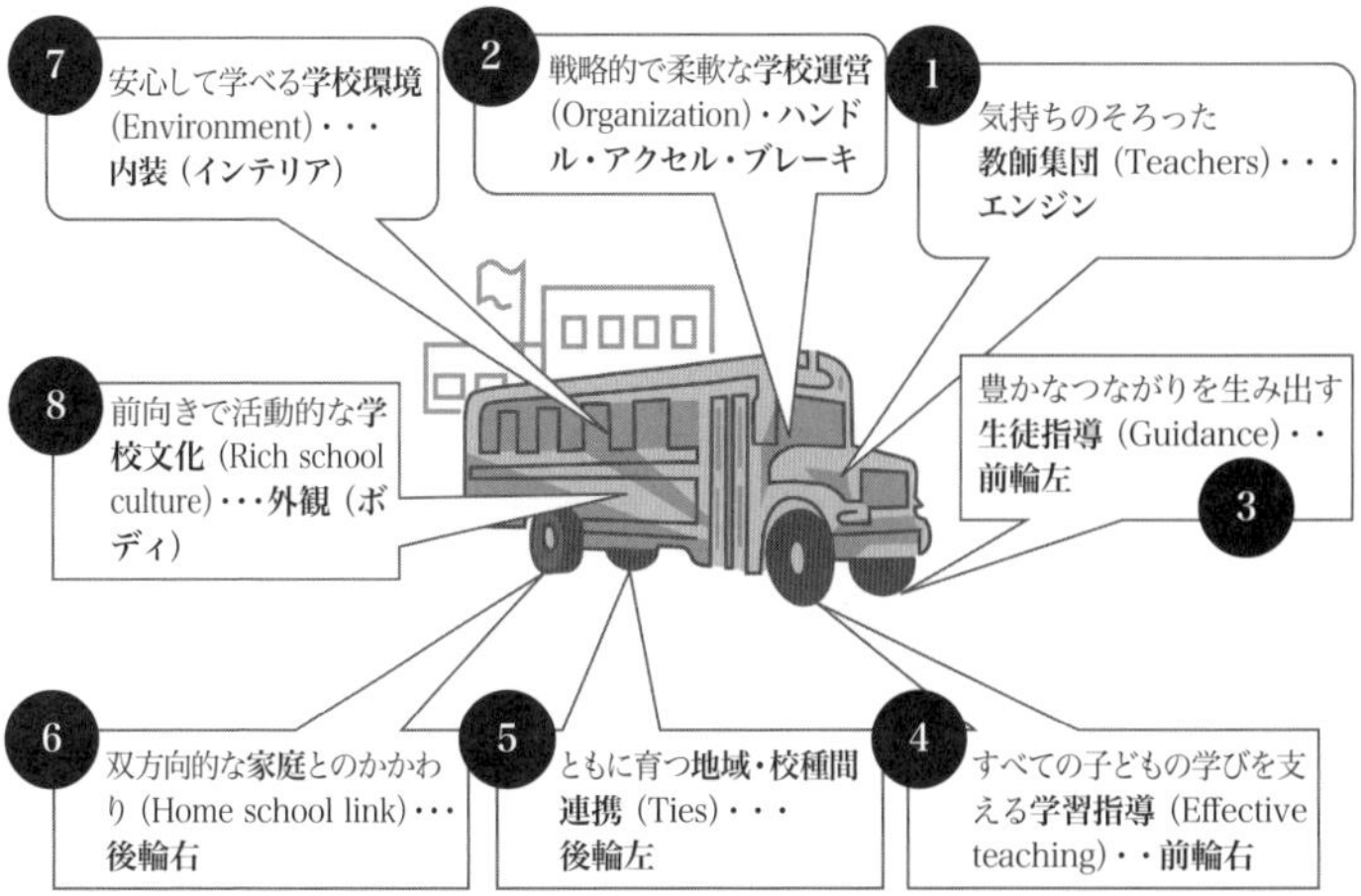

（志水宏吉（2008）公立学校の底力、ちくま新書、p.240 より許可を得て転載）

図3-9　力のある学校のスクールバス・モデル

②子どもたちを属性（例：所得階層、通塾等）によって幾つかの集団にグルーピングする。

③グループごとの基準点に対する「通過率」を求める。

④すべての集団カテゴリーについて、通過率がある水準を上回っている場合、その学校をエフェクティブ・スクールと判定する。

こうして判定された学校と「効果のない学校」を長期間にわたる訪問観察調査や各種資料の分析によって比較することで、エフェクティブ・スクールの特徴を炙り出していったのです。わが国でも鍋島（2003）によって効果のある学校研究が創始され、志水の「その学校に通うすべての子どもたちをエンパワーする学校」という意味での「力のある学校」研究に発展し、今日では「スクールバス・モデル」（図3‐9）のような優れた知見が蓄積されてきています。

遅ればせながら学校体育にも同様なアプローチが必要です。すなわち、すべての階層の子どもに最低限の体力水準が保障できている学校を体育版エフェクティブ・スクールと措定し、その学校の特性・特徴を徹底的に洗い出すという学校研究への着手です。またこの研究方法は、学校だけでなくコミュニティ・スポーツの領域にも応用可能でしょう（子どもの家庭背景にかかわらず運動・スポーツ活動への参加や子どもの体力を保障できているエフェクティブ・コミュニティ）。しかしながら、体育版「効果のある学校」研究をスタートさせるためには一つの前提となる大きなハードルを超えなければなりません。

最低限必要な体力とは

そのハードルとは、子どもの体力における「最低習得基準」をどのように定めるか、という課題です。先に紹介したように、エフェクティブ・スクールを判定するためには、その手続きの最初の段階において「最低習得基準」、つまり教師側の期待水準を定め、そのラインの通過率をもって判定します。しかしながら、これまで学校体育の分野において、この国のこれからを生きる子どもたちに最低限保障すべき当たり前の体力水準とは何か、についてどれだけ具体的な議論が深まっているのでしょう。少なくとも、体力の自然科学的研究を専門としていない筆者には皆目見当がつきません。そしてこのことは、どうやら体育学／スポーツ科学にとって長年の難題であったようなのです。

例えば、体育・スポーツ系諸団体の要職を務めた体力科学を専門とする小林東京大学名誉教授は、自らが編者の任を務めた雑誌『体育の科学』（今では数少ない体育・スポーツの専門雑誌）の特集テーマ「現代の子どもの体力—最低必要な体力とは—」（１９９９）の冒頭で次のように述べています。

今、子どもたちの体力が１９８０年代の子どもと比較して劣っているという事実に対して、この問題をどのように考えるべきか、という問いかけがなされている。おそらくこのような低下傾向はますます進行してゆくことであろう。なぜなら親となる人々の体力が低下しているので、その世代から生まれる子どもたちの体力は、さらに低水準となる可能性が強いからである。（中略）今後さらに低下した体力の子どもたちが増加し、深刻な社会問題化した時に、改めて「体力問題」や「運動能力」の問題が政治的・文化的意味で注目されることになるだろう。そのような時代になった時、〈最低必要な体力とは何か〉という問いかけでの論議がより盛んとなることであろう。

また、その10年後の２００９年、同じく雑誌『体育の科学』の「子どものからだと運動・遊び・スポーツ」特集号の中で、身体活動の脳・神経科学を専門とする大築東京大学名誉教授は、教育実践の現場における適正な体力育成が図られるためには簡便なガイドラインが重要であると述べた後、そもそも「子どもにとっての適正な体力とはどのようなものであるか、については学問的にまだ検討が始まったばかりであり、科学的に確かな証拠が充分にあるとは言い難い」と当時の体力科学の到達水準を端的に指摘しています。

さらに時は過ぎて、『体育の科学』２０１６年7月号では「現代人に必要な体力とは」が特集テーマに組まれ、その編者を務めた国立健康・栄養研究所基礎栄養研究部長の田中氏は、次のようにこの特集の趣旨を説明しています。

（現在では）筋力や持久力をはじめ、日常生活を営む上で必要とされる最低限の体力はかなり低くなっていると考えられる。その点からすると体育の専門家以外が体力の重要性を感じていなくても不自然ではない。少なくとも、現代人に求められている体力は、50年前あるいは数千年前とは異なっているはずである。本特集では、「現代人にとって、体力は重要なのか」「体力が重要だとしたらなぜなのか」「どのような体力が重要なのか」を共通の問題意識として様々なアウトカムや対象年代別に解説していただく。（括弧書きは筆者）

つまり、「現代の子どもの体力―最低必要な体力とは―」がテーマとして設定された約20年前とほぼ同様の趣旨のテーマが今もなお議論され続けているのです。そして、この特集論文の中で、発育発達学・健康体力学を専門とする引原千葉工業大学准教授は、次のように述べています。

体力は活動の源であり、いわゆる「生きる力」の基盤となるものと理解されている。にもかかわらず、「成人あるいは子供にとっての必要な体力とは？」という疑問に対して、明確な答えを導き出すことは難しい。

要するに、「子どもにとって最低限必要な体力」を明らかにする課題の重要性は共通認識されているものの、この問いに対する明快な回答は未だ得られていないということのようです。しかしながら、子どもの体力・運動能力の二極化＝体力格差という問題を、社会問題としてとらえ、これを公共的課題として政策や学校教育等の公助によって是正しようとするならば、公的に保障すべき一定の基準を定めるための学術的研究は今後も不可欠ですし、一定の解答を急ぐべきでしょう。

4. 現代日本のスポーツ政策と子どものスポーツ格差

最後に、現在わが国で展開されているスポーツ政策（国民の生涯スポーツに関連する政策）と子どものスポーツ格差の関連性について考えてみたいと思います。つまり、現下の国の生涯スポーツ政策は子どものスポーツ格差の是正・縮小に対して、有効に働くのかそれとも格差をさらに拡大する方向に作用するのか、ということです。結論を先取りすれば、ポジティブ・ネガティブの両側面があるといわざるを得ません。

(1) 成人のスポーツ実施率の向上と子どもの体力

わが国で初めて策定され国民に公示された国のスポーツ・マスタープラン「スポーツ振興基本計画」（2000）は、それまでの体育政策とはいくつかの点で一線を画するものでした。その一つが、計画の期間を明記して、その間に達成すべき「数値目標」を定めたことです。またこれ以降、都道府県及び市区町村自治体でもスポーツのマスタープランをつくり、この中で数値目標を掲げることが通例となっています。そして、21世紀の生涯スポーツ政策で最もこだわっている数値目標が、国民・市民の週当たりのスポーツ実施率です。

2000年の国の基本計画では、成人の週1回以上のスポーツ実施率50％が目標とされました。続く2012年の第一期スポーツ基本計画では週1回以上が65％、週3回以上が30％程度、そして直近の2017年計画（第二期）でも変わらぬ目標値が設定されています（ここでは、このような数値目標を定めることの是非、あるいは数値目標そのものの適切さや妥当性に言及することはしません）。

また、第二期基本計画では、特に20〜50代の子育て働き世代の実施率を高めることが求められています。さらに、スポーツ庁「スポーツ実施率向上のための行動計画」（2018）では、施策の対象を「子ども・若者」「ビジネスパーソン」「高齢者」「女性」「障害者」といったカテゴリーに分け、各対象への直接的な働きかけによる短期的な効果を企図した政策展開が中心となっています。

しかし、本書で明らかになったように、親のスポーツ資本やスポーツ習慣が子どもに世代を超えて継承されることを勘案すると、現在の子育て働き世代のスポーツ実施率向上を目指した取組みは、その子弟たちのスポーツ習慣やスポーツ諸能力にも間接的な影響を及ぼすものと期待されます。この意味で、成人やビジネスパーソンを対象とした施策の効果は、世代を超えてインパクトをもたらすものと考えられます。成人の実施率を上げることは子どもの体力問題に役立つという観点からも意義があることでしょう。

しかしながら、第1章でも述べたように、雇用の流動化や若者の貧困率の増加により20〜40代の経済格差は大きくなってきています。特に経済的に苦しい生活を余儀なくされている若い共稼ぎ世帯にとっては、子どもとスポーツをするカネもヒマもないというのが現実でしょう。時間の問題は短期的に解決するのは難しいでしょうが、ウォーキングや体操だけでなく親と子がともに楽しいスポーツのひと時を過ごせるカネのかからない身近なファミリー・スポーツの環境整備が急がれます。

またさらに、スポーツ実施率という数値だけを向上させるために、スポーツの健康増進効果という側面のみを過度に強調し、ウォーキング（散歩）や体操そして階段昇降などの寡黙な「ひとりエクササイズ」をスポーツ活動に含めて奨励したとしても、格差問題の解決にはさほど効果はないでしょう。なぜなら、格差の是正・解消には、社会的なつながりを大切にすることが重要であることが近年の格差研究によって明らかになってきているからです。スポーツ格差の是正・縮小だけでなく、そのことが社会全体の様々な格差解消に貢献するためには、スポーツの楽しさ・喜び・感動の共有を通じた社会的交流の促進を図ること、具体的にはスポーツ振興基本計画（２０００）で主要政策とされたクラブスポーツ・イノベーション（総合型地域スポーツクラブ）のさらなる全国展開の推進とクラブ参加人口の増加こそが重要であろうと考えます。

⑵スポーツの成長産業化とスポーツ格差

今年2021年は、スポーツ界最大の祭典、オリンピックイヤーです。本来であれば、多くの競技関係者と観戦者・旅行者が世界中から集い、わが国にとっては震災後の復興を全世界にアピールする絶好の場として、また冷え込んだ国の経済を潤す機会として国民の期待はとても大きいものがありました。さらに、新型コロナウイルス感染症の感染拡大に伴う経済的打撃は、為政者たちや経済界にとって延期されたオリンピック・パラリンピックに対する期待をさらに膨らませるものとなったのでしょう。

こうした、五輪を契機とするスポーツの成長産業化は、第二期スポーツ基本計画（2017）の策定以降、強力に推進されている現行スポーツ政策のもう一つの側面です。安倍政権の経済政策アベノミクスの成長戦略第2ステージとして作成された「日本再興戦略2016」では、「第4次産業革命」の一つの柱としてスポーツの成長産業化を打ち出しました。スポーツには人を夢中にさせ感動させる魅力があるにもかかわらず、その魅力に相応しい経済的な価値を生み出していないというのが政権サイドの認識です。そこで、KPI（重要業績評価指標）に「スポーツ市場規模（昨年：5・5兆円）を2020年までに10兆円、2025年までに15兆円に拡大することを目指す」ことが新たに設定さ

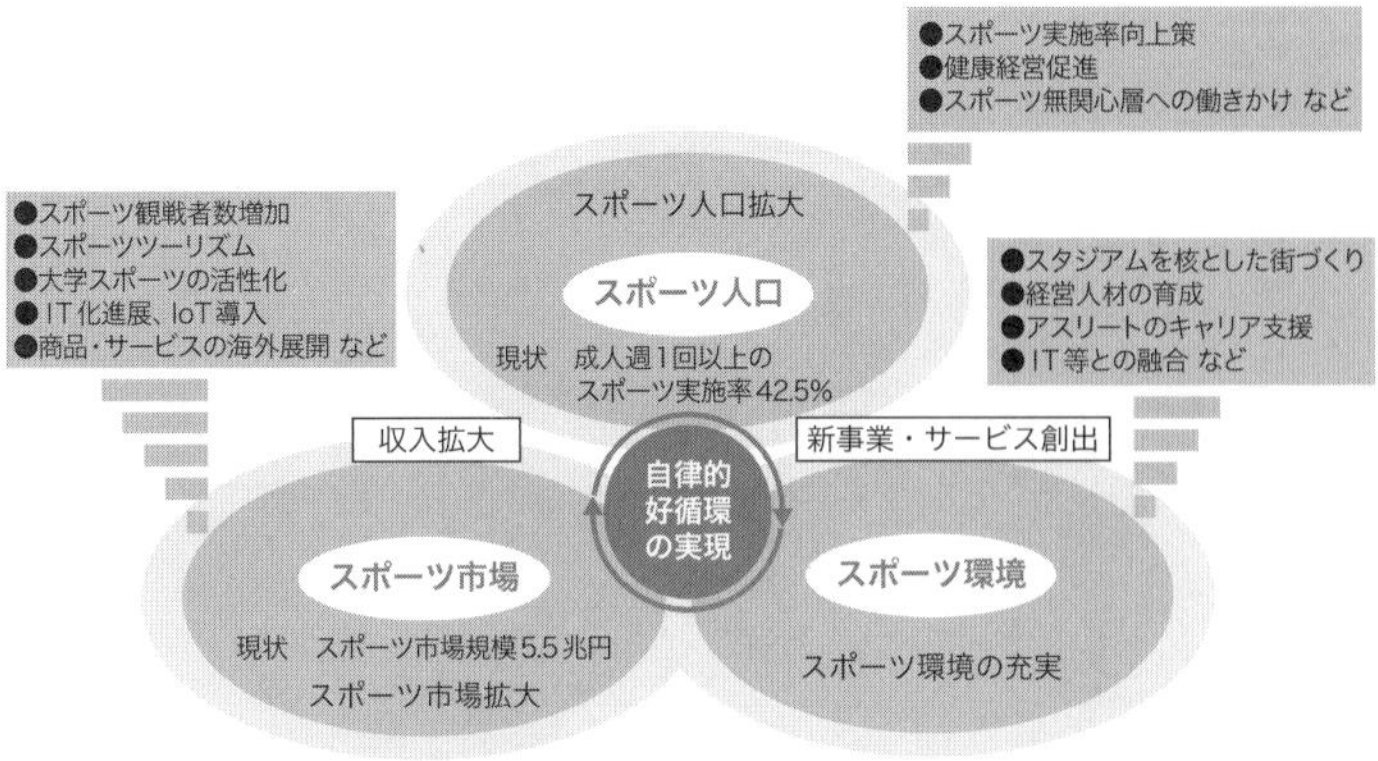

(平成29年度「スポーツ産業の成長促進事業スポーツ関連新事業創出支援事業」報告書より)

図3-10 スポーツによる経済の活性化(第2期スポーツ基本計画)

れ、2020年以降、スポーツ産業をわが国の基幹産業に成長させるというのです。

スポーツ産業が栄えて市場規模が拡大した分(つまりスポーツで稼いだ利益)をスポーツ環境の整備充実に充てる原資とし、スポーツにかかわる新事業やサービスを創出させることでスポーツ人口の拡大を実現する。そして、スポーツ人口が増えればスポーツ市場規模はさらに拡大する。こうしてスポーツは税金を費やす「コストセンター」から「プロフィット(収益)センター」へと変貌し、スポーツが自分で稼ぎ自ら発展するという税金に依存しない自律的好循環を実現し、真に自立した文化として発展する、これがスポーツ庁が描く「経済政策としてのスポーツ政策」のシナリオです(図3-10)。

しかしそれは見方を換えれば、国民のスポーツライフがスポーツ産業の栄枯盛衰と一蓮托生になってしまうということでもあるのです。スポーツビジネスが成功しなければ国民のためのスポーツ環境は整えようがないということになるからです。そしてこのシナリオの最大の盲点は、この政策が展開されようとしている現在の日本社会は、かつての一億総中流社会（みんながそこそこ豊かな社会）ではなく格差社会・貧困大国であるという現実です。国民のスポーツ活動の場が無償の公的サービスではなく、それなりの対価を払わなければ得られない民間営利サービスへと変わっていくことで、決して少なくない人々たちからスポーツの機会を奪っていくことになりかねない、そしてスポーツ格差は悲劇的に増大する、そんな懸念は拭えません。

さらにまた、オリンピック・パラリンピックの招致を契機に経済成長をねらう近年のスポーツ推進策は、看過できない歪みをわが国のスポーツ環境にもたらしかねません（清水、2017）。何よりも、オリンピック・パラリンピックの盛り上がりはスポーツの市場化に拍車をかける起爆剤です。先にも触れた学校運動部活動の地域移行はそうしたオリンピック・レガシーの一つの代表例ですし、地域住民主体で運営され廉価な会費で多種多彩なスポーツ・文化サービスを提供する非営利スポーツ組織であった総合型地域スポーツクラブにも産業化への期待がかけられています。

経済産業省では、2020年10月に「地域×スポーツクラブ産業研究会」を立ち上げ、これまでボランティア（教員や住民）を主体として運営されていた学校運動部活動や地域スポーツクラブを「対価をとって」サービスを提供するというスポーツの習い事化（有償化）を今以上に拡充することで「クラブ産業」として確立し、持続可能な地域経済の新しい成長の核とする方向性を打ち出しています。

こうなれば、本書で提案した格差・是正のマネジメント空間（図3-7）あるいは公的セクターによる最後のセーフティネット（図3-8）さえも貧しい家庭の子どもたちから奪ってしまうのではないか。そんな疑念は、いらぬ心配なのでしょうか（スポーツクラブ産業研究会の検討事項の中には、親の所得格差による機会の不平等が生じないような対策も取り上げられてはいるのですが…）。

他方でスポーツによる経済活性化策の主要な目玉施策は、スポーツ観戦の場となるスタジアム・アリーナ改革や大学スポーツの見るスポーツとしてのビジネス化、新たなスポーツメディアビジネスの創出など、その多くは「見る・見せるスポーツ」の産業振興であり、本書が関心を置く子どもの「するスポーツ」とは一見関連がないようにも見えます。

しかし、ヒーロー・ヒロインであるトップアスリートたちのパフォーマンスや彼・彼女らが栄光に輝く姿を目の当たりにすることは、とりわけ子ども世代にとっては、「見るスポーツ」から「するスポーツ」へ誘われる貴重なチャンスです。もし、子どもたちがオリンピックやプロスポーツそして新興の大学スポーツをテレビやインターネットで見て感動し、「将来は僕も！ 私も！」とアスリートになることを夢見たとしても、豊かな資源に恵まれない家庭の子どもたちにとって「どうせ僕（私）なんか無理だよね」と、その直後に絶望の淵に落とされ下を向いて落胆するしかありません。こうなれば、スポーツは多くの子どもと国民にとって専ら「する」ものではなく「見る」鑑賞物となり、トップスポーツと国民の生活スポーツは完全に断絶した別物となってしまうでしょう。

以上のようにスポーツが儲かるコンテンツとなれば、次々とスポーツサービスが商品化され、家計負担は増大します。つまり、現下のスポーツ政策は、本章で提案したスポーツの無償化とは全く逆のベクトルに強力に舵を切ろうとしているのです。敢えていえば、本書で示した研究の知見は、こうした時期だからこそ一定の意義をもつものと考えています。

まずは、国を代表するアスリートの育成強化と並んで、あるいはそれ以上に、スポーツを子どもたちの権利としてとらえ、誰もがスポーツに親しみ心も体も育むことができる、そして何よりも家庭環境の面で不利な状況にある子どもたちにも行き届いたスポーツ環境の整備にまずは優先的に取り組まなければならないと思います。

できうるならば、大幅な政策転換により子どもスポーツの無償化とそのための公共投資が少しでも進むことを願ってやみません。なぜなら、子どもにとってスポーツ、なかんずく学校の体育や身近な生活圏内でのスポーツ活動の機会や場は、経済学者宇沢弘文氏のいう「社会的共通資本（社会にとっての共通の財産）」であると考えるからです。

コラム3 ちょっとした工夫が学校体育を変える

三つの間の減少

昭和世代は、今と比べて子どもの体力レベルはなぜ高かったのだろう? 私も我が子も同じ家から同じ小学校に通い、ほぼ同じカリキュラムの授業を受けていたのになぜ、世代間差があるのだろう?

この疑問を解いていくと、今と昔の違いは、放課後や休日に走り回って遊べる時間があるかないかなのです。遊びの三つの間(ま)といわれる時間、空間、仲間が激減したからです。少子化の影響は大きな社会問題ですが、嘆いていてもはじまりません。ただし、今でも小学校には同年齢、異年齢の遊び仲間がおり、広いグラウンドがあります。言い換えれば学校でしか今の子どもたちは仲間との活発な身体活動を経験できないのかもしれません。後は、周りの大人がいかに工夫して遊びの時間を確保するかが問題です。年々学校のカリキュラムが多様化している昨今では、そうそう遊びの時間の確保は難しいのが現実です。唯一、身体活動のために体育の時間だけは確保されていますが、決して体育だからといって十分な身体活動が行われているとは限りません。現に私たちの調査においても、体育授業の種目によっては驚くほど身体活動量が低いものもあります。また、教師の授業方法によっては、話を聞く時間や順番を待つ時間の方が長く、一人ひとりの活動が制限されていることは現実問題としてあり、「運動は好きだが、体育は好きではない子」が増えているとも指摘されています。

ちょっとした工夫で身体活動量は高まる

こうした問題を解消すべく、日本スポーツ協会は子どもたちが楽しみながら多様な動きを経験し、積極的にからだを動かすことのできるアクティブ・チャイルド・プログラム(以下、ACPと記す)を開発し、指導現場への普及を行っています（日本スポーツ協会ACP公式サイトを参照のこと）。ACPは、子どもの発達段階に応じて身につけておくことが望ましい動きを習得する運動プログラムとして開発されており、日本全国各地のスポーツ少年団、総合型地域スポーツクラブ、保育施設などで実践されています。

ACPの概念とは、子どもが楽しみながら集団で身体を動かし、基礎的運動能力である走・跳・投動作を中心に多様な動きを経験し、且つ運動遊びを皆でアレンジしながら行うことです。加えて、楽しみながら運動を行った結果として子ども全員の身体活動量を高めることをねらいとしています。

そこで、運動の得意な子と苦手な子が混在している体育授業において、導入部分でより多くの子どもが運動の楽しさを感じることができ、限られた時間の中でも強度の高い身体活動を行うことをねらいとするACPの概念を取り入れたプログラムを導入することは、体力・運動能力はもちろん、運動嗜好も様々な児童が混在する体育授業において有用であると思われたため、ACP体育群と通常体育群で多角的（子ども達の身体活動量、主運動の上達程度、子どもの意識）に比較分析してみました（春日ら、2020）。単元は小学2年生のマットを使った運動遊びで、全6時間（児童53名）でした。

図1はクラスの平均運動強度を時系列で示しています。軽いランニング、徒手体操、マットを使った準備運動を行った通常体育と比較してACP体育の方がすべての授業において圧倒的に高い運動強度であることがわかります。ここでは、授業の導入の10～15分程度に3～4種目のACP運動遊び（各種鬼ごっこ、言うこと一緒・やること一緒、ボール遊び、ねことねずみなど）を取り入れましたが、運動が得意な子も苦手な子も一緒になって笑顔で遊ぶ場面が多く見られました。マット運動がメインの授業はどうしても全体の活動量が制限され、せっかくの体育の授業日でも日頃の活動不足を補えないことがあるため、少しの時間の工夫に

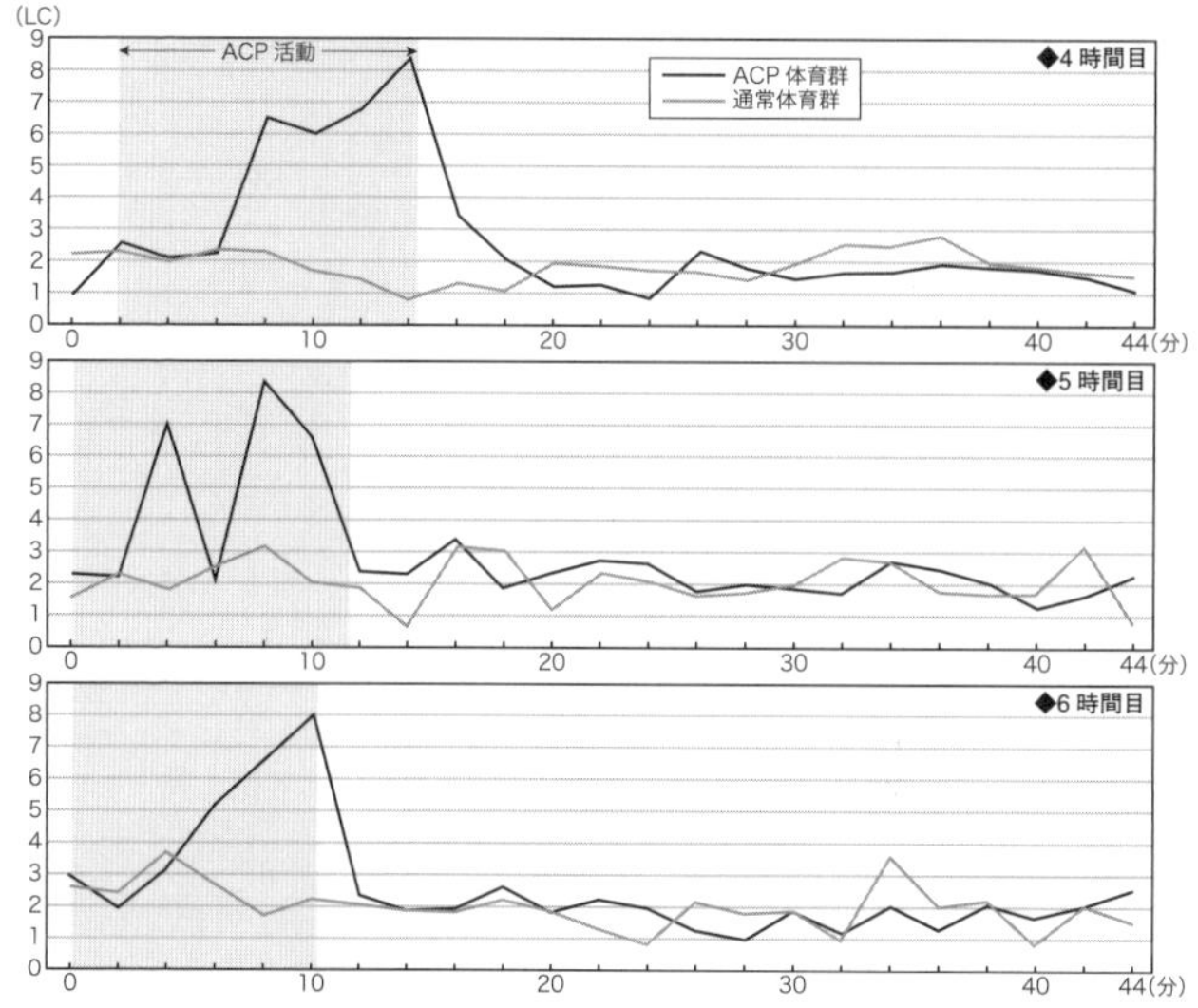

図1　クラスの平均運動強度

よってクラス全体で活発に楽しく遊ぶ機会を設けることは大切なのかもしれません。もちろん、ACP体育の場合は、中・高強度運動の出現割合も多く、授業全体で2000~2500歩の確保がされていました。さらに、単元全体の目標であった前転と後転動作に関しても、映像記録による動作評価を行いましたが、両授業法ともに最終的な習熟度に変わりがなく、10分程度の時間をACPに割いたとしても、単元の目標は達成することができていました。また、両方の授業スタイルを経験させた児童の最終アンケートにおいても、84%の子がACP体育の方が楽しく、これからも行いたいと意思表示していました。

ACPの可能性はまさに「百聞は一見に如かず」であり、全国の多くの教師が体験し、小学校における導入が今後ますます促進されることを願うばかりです。それは、何より多くの子どもたちと教師が笑顔になれるとても優れたツール（教材）だからです。

（春日晃章）

コラム4 子どものスクリーンタイムと体力・運動能力

スクリーンタイムと体力の関係

子どもの体力が低下傾向にあることはすでに周知だと思います。また、スポーツ庁の調査によれば、ここ数年は若干の改善傾向が見られていたこともコラム2で紹介しました。これに加えて、令和元（2019）年度の調査では再び顕著な低下傾向が見られていることをご存知でしょうか。様々な原因が考えられ、必ずしも一つの要因だけに絞ることはできないと思います。けれども、そんな中でも特に、問題視されたのがテレビを見たり、ゲームをしたりする、いわゆるスクリーンタイムの増加です（図1）。実は同調査の結果ではスクリーンタイムは4年ほど前からずっと増加傾向にあります。その間、体力測定の結果は若干、改善していたのですが、令和元年度になって遂に低下傾向を示したのです。スクリーンタイムは日常の生活習慣の一部であるため、増加したその日から体力が低下するわけではありません。しかし、スクリーンタイムの長い生活が一定期間続けば、子どもの運動時間の減少につながる可能性があり、しばらくすれば、体力測定値の低下となって現れても不思議ではありません。このような現象が実際にスポーツ庁の調査でも現れたのではないかと考えることができます。

ここで、少し先行研究を見てみると、谷川ら（2020）の研究では幼児を対象にスクリーンタイムと体力の関係を検討していますが、実はあまり明確な関係性は見出せていません。一方で、長野ら（2015）や中條ら（2015）では4年生以上の児童や高校生を対象に類似の検討を行い、有意な関係性を見出しています。これらの先行研究を見ると、小さい頃は両者の関係性は明確ではないが、小学校高学年やそれ以上の年齢ぐらいになると、徐々に体力へのスクリーンタイムの影響が見られ始めてくると考えてほぼ間違いな

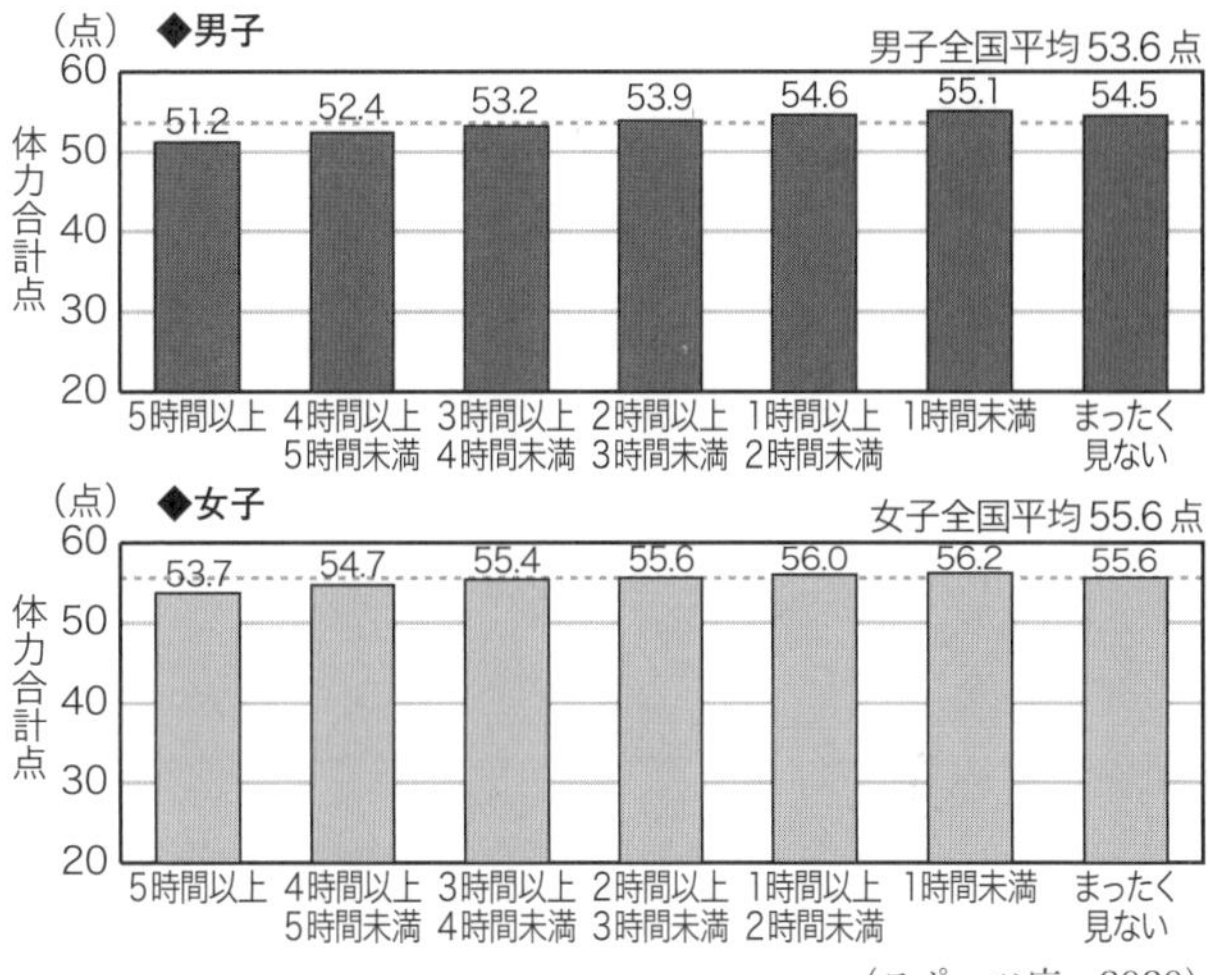

(スポーツ庁、2020)

図1　テレビやゲームの画面を見る時間と体力合計点との関連

さそうです。そこで以下では、実際に筆者らが同じ小学校の2、4、6年生を対象に調査を行い、スクリーンタイムと体力の関係性の変化を検討した結果を紹介します。

スクリーンタイムと体力の関係性は変化する

調査では、648名の児童を対象に主にスクリーンタイムに関する質問をしました。一緒に8項目の新体力テストも行っています。性・学年別にスクリーンタイムが平均以上の群と平均未満の群に分類し、それぞれの体力測定の結果を比較しました。体力測定の結果は性・学年別に標準化したスコアを用いています。図2は、特に、興味深い結果の得られた上体起こしと反復横跳びの結果です。上体起こしの結果を見ると、2年生ではスクリーンタイムが平均未満の群に比べ平均以上の群の記録がよいことがわかります。同様に、反復横跳びにおいても2年生ではスクリーンタイムが平均以上の群の記録がよくなっています。しかし、いず

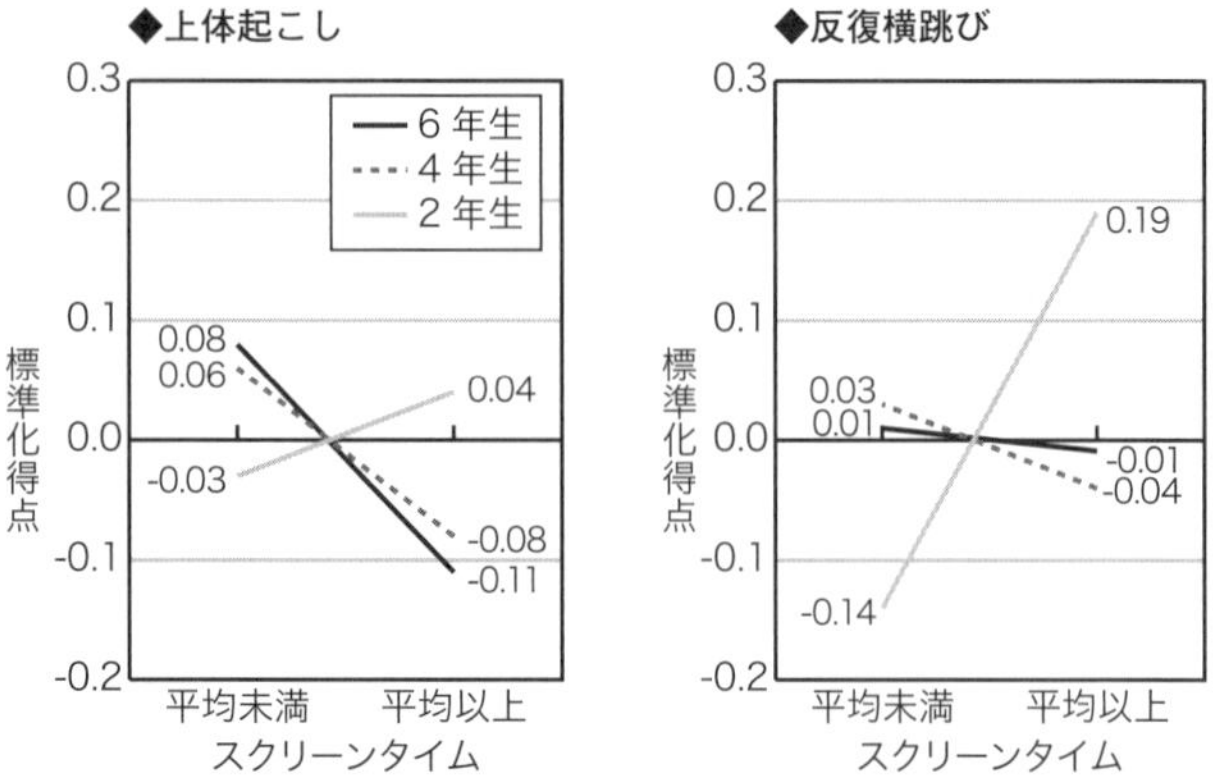

（中野、未発表データ）

図2　スクリーンタイムと体力の関係変化

れの項目も4年生6年生になると、その傾向が逆になっていることが確認できます。特に、上体起こしではスクリーンタイムが平均以上の群の記録が顕著に低下しています。実は、全8項目の平均をとった場合でも同様の傾向が確認されました。この結果から推察できることは、前掲の先行研究の考察と同じように、学年が進むにつれて徐々に体力へのスクリーンタイムの影響が見られ始めてくるというものです。やはり、低学年や幼児の頃から、生活の中でテレビやゲームに触れる時間に一定程度の基準やルールを設けていく必要があるように思います。おそらく、中学生や高校生になってからでは、このような習慣や意識を変えることは難しいと思います。限られた一日の中で運動や学習にも適切な時間を充当できるような生活を心掛けてほしいと思います。

（中野貴博）

おわりに

夢を再び！1964年東京五輪の成功体験にすがるような願いを込めて招致したメガイベント「復興五輪（?）」が東京で開幕したものの、競技会場や日本中の繁華街がいつものような熱狂に包まれることもなく、2か月前に静かに幕を閉じました。

「オリンピックどころではない」、と多くの国民の中に不安と不満が渦巻く中、とうとう最後まで「何のための五輪開催か？」について、誰からも説得力のある理由は語られませんでした。招致段階から事前に約束した金額を大幅に上回る国民・都民の税金を投入するということだけでなく、緊急事態に直面した人々の健康や生命を危険にさらしてまでも開催しなければならない正当な理由などなかったのだと思います。もちろん、真のワケなど時の為政者は国民に対して明らかにできるはずもないのでしょう。

五輪とスポーツの価値が自分の暮らす国で開かれた国際イベントによって失われていくというこの稀有な機会を悶々と過ごして意を強くしたことがあります。それは、やはりスポーツという「社会的共通資本」の管理を決して政治・経済権力の手に全面的に委ねてはならない、ということです（特に、子どものスポーツについては）。社会的共通資本とは、わが国が生んだ不世出の経済学者宇沢弘文教授が唱え続けた概念であり経済理論です。それは、「ゆたかな経済生活を営み、すぐれた文化を展開し、人間的に魅力ある社会を持続的・安定的に維持することを可能にするような自然環境や社会的装置（例えば、医療や教育）」のことです。その管理にあたっては、社会全体にとっての共通の大切な財産であるからこそ、行政権力による官僚的支配や市場による利潤追求の対象にすべきではなく、それぞれの社会的共通資本にかかわる職業的専門家集団により、専門的知見と職業的倫理観に基づき管理運営されなければならないとしました。スポーツでいえば、ＪＳＰＯ（日本スポーツ協会）、ＪＯＣ（日本オリンピック委員会）、ＪＰＳＡ（日本パラスポーツ協会）、種目別競技団体そして地域社会で活動する多くのスポーツＮＰＯなど専門性と倫理性を兼備した非営利の組織・団体が、自覚と責任をもってすべての人々の権利としてのスポーツを公正・平等に公共財として扱うことを基本としなければなりません。だからこそ、そうした民間非営利組織のガバナンスと文化を扱う専門的力量の水準を今より格段に引き上げることも求められるでしょう。

＊

元来スポーツは、「競争」に勝つことを求める人間の素朴な欲望を原点にした遊びです。この征服欲望や分不相応な成長欲望という人間の業に起源をもつスポーツという文化は、その欲望を放置したままにしておくと、欲望が果てしなく自己増殖を続けて暴走し、いろいろな病にとりつかれてしまいます。これに、資本の利潤最大化欲望（儲けたい）と政治権力の支配欲が絡まれば、ドーピングに象徴されるようにスポーツによる人間疎外を経てスポーツ自体の退廃と自己破壊に帰結してしまいかねません。そうならないためには、適切なスポーツマネジメントが機能することが重要です。スポーツマネジメントとは、決してスポーツを用いた利潤追求活動ではなく、スポーツという文化を正しく健全な方向に舵取り＝マネジメントすることです。第3章で述べた格差是正・縮小策は、まさにスポーツマネジメントの具体的処方箋といっていいでしょう。

＊

「はじめに」の中で、どうやらわが国のポーツは、スポーツ振興法成立以来60年の間、スポーツをみんなのものにしようという理想の方向に向かっていないのではないか、むしろ中世の時代のように、特定の条件・資格を持った人たちしかスポーツに参加できないというような「悪い方向」に向かっているのではないか？と問いかけました。悪い方向とは、スポーツの公共性が失われ国家権力と経済権力に私物化され、金まみれになって腐敗し、スポーツという文化から人間的なものが失われていくことを暗示しています。体力や運動能力の二極化もスポーツ格差もそうした文化的退廃がもたらす負のアウトカムと捉えることができます。

ところで本書では、「体力の二極化」という用語に代わり体力格差やスポーツ格差という用語を提起しました。しかし本来は「格差」などというオブラートに包んだ言葉よりも、「不平等」という単語を使ってより道徳的・倫理的な正義感に訴えるべきだったかもしれません。体力・運動能力は、親からの遺伝によって引き継がれるよりも、子どもが生まれ育つ生活環境との相互作用の中で後天的に獲得される部分の方が大きいことがわかっています。つまり、体力の格差とその深刻化という現象は、わが国の子どもたちが、著しく「不平等」なスポーツシステムの下におかれているということを意味しています。

『正義論』で著名な政治哲学者ジョン・ロールズの正義の第二原則は、「格差原理」です。この格差原理によれば、社会的・経済的な不平等は、最も不利で不遇な境遇にいる人たちに最大の利益になるように調整されなければなりません。それが社会の正義です。しかし、現在のわが国のスポーツ資源や資金は、逆に、最も恵まれた人々が莫大な利益を得るように分配されているように思います。

計算は苦手ですので、わずか数週間のメガスポーツイベントのために、招致活動が始まってから今日まで、総額どれだけのお金が投入されたのかは定かではありません。ただ、おそらくそのわずか1割、いや1％だけでも家庭背景に恵まれない子どもたちのスポーツへのアクセスのために使われたなら、どれだけ多くの子どもたちがスポーツの楽しさ・喜びに触れ、そこから多くの恵みを得ることができたかと思うと、やはり資源分配の原則をもう一度考え直さなければならないと思います。本書で問いかけたかったことは、スポーツにおける正義とは何か？ 公平・公正なスポーツのあり方とは？ そして正しいスポーツ文化の発展方向とは？ といった根源的な問いであり、現時点ではこの問いに、「それはスポーツの公共性の追求にある」と回答できると確信しています。

＊

本書で紹介した子どものスポーツ格差にかかわる分析は、科学研究費補助金挑戦的萌芽研究（2016〜2018年度）の助成を受けて実施された調査・測定データを用いて行いました。そして、このような研究結果は、子どもたち（幼児から中学3年生まで）の体力・運動能力の個票データと保護者及び児童生徒の皆さまにご協力いただいたアンケート調査の回答結果を紐づけて分析可能なデータセットを得られたことで初めて明らかとなりました。おそらくわが国では初めての貴重なデータの提供に寛容なご理解と多大なご協力をいただきました渡邉哲郎多治見市教育長をはじめ教育委員会の皆さま並びに多治見市内の公立学校教職員、そして調査にご回答いただいた多数の児童生徒と保護者の皆さまに厚く感謝申し上げます。

最後になりますが、大修館書店の阿部恭和様には、構想の段階から本書の主張に共感し、支え、励ましていただきました。また編集の過程では、大変丁寧で細やかな作業をしていただきました。本書の刊行にご尽力をいただいた大修館書店の皆さまを含め、心から感謝を申し上げます。ありがとうございました。

2021年10月

編著者　**清水紀宏**

Asia - Fit Study による国際比較データから～. 第 18 回日本運動疫学会学術総会 .
鈴木宏哉（2019）10 年間の推移からみる子どもにおける運動・スポーツ実施状況の多様性・格差. 子ども・青少年のスポーツライフ・データ 2019：20-27.
鈴木宏哉(2016)運動･スポーツと運動あそびの実施実態と関連要因. 子どものスポーツライフ・データ 2015：16-21.
鈴木宏哉（2018）被災地で研究者が行った運動支援―女川の未来を創造する子どものアクティブライフ―. 震災学 12：46-60.
鈴木宏哉（2019）東日本大震災後の環境の変化が子どもに与える影響. 子どもと発育発達 16（2）：85-89.
〈コラム 2〉
スポーツ庁（2019）平成 30 年度全国体力･運動能力､運動習慣等調査報告書. スポーツ庁、pp.10-17.
長野真弓・足立稔（2018）親の運動嗜好と子どもの体力との関連性の検討. 発育発達研究 78：24-34.
中野貴博（2016）今の子どもたちの発育発達を考慮した運動指導の在り方. コーチングクリニック 30（12）：64-67.
中野貴博・四方田健二・坂井智明・沖村多賀典（2019）保護者の運動嗜好性は子ども達の活動意欲や体力に影響をおよぼすのか―運動実践中の子ども達の体力・活動量変化による検討―. 名古屋学院大学論集　医学･健康科学･スポーツ科学篇 8(1)：9-18.
〈コラム 3〉
春日晃章ら（2020）アクティブ・チャイルド・プログラムの概念を取り入れた体育授業が子どもの身体活動量、技能向上および意識に及ぼす影響. 発育発達研究 86：10-20.
〈コラム 4〉
スポーツ庁（2020）令和元年度全国体力･運動能力、運動習慣等調査報告書. スポーツ庁、pp.30-31.
谷川裕子・寺本圭輔・乙木幸道・小宮秀一（2020）日本人幼児の 1 日のスクリーンタイムが身体組成の発育と運動能力の発達に及ぼす影響. 発育発達研究 86：66-75.
長野真弓・足立稔・栫ちか子・熊谷秋三（2015）児童の体力ならびにスクリーンタイムと心理的ストレス反応との関連性―地方都市郊外の公立および都市部私立小学校における検討―. 体力科学 64（1）：195-206.
中條雅彦・門間陽樹・黄聡・永富良一（2015）スクリーン時間ならびに勉強時間と体力の関連―震災後における東北太平洋側地域の高校 2 年生を対象とした横断研究―. 体力科学 64（3）：323-332.

の結果を活用した学力に影響を与える要因分析に関する調査研究．
東浦拓郎・紙上敬太（2017）子どもの体力と学力・認知機能の関係．Journal of Health Psychology Research 29: 153-159.
石原暢（2020）日本の子供の運動習慣・体力と学力および認知機能の関係―これまでの研究成果と今後の課題―．体力科学 69（1）：57.
阿部彩（2008）子どもの貧困―日本の不平等を考える．岩波新書、pp.180-210.
本多由紀（2004）学ぶことの意味―「学習レリバンス」構造のジェンダー差異．苅谷剛彦・志水宏吉編著、学力の社会学、岩波書店、pp.77-98.

【第 3 章】

福田吉治・今井博久(2007)日本における「健康格差」研究の現状．保健医療科学 56(2)：56-62.
阿部彩(2012)子どもの健康格差の要因―過去の健康悪化の回復力に違いはあるか―．医療と社会 22（3）：255-269.
生田武志（2009）貧困を考えよう．岩波ジュニア新書、p.18.
国立教育政策研究所（2015）諸外国における就学前教育の無償化制度に関する調査研究．
春日晃章（2018）体力・運動能力の二極化傾向の出現とその後の影響．子どもと発育発達 16（1）：11-16.
佐伯年詩雄（2011）「スポーツ基本法」を問う．現代スポーツ評論 25：134-139.
志水宏吉（2014）「つながり格差」が学力格差を生む．亜紀書房、p.154.
志水宏吉編（2009）「力のある学校」の探究．大阪大学出版会、p.9.
鍋島祥郎（2003）効果のある学校―学力不平等を乗り越える教育―．解放出版社．
志水宏吉（2008）公立学校の底力．ちくま新書、p.240.
小林寛道（1999）現代の子どもの体力―最低必要な体力とは―．体育の科学 49（1）：14-19.
大築立志（2009）学術会議における子どもへの取り組み．体育の科学 59（5）：333-337.
田中茂穂（2016）現代人に体力は必要か．体育の科学 66（7）：466-467.
引原有輝（2016）体力や身体活動量と健康指標の相互関連．体育の科学 66（7）：475-480.
宇沢弘文（2000）社会的共通資本．岩波新書．

【コラム】

〈コラム 1〉

スポーツ庁：平成 27 年度体力・運動能力調査結果の概要及び報告書について．2016. https://www.mext.go.jp/sports/b_menu/toukei/chousa04/tairyoku/kekka/k_detail/1377959.htm
鈴木宏哉ら（2015）日本における組織的スポーツ活動が果たす役割の特異性～ The

苅谷剛彦（2012）学力と階層．朝日文庫、p.30.
耳塚寛明編（2014）教育格差の社会学．有斐閣アルマ、p.6.
苅谷剛彦・志水宏吉編（2004）学力の社会学．岩波書店、p.10.
フィリップ・ブラウン（2005）文化資本と社会的排除．A. H. ハイゼーほか編、住田正樹ほか編訳、教育社会学―第三のソリューション、九州大学出版会、pp.597-622.
千葉聡子（2014）家庭教育が成立するための条件とは何か―近代社会の中で集団としての家族を取り戻す必要性―．文教大学教育学部紀要 48：47-59.
耳塚寛明（2007）小学校学力格差に挑む．教育社会学研究 80：23-39.
市川昭午（2006）教育の私事化と公教育の解体．教育開発研究所．
小林美津江（2009）格差と子どもの育ち～家庭の経済状況が与える影響～．立法と調査 298：86-98.
苅谷剛彦（1995）大衆教育社会のゆくえ．中公新書、p.102.
苅谷剛彦(2001)階層化日本と教育危機―不平等再生産から意欲格差社会へ．有信堂、はじめに p. ii．

【第 2 章】

竹之下休蔵（1961）わが国におけるスポーツ人口の構造とその変動についての研究．体育の科学 11：547-550.
水野忠文（1963）わが国青少年の体格・運動能力における最近の動向について―人口集中・非集中地区間、親の職業種別間及び進学志望者非進学志望者間の平均値の比較―．体育学研究 8（1）：31.
大山良徳(1974)幼児の身体発育に関する主要因の選定に関する基礎的研究(第 1 報)．体育学研究 19（2）：87-98.
多々納秀雄（1981）体力の社会的規定要因に関する考察．健康科学 3：37-53.
丸山富雄（1984）幼児のスポーツ参加と両親の影響（第 2 報）―スポーツ教室参加者と被参加者との比較考察―．仙台大学紀要 16：19-27
丸山富雄・日下裕弘（1988）一般成人のスポーツ参与と社会階層．仙台大学紀要 20：19-35.
青地ゆり・芹澤加奈・扇原淳（2014）子どもの体力と社会・経済・文化的要因の関連に関する研究：地域行政基礎データを用いた生態学的研究．社会医学研究 31(2)：181-188.
石原暢・富田有紀子・平出耕太・水野眞佐夫（2015）日本の子どもにおける貧困と体力・運動能力の関係．北海道大学大学院教育学研究院紀要 122：93-105.
下窪拓也（2020）2000 年以降のスポーツ参加者の推移と変動：2002 年から 2012 までの社会調査データの二次分析を通じて．体育学研究 65：545-562.
日本学術会議健康・生活科学委員会健康・スポーツ科学分科会（2008）提言　子どもを元気にするための運動・スポーツ推進体制の整備．
お茶の水女子大学（2014）平成 25 年度全国学力・学習状況調査（きめ細かい調査）

文　献（初出順）

【第１章】

松葉正文（2008）格差と貧困の諸問題（上）—社会的連帯政策を求めて—．立命館産業社会論集 44（3）：1-19.

厚生労働省（2019）令和元年簡易生命表 .

阿部彩（2012）「豊かさ」と「貧しさ」: 相対的貧困と子ども．発達心理学研究 23（4）: 362-374.

阿部彩（2008）子どもの貧困—日本の不平等を考える．岩波新書、p.7.

清水紀宏（2017）オリンピックと格差・不平等．体育・スポーツ経営学研究 30：29-41.

Kosho Kasuga et al. (2018) The influence of non-cognitive functional characteristics at age 6 on physical fitness characteristics at age 10, 65th American College of Sports Medicine Annual Meeting.

春日晃章（2020）全国調査から読み解く体力と学力の関係—体力の高い子どもは学力も高い!?—．体育科教育 68（3）：20-24.

日本財団（2018）家庭の経済格差と子どもの認知能力・非認知能力格差の関係分析—2.5 万人のビッグデータから見えてきたもの—．pp.61-62. https://www.nippon-foundation.or.jp/app/uploads/2019/01/wha_pro_end_07.pdf（参照日 2021 年 8 月 24 日）

Nishijima, T et al. (2003) Changes over the Years in Physical and Motor Ability in Japanese Youth in 1964-97. International Journal of Sport and Health Science 1: 164-170.

WHO (2020) WHO guidelines on physical activity and sedentary behaviour.

Ortega, FB et al. (2008) Physical fitness in childhood and adolescence: a powerful marker of health. Int J Obes 32: 1-11.

鈴木宏哉ほか（2009）小学生における学校の楽しさ、不定愁訴、体力及び運動生活習慣の関連性．学校保健研究 51 Suppl：292.

Sato, M et al. (2009) Physical fitness during adolescence and adult mortality. Epidemiology 20: 463-464.

Blair SN (2009) Physical inactivity: the biggest public health problem of the 21st century. Br J Sports Med 43: 1-2.

鈴木宏哉（2011）おとなに持ち越される子どもの頃の身体活動．子どもと発育発達 9: 8-14.

Rowland, T. (1994) Physical activity, fitness, and health in children: a close look. Pediatrics 93: 669-671.

苅谷剛彦（2001）階層化日本と教育危機．有信堂、p.4.

清水紀宏（2001）スポーツ生活とスポーツ経営体に関する基礎的考察：スポーツ生活経営論序説．体育・スポーツと経営学研究 16：13-27.

[執筆者一覧]

■編著者

清水　紀宏（しみず のりひろ）

筑波大学体育系教授

第1章1・2（1）（4）（5)、第2章、第3章

■執筆者（執筆順）

春日　晃章（かすが こうしょう）

岐阜大学教育学部教授

第1章2（2)、コラム3

鈴木　宏哉（すずき こうや）

順天堂大学スポーツ健康科学部先任准教授

第1章2（3)、コラム1

中野　貴博（なかの たかひろ）

中京大学スポーツ科学部教授

コラム2、コラム4

[編著者紹介]
清水紀宏（しみず のりひろ）
筑波大学体育系教授。
1961 年静岡県生まれ。専門分野はスポーツ経営学。
一般社団法人日本体育・スポーツ・健康学会副会長、日本スポーツ体育健康科学学術連合運営委員長、日本体育・スポーツ経営学会副会長。
著書に『テキスト体育・スポーツ経営学』（大修館書店、編著）、『よくわかるスポーツマネジメント』（ミネルヴァ書房、編著）。
論文に「オリンピックと格差・不平等」（体育・スポーツ経営学研究第 30 巻）ほか。

子《こ》どものスポーツ格差《かくさ》——体力二極化《たいりょくにきょくか》の原因《げんいん》を問《と》う

NDC780/xii, 194p/19cm

初版第 1 刷発行——2021 年 12 月 1 日

編著者——清水紀宏《しみずのりひろ》
発行者——鈴木一行
発行所——株式会社 大修館書店
〒 113-8541 東京都文京区湯島 2-1-1
電話 03-3868-2651（販売部） 03-3868-2299（編集部）
振替 00190-7-40504
[出版情報] https://www.taishukan.co.jp/

装 丁——石山智博
組 版——加藤 智
印刷所——八光印刷
製本所——ブロケード

ISBN978-4-469-26924-6 Printed in Japan